マーガレット・サッチャー

政治を変えた「鉄の女」

冨田浩司

新潮選書

マーガレット・サッチャー 目次

マーガレット・サッチャー

政治を変えた「鉄の女」

執筆に当たり参考にした史料は、殆ど日本では刊行されていないので、直接の引用部分は、特に断りのない限り、筆者自身の翻訳による。

序にかえて

ゴーリングはロンドンのバッキンガム宮殿の南、歩いて数分のところにあるこぢんまりしたホテルである。二十世紀の初めに開業し現在に至るが、第一次大戦中には米軍の本部として一時接収され、その後戦間期には晩年自宅を売り払ったチャーチルの母ジェニーが仮住まいをしたことがあるなど、様々な歴史がある。

二〇〇七、八年ころ、筆者は日本大使館で政治問題を担当していて、このホテルのグリルをよく利用した。議会があるウェストミンスターや官庁街のホワイトホールからも目と鼻の先で、国会議員や政府高官を招いてランチを主催するのに格好の場所だったからである。

その日は、下院外交委員会のメンバーの労働党議員がゲストだった。ゴーリングのグリルは明るく、開放的で、ロンドンのレストランにありがちな鬱屈した感じとは無縁である。テーブルとテーブルの間の間隔も程よく、静かに会話を楽しむには持ってこいである。

その議員とは初対面で食事の出だしはぎこちなかったものの、主菜が供される頃には随分と打ち解け、話にも熱が入ってきた。とそのとき、レストランのほかのゲストが突然拍手を始めたので、何が起こったのかと二人で顔を見合わせた。イギリスのレストラン、しかもゴーリングのようなところで、客が大声をあげたり、拍手をしたりすることはまずない。

数秒後、三人の年配の女性が我々のテーブルの間を横切り、出口に向かって歩くのを見て疑問は氷解した。先頭を歩くのはマーガレット・サッチャーで、後に続くのは今にして思えば娘のキャロルと秘書のシンシア・クロウフォードではなかったか。

筆者は、職業柄仕事で客を食事に招く際には、席の配置や周囲の状況には相当気を遣う。しかし、その日は、我々の席がサッチャー一行のテーブルに背を向ける形で配席されていたため、不覚にも拍手が起こるまで彼女たちの存在に全く気が付かなかった。

このころまでには、サッチャーの記憶障害は相当進んでいて、彼女が公の場に姿を現すのは周到に準備された機会を除いて極めてまれであり、筆者が彼女を直接間近に見るのは三十年ぶりくらいのことであった。

淡いブルーの絨毯を踏みしめるサッチャーの足取りはしっかりとしているように見えた。しかし、常に何かの目的に向かって突進するような首相当時の闊達さは消えていた。テーブルを横切る時に垣間見た横顔には静かな笑みが湛えられていたが、拍手にこたえるような仕草はなく、また、そもそも拍手の意味を理解しているのかどうかもその後ろ姿からは窺うことはできなかった。

客の気まずそうな様子に我に返ると、その議員がイングランド北部を選挙区にしていることを思い出した。いわゆるサッチャリズムの負の遺産が最も生々しく残っている地域である。ゴーリングがサッチャーのお気に入りのレストランの一つであることを知ったのはその後のことで、「レストランの選択を間違えたようですね」とその場は繕ったものの、しらけた雰囲気は食事の最後まで変わることはなかった。

七年前、ウィンストン・チャーチルの評伝を新潮選書から上梓した後、幾人もの方から別の政治家について書くことを勧められた(1)。そうした励ましを頂くたびに、筆者の頭の中にはマーガレット・サッチャーの名前が浮かんだ。

近代以降のイギリスの歴史を振り返る際、筆者から見て真に偉大な政治指導者として指を屈するのは、グラッドストン、チャーチル、サッチャーの三人である。しかも一九八二年、筆者が外交官として最初に赴任したのはイギリスで、四年間の在勤期間を通じてサッチャー政権はまさに隆盛の最中にあった。フォークランド戦争、炭鉱ストライキ、ブライトンでの爆弾テロ、シティにおける「ビックバン」改革など、当時の出来事を思い出すたびに感じることは、それらの記憶の一つ一つがサッチャーという政治家の圧倒的な存在感に彩られていることである。当時の政治において彼女が発するエネルギーはそれほど強烈であった。

にもかかわらず、サッチャーについて書くことには大きな抵抗があった。その理由は単純で、彼女の政治家としての業績は認めざるを得ないとしても、人間的にはどうしても好きになれなかったためである。チャーチルについては読者に紹介したい事柄が無尽蔵にあり、また、そうした事柄を書くことに大きな喜びを感じていた。チャーチルに対するよう

マーガレット・サッチャー（1925-2013）

な人間的共感を持てないサッチャーについて書くことは、大変な難行のように思えたのだ。
筆者がこうした抵抗感を克服し、サッチャーについて書いてみようと思うに至ったのは、ある本の一節を目にしたためである。

「良きにつけ、悪しきにつけ、二十一世紀のイギリスは彼女の記念碑である。[2]」

イギリスの政治評論家デヴィッド・マルカンドは第一次大戦後の英国政治を分析した著作の中でこう指摘した。
マルカンドは労働党と社会民主党での活動歴を有し、政治的立ち位置は中道左派に属する。したがって、サッチャーの業績に対する彼の評価は基本的には辛口であり、この点は引用における「良きにつけ、悪しきにつけ」という物言いに見えている。実際のところ、冒頭の挿話でみたように、英国人にとってサッチャーは中立的な態度で臨むことが難しい政治家である。しかし、彼女がイギリスの政治社会にもたらした変革を考えると、彼女ほど語られるべき指導者はいないのも事実なのだ。

マルカンドの言葉が示唆するのは、サッチャー前とサッチャー後のイギリス社会の変化の大きさである。それでは、サッチャーをそうした変革へと駆り立てた、当時のイギリスが直面していた課題とはどのようなものであったのだろうか。
一九七九年にサッチャーが政権に就いた時、イギリスは政治、経済、社会のあらゆる側面で行き詰まりを示していた。

国際的に見ると、当時は「ブレトン・ウッズ体制」と呼ばれた戦後の経済システムの一大転換期で、先進経済は軒並みインフレーションと失業が同時に昂進するスタグフレーションに悩まされていた。イギリスもその例外ではなく、政府は日々深刻化する経済情勢への対応に追われていたが、同時に英国経済には積年の構造的課題がのしかかっていた。

第二次大戦後、イギリスは国民健康保険制度（NHS）を柱とする福祉国家の建設に取り組むとともに、完全雇用を目的とするケインズ主義的な財政・経済政策を推進する。こうした政策を支えたのは、国民福祉の増進のため国家による介入を積極的に支持する政治的なコンセンサスであり、保守、労働の二大政党が政権交代を繰り返す中でもこのコンセンサスの核心的部分は堅持されていた。

しかしながら、サッチャー政権が発足するまでに、こうしたケインズ主義的な経済モデルの有効性には強い疑問が投げかけられるようになる。その理由の一つは、イギリス経済の長期的な低落で、一九五〇年にはイギリスを一〇〇とした場合の独（西独）、仏の一人当たり実質GDPはそれぞれ六一・七、七四・七だったのに対し、一九七九年には一一五・九、一一一・二と、立場が完全に逆転するに至っていた(3)。

国家による国民経済への介入の主要な手段の一つは、労働党政権の下で積極的に推進された国有化政策であった。この政策の下で電気、ガス、水道、通信、鉄道といった公共サービスはもとより、鉄鋼、造船、自動車、航空機、エネルギーといった主要産業、果ては旅行代理店（トマス・クック）までが国営企業のリストに加えられる。こうした政策は戦後の一時期、物資が欠乏しがちな時期には資源の効率的な活用を可能とする一定の合理性を持っていたが、イギリス経済が復興を遂げた後は国家による企業経営の非効率性が意識されるようになっていた。

特に、高級車で有名なロールス・ロイス社のケースのように、政府が雇用重視の観点から経営不振に陥った企業を救済する慣行が横行するようになると、産業構造の調整は停滞し、成長を加速するための努力にも水を差す結果となった。さらに、金融、電気通信といった分野で急速な技術革新が予感される中で、国家が市場の力を借りずに必要な投資を行っていくことには大きな困難が伴った。

また、ケインズ主義的な戦後コンセンサスの一つの前提条件は円満な労使関係にあったが、一九七〇年代に経済環境が悪化する中で、労働組合の活動は過激化し、社会の安定そのものを脅かすような状況が生まれる。

今日、日本においては労働争議による労働日数の損失は年間一万五千日前後であり、イギリスでも現在では一七万日程度に留まる（二〇一五年）[4]。しかしながら、炭鉱ストによってヒース政権が週三日の操業短縮に追い込まれた一九七二年には、労働損失日数は二千四百万日という途方もない数字を記録し、労働争議の嵐が吹き荒れた一九七九年には三千万日の大台目前まで達していた[5]。

実際、一九七九年の初頭は「不満の冬（Winter of Discontent）」として記憶され、サッチャー政権発足の大きな要因となったことから、政治的にも重要な節目となっている。この時期、多くの労働組合がゼネストに近い形で連携した結果、イギリス社会は大きな混乱に陥る。運輸労組による戦闘的なピケ活動で陸上輸送が全国的に寸断され、イングランド東部の港町ハルなどは第二次世界大戦の籠城戦の舞台になぞらえて「スターリングラード」と呼ばれる惨状に直面した。また、ロンドン中心部の広場は未回収のごみで埋め尽くされ、リバプールでは公務員ストライキのために死者の埋葬も出来なくなる。

こうした状況を前に、サッチャーが示した処方箋は一般に「サプライ・サイド」の経済対策として理解されているが、こうした解釈は彼女の試みたことのほんの一部しか捉えていない。端的に言えば、サッチャーが目指したことは、戦後コンセンサスの下で形成された国家と個人の間の境界線を引き直し、個人の自由を再び国民の営みの中核に据え直すことであった。彼女はそのことを、かつて聖地エルサレムを奪還するため十字軍が示したのと同様の宗教的確信をもって追求し続けた。そして、個人の自由へのコミットメントは、彼女を冷戦の勝利に向けた闘いにも駆り立て、戦後外交史に大きな足跡を残すことを可能とした。

政治指導者としてのサッチャーの凄さは、個人の自由を追求するイデオローグとしての側面と、卓越した行政手腕を持つ実務家としての側面を兼ね備えていたことであり、後者の能力はフォークランド戦争の指導や数々の外交交渉において遺憾なく発揮された。しかしながら、彼女が歴史に名を刻むのは、疑いなく政治の変革者としてである。

政治は通常の場合、資源配分の技術である。しかし、時として政治は単なる技術に留まらず、資源配分のあり方そのものを変える必要性に直面する。その時、指導者は国家と個人の関係という核心的な問題に正面から立ち向かわなければならない。

サッチャーは、自らを「確信の政治家（conviction politician）」と評して憚《はばか》らなかったが、イギリスの政治においてこのレッテルは常に肯定的な評価を意味するものとは限らない。特に、当時の保守党では、いわゆる「ステートクラフト（statecraft）」、すなわち国事の運営に熟達することこそが政治の本質であり、特定の政治信条に固執することを蔑む傾向があった。政治の目的は自明であり、方法論こそが大事だという考え方である。

サッチャーが権力の階段を上り詰める過程で、時の政治指導層から強い違和感をもって迎えられた理由は、単に彼女が女性だったからではなく、政治の目的そのものを問い直す姿勢が未熟であるばかりか、既存の政治秩序を破壊する危険性をはらむものとして映ったからである。

しかし前述のとおり、サッチャーが政権を獲得した時、イギリスは政治、社会、経済のあらゆる側面で閉塞状況に直面していた。そうした中で、彼女が政治の目的を問い直したことは自然の流れであったと言える。重要なことは、サッチャーが自らの信念を施策の隅々まで貫徹させる意志と行動力を備えていたことで、その結果生まれた一貫性は彼女が示す政治選択を極めて明確なものとした。

サッチャー以降、政治において信念を語ることはタブーではなくなり、むしろ一つのファッションとしてイギリス以外の民主国家にも伝播して行った。しかし、政治信念を実現可能性を備えた政治選択に昇華させる能力において、彼女を凌駕する政治指導者を筆者は知らない。

本書はサッチャーという政治家を通じて、政治の変革におけるリーダーシップのあり方を考察することを目的としている。

なぜ今、政治の変革を論ずる必要があるのか。

それは、「ブレグジット（Brexit）」を巡る混乱に象徴されるように、イギリスの政治が、サッチャーが政権を獲得した時と同様の閉塞感に直面しているように思われるからである。そして、この閉塞感は、程度の差はあれ、先進民主主義諸国において幅広く共有されている。サッチャーが政治にもたらした変革は、イギリスのみならず、国際社会全体にとっても戦後史の一つの分水嶺を構成しているが、我々は今また新しい分水嶺に差し掛かりつつあるように思えるのだ。

このような狙いを念頭に、本書ではまずサッチャーという指導者を形作った生い立ちや女性政治家としての自立の軌跡を振り返る。その上で、彼女が数々の障害を乗り越え、保守党党首の地位を勝ち取った過程と長期政権の基盤を固める契機となったフォークランド戦争への対応を吟味する。

サッチャー政権の主要な貢献については、「サッチャリズム」の旗印の下で進めた国内経済改革と東西冷戦勝利に向けた役割について詳述する。その一方で、欧州政策を巡り生じた政権の綻びにも目を向け、最終的に突然の退陣をもたらした要因を分析する。そして、サッチャーが今日の政治に与えた影響と彼女のリーダーシップから学ぶべき教訓に関する筆者の考察をもって本書を締め括ることにしたい。

チャーチルについて書いたときと同様、こうした作業を行うことは究極的にはサッチャーという人間を書ききることにほかならない。

アメリカのケーブル・ニュース放送局CNNがサービスを開始したのは、サッチャー政権の発足から間もない一九八〇年六月のことで、その意味で彼女は一日二十四時間、年三百六十五日のニュース・サイクルを生き抜いた最初の国際的指導者の一人と言ってよい。したがって、彼女について書くための情報は世にあふれているのであるが、真の人間像に迫るにはいくつかの障害がある。

最大の問題は先にも述べたとおり、サッチャーについて中立的になることは容易ではなく、好悪を排し、客観的な評価を下すことが難しい点である。イギリスを中心として、サッチャーについて書かれた本は夥しい数に上るが、「党派性」を克服したものは少ない。

もっともこの点については、数年前からチャールズ・ムーアによる公的伝記の刊行が始まったことで、今後状況は変わっていくかもしれない。公的伝記とは、サッチャー自身の承諾のもと、本人を含む関係者へのインタビューや未公開の書簡などへのアクセスも得て執筆されるもので、本稿執筆の時点で全三巻中二巻が刊行されている。この伝記が完成すれば、彼女の歴史的評価に一つの節目が訪れるのは間違いないが、「最後の言葉（last words）」となるとは思えない。

サッチャーについて書く際のいまひとつの問題は、彼女自身が自らを語ることに熱意を持たなかったことである。彼女は、重度の仕事中毒で、一つの仕事を成し遂げると強迫観念にかられるように次の仕事に取り組むことを常としていた。チャーチルが首相就任とほぼ同時に、将来の回想録執筆のための資料の整備を始めたのとは大違いで、彼女にとって過去を振り返ることは時間の無駄であり、自らに課した職務の懈怠《けたい》であった（例外的に、フォークランド戦争の後、サッチャーは当時の経緯をまとめた私的なメモを書いているが、これは国家の重大事態について正確な事実を記録に残したいという、彼女らしい几帳面な動機に基づくものらしく、公表もされていない）。

このことは、もちろん彼女が自らの歴史的評価に無関心であったことを意味しない。特に、彼女は極めて不本意な形で首相退陣を余儀なくされた後、自らの名誉と実績を守りたいという強い思いにかられていたようで、引退後出版された回想録も首相在任期間中の部分が先に出版され、それまでの生い立ちの部分はその後付け足しのように刊行された。

しかし、こうした「自伝」も実質的には側近であった政策スタッフによって書かれたもので、サッチャー自身の肉声に触れるような臨場感を欠いている。それは容疑者が取調官の尋問に答え、無実を主張する陳述書のようで、正直に言って読み通すのに苦労する。

いずれにしても、いかなる政治指導者であっても、人物の大きさと、成し遂げたことの大きさが一致することはまれである。チャーチルが我々を魅了するのは、政治家としての業績というよりは、その人物の桁外れな大きさのためである。彼が第二次世界大戦に際し、国家を存亡の危機から救ったことは、偉大な指導者として歴史に名を刻むに相応しい功績である。しかし、彼が国家の救世主として活躍したのは、六十年以上に及ぶ政治家人生のほんの一時期に過ぎず、それ以外の「平時」における業績は偉大と呼ぶには物足らないのが実情である。

サッチャーは人間としての器においてチャーチルには遠く及ばない。しかし、国家と国民の関係を律するという政治の本質的な使命において、彼女が成し遂げたことの高みは――「良きにつけ、悪しきにつけ」という注釈付きであったとしても――チャーチルを確実に凌駕する。

ムーアは、サッチャーがその性別、信念、人格のために国際的にも他のすべての指導者の尺度となる一つの原型となったとした上で、彼女のリーダーシップは一部の指導者にとっては教訓とすべき寓話、他の指導者にとっては道標となると指摘する。(6)

政治が大きな変革期を迎える中、この道標が指し示す方向を吟味することの意味は大きい。本書がその試みにささやかな貢献をなすとすれば幸いである。

第一章　カエサルのもの、神のもの

二十世紀以降、イギリスの政治は大きな変貌を遂げたが、その最も大きな特徴の一つは宗教が政治の主要なアジェンダから姿を消したことである。この点はとかく当然視されがちであるが、十九世紀の英国政治がいかに宗教問題に時間と精力を注いだかを思い返すと、その意味合いは決して小さくはない。

確かに二十世紀に入って英国政治は表面的には世俗化した。しかし、宗教が政治に与える影響が消えたわけではない。第二次大戦後労働党政権を二期率いたハロルド・ウィルソンは、「英国労働党はマルクス主義よりメソジズムに負うところが大きい」と述べている。この言葉はイギリスにおける進歩主義がキリスト教的な人道主義を淵源とすることを端的に示している。

サッチャー以前の保守党を特徴づける「父性主義（paternalism）」も、宗教的な博愛主義に負うところが大きい。大戦後、主要政党の間では福祉国家の建設の必要性についてコンセンサスが形成されていくが、その過程で目指すべき国家像を表現する際に、「新たなエルサレム（New Jerusalem）」という言葉がしばしば用いられたことは、政治と宗教のむすびつきの強さを示している。

政治指導者個人の内心において宗教が果たす役割も無視できない。二十世紀以降の首相経験者のうち、驚くほどの数の指導者が信仰を心のよりどころとしてきた。ハロルド・マクミランはことあるたびに聖書に手を伸ばす敬虔な信者であったし、エドワード・ヒースも在任中は公言しなかったものの、自伝の中で信仰が自らの政治信念の基礎となったと回想している。

労働党においては、トニー・ブレアの信仰心の篤さは有名で、あるマスコミとのインタビューで宗教に関する質問が行われたとき、ブレアがこの問題に深入りしないように、報道官のアラステア・キャンベルが割って入り、「俺たちは神様はやらないぜ（We don't do God）」と釘をさしたという挿話はよく知られている。側近の証言によれば、ブレアがイラクやコソボへの軍事介入を決意したのはキリスト教的な確信によるとされており、首相退任後にはイングランド国教会からカトリックに改宗し世間を驚かせた[1]。

サッチャーはこうした指導者の中にあってもとりわけ強い信仰心を標榜した政治家であった。彼女にとって信仰は単に自らの内面の問題ではなく、彼女が打ち出した国家改革策の倫理的な枠組みをなすものであった。イギリスにおける戦後の政治指導者の中で、彼女ほど公の場で政治と宗教との関係について積極的に語った政治家は見当たらない。

とすれば、宗教はサッチャリズムを理解する上での重要な鍵として位置づけられてもおかしくないが、これまでのサッチャー研究においてこの点は軽視されてきた。

最大の理由は、拝金主義的な風潮やソ連に対する好戦的姿勢など、サッチャリズムの「負の側面」とされる部分がキリスト教的価値観と相容れず、彼女の信仰心は見せかけのものであるとの思い込みが、特に彼女に批判的な人々の間で強かったためである。実際のところ、彼女の首相在任中、イギリスの宗教界は保守党の支持基盤であるはずのイングランド国教会を含め、政権に批判的なリベラル勢力の一翼を構成していた。

しかし、サッチャーの政治的信念の深さと強靱さを宗教的な確信を抜きに説明することは困難であり、近年こうした視点からの研究が進んでいることも当然であろう。ある研究者はサッチャーをグラッドストン以降最も宗教的な首相と評したが、その是非はともかくとして、彼女がどのようにして信仰を深めたか理解することは、その人物像を探る出発点となるのだ(2)。

グランサム

マーガレット・ヒルダ・サッチャー(旧姓ロバーツ)は、一九二五年十月十三日、父アルフレッド(アルフ)が営む食料品店の二階で産声を上げた。

食料品店の娘からダウニング街へと成功の階段を上りつめた彼女の前半生は、首相に就任するや否や一つの伝説となった感がある。出自という意味では木工職人と奉公人を両親とするエドワード・ヒースの方がつつましいとも言えよう。しかし、ヒースが自らの生い立ちについて語ることがなかったのに対し、サッチャーはこの伝説を政治的に利用するのを憚ることがなかった。それは彼女のカリスマの重要な一部となり、個人の自由と責任を強調する政治哲学の格好の補強材料ともなった。

一方、あらゆる伝説には地理的な、そして時代的な背景がある。サッチャーの伝説も例外ではない。

サッチャーの生地、リンカンシャー州グランサム市はイングランドの中部、いわゆるミッドランドの東側に位置する小都市である。グランサムの名前は、ノルマンディー公ウィリアムが一〇六六年にイングランドを征服した後に作成を命じた土地台帳（いわゆるドゥームズデー・ブック）にも記されているので、その歴史は中世に遡るが、何が特徴か問われると答えに窮するような地味な町である。産業革命以降は南北を結ぶ鉄道輸送の一つの拠点として機能したが、大きな産業が立地されたわけではない。第二次大戦までは地元の男爵家が市政に隠然たる影響力を行使していたところを見ると、封建的な地方都市の一つの典型と言ってもよい。

サッチャー誕生以前、グランサムの名前はアイザック・ニュートンが十代に学業を修めた場所として知られていた。また、一九一五年、グランサムの治安裁判所はエディス・スミス夫人を警察官に任命したが、彼女はイギリスで初めての逮捕権を持つ婦人警察官であった。この小さな地方都市が英国初の婦人警察官と初の女性首相を生み出したことは、偶然のことながら興味深い。

宗教的にみると、リンカンシャー州が所在するミッドランドにはノンコンフォーミスト（非国教徒）の強い伝統がある。グランサムもその例外ではなく、ロバーツ家もメソジズムに強く帰依していた。

メソジズムは産業革命の深まりの中、十八世紀にジョン・ウェスリーらを始祖として誕生した。産業革命は多くの人々を封建的な共同体から切り離すことで、様々な経済・社会的問題を生み出したが、その一つは「根無し草」となった人々の魂をどう救済するかという信仰の問題であった。特権階級の宗派とも言えるイングランド国教会はこうした庶民のニーズに効果的に対処するすべを有しておらず、この空白を埋めるかのように勃興したのがノンコンフォーミスト運動である。

メソジズムの大きな特徴は、選ばれた人のみが救済されるという予定論を排し、誰もが神の道を正しく行うことで救済されると説いたことである。この教義の下では個人の選択の自由が強調される一方、その責任も同様に重視される。また、聖職者ではない一般信者による説教を認めたり、野外における礼拝を行ったり、布教の方法も極めて行動的で、当初は狂信者の集団扱いされたこともあった。

政治的に言うと、メソジズムは特定の政党と連携することを志向していたわけではない。しかし、メソジズムが生まれた歴史的経緯や多くの信者の階級的背景から、この運動がイングランド国教会の支持を受けた保守党に対する政治的な対立軸を形成していくのは自然の流れであり、十九世紀には国教会信者が保守党を、メソジストが自由党を支持する構図が定着していく。

二十世紀に入り、自由党が凋落し、代わりに労働党が台頭すると、これまで自由党を支持してきたメソジストの多くは労働党の支持層に流れていく。しかし、メソジストの一部、特に、自営業など下層中流階級に信者が多いウェスリー派では労働運動に拒否反応を示して保守党支持に鞍替えするものが多かった。ウェスリー派はその名のとおり、教祖ウェスリー直系の教派で、彼自身が死ぬまで国教会の教徒の立場を捨てなかったことからわかるとおり、国教会との距離はさほど大きくなかった。

サッチャーがこのように政治と宗教の関係が流動化した時代にウェスリー派のメソジストとして育ったことの意味は大きい。彼女は下院議員に当選後国教会に改宗するが、先に述べた両者の距離感から言って、この転向にはさほどの抵抗はなかったはずである。一方で、サッチャーがノンコンフォーミストのバックグラウンドを持つことは、保守党のエスタブリッシュメントの「局外者」として、既成観念に挑戦する彼女のメッセージに一層の説得力を与える効果を持った。

父の教え

「私は、実用的で、真剣で、熱烈に宗教的な家庭に生まれた。[3]」

サッチャーは回想録の中でグランサムでの生い立ちを振り返りこう記した。この一文は彼女が育った家庭環境を簡潔に要約している。

アルフ・ロバーツはリンカンシャー州の隣、ノーサンプトンシャー州で代々靴づくりを営む家に生まれたが、小学校を出ると貧しさに追われるように家を出る。そしていくつかの職を転々とした後、第一次大戦前夜、グランサムに移り住み、食料品店の経営を始めた。数年後教会の活動を通じて知り合ったベアトリスと結婚、一九二一年に長女のミュリエルが生まれている。次女のマーガレットが生まれた一九二五年には店舗を拡大し、その後地元の名士としての地位を確立していく。

職住一体の生活環境——サッチャーの表現を借りれば、「店の上の暮らし（life over the shop）」——は誰もが常に何かの仕事をしている、慌ただしさに満ちていた。サッチャーも物心がついた頃から、大きな袋で店に届いた紅茶や砂糖を秤で測って小分けするなど、店の手伝いに追われる。こうした暮らしぶりは、勤勉、倹約など、サッチャーが後年強調する価値観を体現したものと言える。しかし、彼女の政治信念の土台となる倫理的羅針盤を形作ったのは、何と言っても信仰との

ロバーツ一家。左が長女のミュリエルで、右がサッチャー

出会いである。

サッチャーはロバーツ家の生活を「メソジズムを中心に回っていた」と回想したが、これは誇張ではない。(4) 安息日である日曜日には、家族で朝の礼拝に参列するのに加え、アルフとベアトリスは夕方の礼拝も欠かさなかった。ミュリエル、マーガレットの姉妹には礼拝に加えて午前と午後の二回、日曜学校が待っている。十二歳になると、マーガレットにはさらに子供たちの讃美歌を伴奏するためオルガンを弾く仕事が加わった。こうした信仰漬けの長い一日が終わると、その日教会で説教を行った関係者をロバーツ家に招き、夕食を食べながら宗教に関する議論が行われたこともあったと言うから、まさに信仰に明け、信仰に暮れる生活である。

こうした生活は現代の感覚からはやや常軌を逸したものに見えるかもしれない。サッチャー自身、後年テレビ・インタビューで当時の宗教への傾倒が少し行き過ぎだったかもしれないと漏らしており、自分の子供たちには信仰を強制することはなかった。(5) しかし、ロバーツ家の信仰生活は敬虔なメソジストの当時の基準に照らせば決して異常なものとは言えない。彼女の信仰を政治信念に昇華させる触媒の役割を果たしたのは、父アルフの薫陶である。

一九七九年五月、バッキンガム宮殿で女王から首相に親任された後、ダウニング街の官邸の入り口に立ったサッチャーはある記者から婦人参政権運動の先駆者であったパンクハースト夫人に関する感想を求められた。この質問の狙いは女性初の首相就任の歴史的意義についてコメントを引き出そうとしたものであるが、サッチャーはそれを無視するかのように父アルフへの感謝の気持ちを述べる。

「ほとんどすべてのことは父のおかげです。（中略）彼は私が今信じているすべてのことを信じるように育ててくれました。（中略）小さな町の、つつましい家庭で学んだこと、まさにそのことが選挙に勝たせてくれたことを大変興味深く感じています。」[6]

アルフは先述のとおり、食料品店の事業が拡大するに伴い、グランサムの政治において重きをなすようになる。戦間期は社会福祉や公共事業などの行政需要の拡大に伴い、地方議会の権限が強化されていった時期で、長年市議会の財政委員会の要職にあり、「グランサムの大蔵大臣」と呼ばれたアルフは市政において大きな影響力を持った。一九四五年には名誉職ではあるが、市会議員の互選により市長に就任し、文字通り市政の頂点に立った。

地元の名士となったアルフは市議会のみならず、貯蓄銀行の管財人、学校の理事長、商工会議所の会頭やロータリー・クラブの会長など、数々の役職につく。しかし、中でも彼が力をいれたのが教会活動である。

ロバーツ家が親しんだのは、市内フィンキン通りにあるウェスリー派のメソジスト教会で、アルフは長らくこの教会の世話役を務めた。それに留まらず、彼がここで果たした役割として特筆すべきは、メソジストの一つの伝統である「素人説教師(lay preacher)」として度々教会の説教台に立ったことである。アルフは総白髪、身長が一八〇センチを超える偉丈夫であった。教会の演壇の高みから朗々と神の道を説く、彼の姿は見るものに強い印象を与えたはずである。

アルフがこうした説教の中で何を説いたか、今となっては手がかりとなる資料はあまり残されていない。それでもケンブリッジ大学の「サッチャー文書(アーカイブ)」には、サッチャーの子供の頃の学習帳の裏面を利用してアルフが綴った説教の草稿が残っている。(7) こうした資料から明らかなことは、アルフにとってメソジズムが「個人の責任」の宗教であったことである。(8) そして、こうした個人的責任を裏打ちするのは宗教的確信の強さであり、この点は、サッチャーが回想する彼の教えと通底している。

「ほかの人がやっているからといって、同じことをやるな。(9)」

サッチャーは回想録の中で幼少期を振り返り、ダンスを習いたくなったり、映画に行きたくなったとき、アルフからいつもこう注意されたと記している。後年、彼女は閣僚や官僚との議論の中で、前例や横並びを重視する形式的な主張に対して同じ言葉で反論したとされるので、まさに「三つ子の魂百まで」である。

同時にアルフの宗教的態度を考える際に注意すべきは、彼の信仰が決して堅苦しい教義や聖書の字面にとらわれた偏狭なものではなく、極めて実用的な側面を持っていた点である。

小学校を出てすぐ社会に出ざるを得なかったアルフは、成人後知的な飢えを癒すかのように読書に勤しみ、「グランサム随一の読書家」と呼ばれるほどであった。彼が手にした本は宗教書に限られず、文学、哲学、政治、経済など森羅万象に及んだようで、サッチャー自身も父の勧めで幅広い分野の読書に親しむようになる。

彼女の回想の中で興味深い点は、少女時代に彼女が父親と共有した主たる関心事項は「政治や公共問題に関する知識の追求」だったとしていることである[10]。このため、二人は毎日デイリー・テレグラフ紙を読むのを日課とし、ノッティンガム大学がグランサムで主催する時事問題に関する公開講座を一緒に聴きに出かけることもあった。また、地方政治家であるアルフの家では日常的に様々な客が訪れ、時々の政治問題について議論が行われており、早熟の次女はその末席で耳を傾けていたに違いない。

このように見てくると、サッチャーが父から学んだことは単なる宗教的教えに止まらず、より深い、全人格的なものであったように思える。アルフがその幅広い活動を通じて示したことは、強固な宗教的確信を教会や家庭の枠に閉じ込めず、政治的、経済的、社会的営みに貫徹させていくことの可能性である。サッチャーが首相として目指した方向性には、アルフがグランサムという小さな都市で実践したことを国家という大きな次元で追求しようとする野心がうかがえるのだ。

なお、サッチャーが回想録のみならず、様々な機会をとらえて父親の影響の大きさについて強調する一方で、母ベアトリスについて語ることが少なかったことについては、様々な憶測がある。

実際、サッチャーが国会議員になった後のインタビューで、「私は彼女（母）を心から愛していました。でも、十五歳になってからは、お互いに言うことがなくなったのです。」と答えたことは、率直さを通り越してやや冷酷な感じすら与える。[11]

個人、神、政治

一九四三年、オックスフォード大学に進学すると、「メソジズムを中心に回っていた」サッチャーの生活も変化していく。地方都市の下層中流家庭出身の彼女にとって特権階級の学都ともいえるオックスフォードでの暮らしはなじみ難いところもあり、当初教会活動は彼女の精神的な支えとなった。しかし、キャンパスでの政治活動への関心が高まるにつれ、信仰は少なくとも外面的には、彼女の生活でかつて占めていた中心的地位から後退していく。

オックスフォード卒業後も二度にわたる総選挙への出馬、結婚、出産、弁護士資格の取得、政界入りと、彼女の人生は息をもつかせぬペースで前進し、そこにはグランサムのような敬虔な信仰の営みが入り込む余地はなかった。加えて、先述のとおり、サッチャーは政治家としての地歩を固める過程で国教会に改宗するのであるが、この決断の背景には、多分に政治的な動機があったはずである。一九五〇年代は保守党議員が国教会教徒であることが当然視された時代であり、この時点の彼女にとってはこうした大勢に順応することが必要であった。

政界進出後も保守党党首に選出されるまでは、サッチャーが宗教について語ることは少なかった。下院議員当選後、彼女の当面の目標は党指導部から「使える人間」として認められることにあり、政府や影の内閣でポストを与えられれば、彼女らしい生真面目さで実務に精通し、与えられた持ち場で実績を積むことに全力を挙げた。この間、政治の基本的方向性においても彼女は忠実な「チーム・プレイヤー」であり、戦後コンセンサスを反映した党主流の考え方について異論を唱えることもなかった。

変化の兆しが生まれるのは、一九六〇年代も後半に入り、閣僚級のポストにつくころからである。一九六七年、サッチャーはエドワード・ヒースが率いる影の内閣で初の「閣僚（燃料・エネルギー大臣）」に任命される。そして、翌年、ブラックプールで開かれた党大会で自らの政治的所見を包括的に語る機会を得る。

「政治のどこがおかしいのか（What's wrong with politics）」と題する演説は、当時の政治に対する国民不信を多様な角度から分析したもので、当然のことながら批判の矛先は主として労働党政権に向けられている(12)。しかし、彼女の批判の一部は保守、労働両党が共有する戦後コンセンサスにも向けられており、金融政策に関連して通貨管理に対する一層の配慮を求めた部分は、その一例である。後年彼女は首相としてインフレーション撲滅のため通貨管理を重視する財政・金融政策を推進するのであるが、この演説は彼女が「マネタリスト」としての顔を初めて公に見せた機会とも言える。

さらに、興味深いのは、「善きサマリア人」についての言及である。

新約聖書ルカ伝にあるこの説話はイエス・キリストが律法学者に対して述べたたとえ話で、強盗に身ぐるみはがれ、半死半生となって道端に倒れた人を助けたサマリア人を主題とする。この説話の宗教的解釈については教派によって違いがあるのだが、サッチャーはこれを個人による富の追求を批判的に見る人に対する反論として活用する。

彼女にとってこの説話のポイントは、「善きサマリア人であっても、救いの手を差し伸べるためにはお金が必要であり、さもなければ彼も通り過ぎざるを得なかった」点である。このことは富の追求を道徳的に蔑む立場を否定するとともに、社会における相互扶助は本来個人の善意に基づいて行われるべきで、社会福祉が全面的に国家の責任であるという見方は誤りであるという主張を含意している。

一九七五年に保守党党首に選出された後、サッチャーは政治と宗教の関係を一層明確な形で訴えるようになる。例えば、一九七八年三月、ロンドンのシティにある国教会セント・ローレンス・ジュリーで行われた演説は、「私は信ずる」という演題からわかるとおり、彼女の政治信念の宗教的裏付けを包括的に述べたものである(13)。

演説の中核に据えられているのは個人と神との関係で、この世のことは究極的に個人が神の恩寵にどのように応えるかによって決まるとされる。

神と個人の関係が絶対的な重要性を持つ一方、政治も一定の重要性を有する。それは、個人と個人の関係を律する方法論の一つであり、人がこの世でもらい受けた生命を最善の形で生き抜くことができるような環境を作り出す上で重要な役割を有している。

しかし、政治の重要性は神と個人の関係の重要性に比べれば二義的なものである。実際のところ、サッチャーはイエス・キリストが聖俗の区別を強調して、「カエサルのものはカエサルに、神のものは神に返せ」と述べたことを想起しつつ、政治があらゆる社会の問題を解決可能であるという考え方は幻想であるばかりでなく、個人の神に対する責任を形骸化する危険をもはらむと警告する。

すなわち、彼女によれば、「人々に（社会扶助が）すべて国家によって実施可能だという考え方を植え付ければ、（中略）人間性の最も枢要な構成要素である道徳的責任を人々から奪いとる」結果に終わりかねない。個人の責任を国家に委ねる風潮の行き着く先は集産主義（collectivism）であり、これを徳行と同一視する誘惑は絶たなければならない。

サッチャーから見ると、個人的利害、経済的利益、競争に基づくシステムを非道徳的とする戦後の知的風潮は誤りであり、個人の選択に基づくシステムのみが不完全なこの世において理想を追求することを可能にすると断じる。

彼女が宗教に絡めてここで論じていることは、個人の経済的自由を最大化し、国家の介入を最小化するという、サッチャリズムのエッセンスなのであるが、そもそも彼女はなぜこうした政策論に宗教的な意義づけを行う必要性を感じたのであろうか。

教会の説教台から政策論議を試みることは、必ずしも世論の啓発のための賢いやり方とは言えない。日本と同様にイギリスにおいても、宗教と政治の関係にはデリケートな側面があり、両者を結び付けることにはリスクも伴う。実際、この演説を行うことについてはサッチャーの周辺には慎重論もあったようである[14]。

にもかかわらず、彼女が自らの政策を宗教的見地から正当化する演説を行ったのは、前述のような生い立ちに負う部分があることは間違いない。しかし、筆者から見てそれ以上に重要と思えるのは、サッチャーが当時のイギリスが直面していた危機を政策論で片付けられない道徳的危機と位置付けていたことである。

すなわち、彼女から見ると、当時のイギリスの病弊の根底にあるのは社会主義思想が蔓延した結果、人々が国家からの扶助への依存を深めたことであり、こうした精神構造自体を改めない限り、経済・社会の再生は望めないこととなる。一九八一年五月、サンデー・タイムズ紙のインタビューにおいて、サッチャーは、「経済学は方法に過ぎません。目的は魂を変えることなのです。」と締め括っているが、この言葉はまさに彼女の問題意識を示している。(15)

さらに、労働運動がキリスト教と深く関わりを持ちながら発展してきたという特殊な歴史的経緯もあって、戦後イギリスでは個人の自由を強調する保守主義よりは、友愛や相互扶助を重視する社会主義の方がキリスト教的な価値を体現しているという知的風潮があった。後述するとおり、当時の国教会指導部に強いリベラル色が見られたのもそのためである。

このような状況の中で、アルフ・ロバーツ流のメソジズムで育ったサッチャーが、国民の精神構造を変える取り組みにおいて、保守主義が宗教的な見地からも道徳的な高み（moral high ground）を取り返す必要性を感じたのは自然な流れであり、セント・ローレンス・ジュリーの演説もこうした意気込みに溢れている。

いずれにしても、政治と宗教に関する以上の観察から明らかなことは、サッチャリズムを経済政策の次元でとらえることの誤謬である。彼女の視点からは、当時のイギリスが直面する課題は本質的には道徳的な問題であり、その解決のためには道徳的な処方箋が求められていると見えたのである。

そして、彼女が考える道徳的な処方箋は、個人が神に向き合いつつ義務を果たしていくキリスト教的な営みの中において見出されるべきものである。政府にしろ、教会にしろ、個人と神の間に立つものには一定の役割はあるものの、それは限定的なものに過ぎない。国家や社会についても然りであり、それらは個人、そして個人と個人のつながりの総体以上のものではない。

一九八七年、サッチャーは婦人雑誌のインタビューで、「社会などというものは存在しない」と述べて物議をかもした[16]。しかし、本人が回想録で述べたとおり、ここで彼女が言いたかったことは、「社会はそれを構成する人間と遊離した抽象的なモノではなく、個人や家族、近隣そして自発的な組織がつくる生きた構造だ」ということである[17]。

丘の上の垂訓

「私は、キリスト教徒はすべからく保守党員でなければならないという議論を常に拒んできたが、私が選好する種類の政治経済体制とキリスト教の教義との間には、深く、神の摂理に基づくとも言える調和が存在するという確信を失ったことはない[18]。」

サッチャーが回想録で述べたとおり、彼女はサッチャリズムがキリスト教の真理を反映したものであることに強い確信を抱いていたが、言うまでもなく万人がこうした見解を共有していたわけではない。特に、キリスト教の教義の解釈に責任を有する宗教界はこうした議論に総じて冷淡な、時として敵対的とも言える姿勢をとった。そのため、サッチャー政権と宗教界との間では少なからぬ摩擦が生じることとなった。

こうした摩擦の最初の事例は、フォークランド戦争の意義をめぐる見解の相違である。

後述するとおり、この戦争は強力な国家指導者としてのサッチャーの地位を不動のものとした重要な節目であり、彼女はイギリスの主権と名誉の回復のために戦った兵士たちに真摯に感謝の気持ちを抱いていた。そのため、戦争後、国軍に対する感謝を示すための祈禱会を催す計画が持ち上がったのは、自然な流れとも言えるが、この計画は思わぬ形で宗教界の抵抗に遭う。

例えば、ローマン・カトリック教会を代表するベイジル・ヒューム枢機卿は、礼拝がフォークランド諸島の「解放」を祝う場となることに反対し、兵士の代表が日課（聖書の一部）を読み上げることに難色を示す。また、会が行われる予定であるセント・ポール大聖堂の首席司祭アラン・ウェブスター博士は左派思想で知られた人物であり、会は国軍への感謝のためではなく、仇敵との和解のために行われるべきとの立場から、「主の祈り（Lord's Prayer）」をスペイン語で唱えることを提案する。自由教会の連合体を代表するケネス・グリア博士に至っては、戦争自体に反対する立場から、いかなる形であれ祈禱会を営むことを拒否する姿勢を示すほどであった。

こうした状況において、国防省と宗教関係者の調整努力は迷走し、一時は一部の聖職者が祈禱会そのものをボイコットする構えをみせる事態となる。サッチャーはこうした宗教界の対応に激怒し、ことの次第を議会で明らかにするとの脅しを口にしたほどであった。結局、祈禱会の形式については何とか妥協が成立し、兵士が聖書の言葉を読み上げることも認められた。しかし、教会指導者たちが会での説教の中で、どのようなメッセージを送るか当日まで懸念は払拭されなかった。

当時のカンタベリー大主教ロバート・ランシーは、第二次大戦中、戦車部隊の隊長として軍功をあげた経験を持つ。彼の説教はフォークランド戦争を取り巻く宗教界の雰囲気と国教会の長としての立場を踏まえた注意深い内容となっていて、愛国的な希望、平和、和解といったメッセー

ジをバランスのとれた形で提示するための苦心の跡が見られる。(19)

しかし、結局のところ、「戦争は人類の失敗の兆候」とする説教の基調は、国軍の勝利に感謝を捧げるという会の趣旨から見れば厳粛に過ぎると見られてもやむを得ないものであり、翌日の報道では、サッチャーがランシーの説教に激怒したとの見出しが躍ることとなる。もっとも、ランシー本人がムーアに語ったところによれば、説教の後サッチャーは彼の手を握り、「よくできたわ」と述べたとされるので、報道は正確ではないかもしれない。(20)ただ、礼拝をめぐる一連の経緯はサッチャーにとって後味の悪いものであったことは間違いない。

宗教界の平和志向は、サッチャーが進めた核政策にも影響を与える。

一九八〇年代の前半、サッチャー政権にとってイギリス独自の核抑止力の堅持と米国の中距離核兵器の配備は国防政策上の最重要課題の一つであった。この問題は左傾化を深める労働党が一方的核軍縮政策に舵を切ったことや、CND（Campaign for Nuclear Disarmament＝核軍縮キャンペーン）に代表される市民団体の活発な抗議活動により、国論を二分する形で先鋭化する。

CNDは一九五八年の創設以降、宗教界と密接な関係があり、初代議長のジョン・コリンズは国教会の聖職者、一九八〇年代に議長を含め要職を歴任したブルース・ケントはカトリック教会の司祭であった。

国教会においても核問題について侃々諤々《かんかんがくがく》の議論が展開され、教会の意思決定機関である宗教会議（Synod）での議論に持ち込まれる。この会議で最終的に採択された決議は、イギリスは核による第一撃は慎むべきであるが、核能力自体は堅持すべきというもので、一応核武装を肯定するものであったが、投票の賛否は二七五票対二二二票で、教会内部の対立の深さを物語る結果となった[21]。

さらに、失業や人種暴動など社会問題の深刻化に伴い、宗教界は内政問題への関与を深め、サッチャー政権との対立姿勢を際立たせていく。

宗教界による政権糾弾の象徴となったのは、一九八五年に国教会の社会的責任に関する委員会が公表した「都市における信仰（Faith in the City）」と題する報告書である。この報告書は大都市の経済・社会状況の実態調査に基づきとるべき施策を提言したものであり、宗教論としての体裁は施してあるものの、内容的にはリベラル左派の視点に立った極めて政治色の強いものとなっている。

当然のことながらサッチャーはこの報告書に強い不満を抱いたが、世論対策上宗教界と正面から事を構えるのは良くないとの周囲の助言もあって、表向きには反論を差し控えた。しかし、サンデー・タイムズ紙が匿名の閣僚の言として、「純粋なマルクス主義的神学」というコメントを掲載したため、報告書はかえって世間の注目を集める結果となった[22]。

このような経過を経て、一九八八年にサッチャーが政治と宗教について改めて語ることを決意したのは、サッチャリズムが物欲主義の蔓延などのキリスト教的倫理の低下を招き、社会的一体性をも弱体化させているとの批判に応えるためであった。しかし、その動機は了としても、演説の舞台としてスコットランド教会の総会を選んだのは最悪の選択であった。

と言うのも、スコットランドとイングランドとの歴史的な緊張関係は別としても、造船業を中心とする主要製造業の不振や失業率の増大などを背景として、当時のスコットランドはイギリス国内においてサッチャー批判が最も先鋭化しつつある地域であったからである。さらに、この演説が行われる頃には、その後大きな政治問題に発展する人頭税がスコットランドで先行導入されることが決まっており、中央政府に対する不信は一層の高まりを示しつつあった。

そうした中で、イングランドの女性首相が保守党のシンボルカラーであるトーリー・ブルーのスーツを身にまとい、スコットランドの精神的な一体性の象徴とも言えるスコットランド教会の総会に乗り込んでいくことは、良く言えば勇気ある、悪く言えば無謀な企てと言わざるを得ない。また、長老派の聖職者や信者が居並ぶ前でアングリカン（イングランド国教会）の讃美歌を引用するなど、いつもは演説の内容の隅々まで目を配るサッチャーとは思えない失態もあった。ただ、サッチャー政権でスコットランド担当相などを歴任したマルコム・リフキンドが回想するとおり、当時は「仮に彼女が電話帳を読み上げたとしても、彼ら（聴衆）は反発したに違いない」状況にあり、演説の多少の傷を云々することにはあまり意味はないのかもしれない[23]。

その演説でサッチャーが訴えたことは、基本的にはセント・ローレンス・ジュリー演説で述べたことと軌を一にしている。ただ、サッチャリズムに対する批判の盛り上がりを意識してか、いくつかの論点についてはは攻撃的なトーンを強めている[24]。

演説の前提として彼女が強調したことは、キリスト教が社会改革ではなく、個人の魂の救済にかかわるものだということである。その上で、個人の自由や勤労の重要性などおなじみの主張を展開していくのであるが、特に、物議を醸したのが聖書における富の追求の解釈である。

すなわち、彼女は新約聖書のパウロ書簡の中の「働こうとしない者は、食べることもしてはならない」という一節を引いて、貧困ではなく、満ち足りていることこそが聖書が意図するところであるとする。もちろん、彼女は拝金主義を賛美しているわけではなく、社会福祉に依存するあまり、自助の精神が減退している社会の現状を批判しているのであるが、こうした彼女の主張は、聖書の一節だけを取り出して、弱者を慈しむキリスト教的な社会観を否定しようとするものとして、関係者の批判の的となった。

演説の終わりにはお義理の拍手もあったようであるが、翌日以降の地元の反発には痛烈なものがあった。演説会場がエジンバラの小高い丘、「マウンド（Mound）」と呼ばれる地区にあったため、このスピーチには「丘の上の垂訓（Sermon on the Mound）」という異名がつけられ、たちまちのうちに一つの伝説的事件となった。この異名は言うまでもなくイエス・キリストの「山上の垂訓（Sermon on the Mount）」のもじりであるが、そこにはサッチャーの尊大な態度への激しい侮蔑の念が込められている。

「丘の上の垂訓」の最も深刻な政治的帰結は、サッチャー政権の下で退潮傾向にあったスコットランドにおける保守党への支持に一層の打撃を与えたことである。すなわち、一九七九年に二十二議席を擁していたスコットランド保守党は、八七年の下院総選挙までに十議席まで議席を減らし、メージャー政権の下で行われた一九九七年の総選挙ではついに全議席を失う惨状に至った。その後、補欠選挙で一議席を回復したものの、以後四回の総選挙ではこの議席を死守するのに汲々とする状況にあった。

また、この演説はスコットランドで長年燻《くすぶ》っていた自治権の拡大要求を刺激する効果も持った。後年スコットランド国民党（SNP）の党首として独立運動を指導したアレックス・サモンドは、サッチャー政権の施策を通じてスコットランド議会の設立が単なる良いアイデアといった程度のものに留まらず、絶対的な必要性を持つものであることが明らかになったと回想している。(25)

サッチャーが目指した改革が道徳的なものであるとすれば、その成果についても経済的のみならず、道徳的な評価が必要となる。しかし、サッチャー後のイギリス社会の現状を見れば、こと道徳的側面に限れば、サッチャリズムが十分な成果を生んだとは言えまい。宗教界が批判したのも、個人の自由を追求すること自体ではなく、その道徳的帰結であった。

彼女が理想とした社会では自由で、豊かな個人が神と隣人に対する義務を果たしていくことが想定されていたが、後を絶たない金融スキャンダルやシティの重役の法外な報酬を見ると、現実は理想にはほど遠い。社会全体を見ても富裕層のみならず、一般庶民にまでも過剰な消費文化が浸透し、父アルフの口癖であった倹約という言葉は死語になった感がある。

「マーガレット・サッチャーは父を手本として国づくりを始めたが、結局は自分の息子が体現するような国をつくってしまった。[26]」

ジャーナリストのペルグリン・ワーズソーンは謹厳な父アルフと放埒な息子マークの落差を念頭にそう断じた。サッチャーにとっては残酷な評価ではあるが、サッチャリズムの矛盾を端的に示した一文と言えよう。

晩年に至り、このような世間の評価を意識してか、サッチャーは自らの葬儀を追悼行事とせずに、弔辞を排した簡素な形式とすることを遺言した。そのため、葬儀自体はエリザベス女王も参列する荘厳なものであったが、来賓による弔辞などは一切行われなかった。

その中で、唯一追悼の辞を述べることが許されたのが、ロンドン主教のリチャード・チャータ一ズで、そこには不思議な因縁がある。と言うのも、チャーターズは長年ランシー・カンタベリー大主教の補佐官をつとめ、一九八二年のフォークランド戦争感謝祈禱会におけるランシーの説教を起草したのは、誰あろうチャーターズであったからである。

チャーターズは追悼の辞において、サッチャーの政治的評価に立ち入ることは注意深く避けながらも、彼女の道徳的勇気には深い敬意を払った。

耳目を集めたのは、彼がサッチャーのこうした勇気の源泉として、メソジズムの伝統を挙げ、この文脈で「トルパドルの殉教者（Tolpuddle Martyrs）」に言及したことである。

「トルパドルの殉教者」は十九世紀前半、ドーセット州の農業労働者が地主による賃金の一方的削減に対抗するため秘密結社を結成した史実を指す。これは英国における労働組合運動の起源とされているが、この動きを主導したのがメソジストの素人説教師たちであった。

チャーターズは経済的・社会的現状（ステータス・クォー）に挑戦する試みの中で、メソジストたちが果たしてきた指導的役割を想起しているわけであるが、労働運動の先駆者と、労働組合と果てしない戦いを繰り広げた首相を同じ伝統の中に位置づけたことを意外に感じた聴衆も多かったはずである。

しかし、個人の自由がキリスト教の真理の一つであることを確信し、その発揚に取り組んだサッチャーの人生がメソジストの精神的伝統を体現したものであることは確かであり、チャーターズが彼女を殉教者の列に加えたことは誤りではあるまい。

史実にもどれば、「トルパドルの殉教者」は当時の政府から弾圧を受け、オーストラリアへの流刑を命ぜられる。リーダーの一人で、素人説教師であったジョージ・ラブレスはこの判決を受けた時、紙の切れ端に組合賛歌の一節を記したという。

神は我々の道標なり。野から、波間から、
畝から、金床から、織機から、
われらは来る。われらの国の権利を守るため、
横暴な輩の運命を語るため。
われらは自由の合言葉を唱える。
必ずや、必ずや、必ずや自由にならん。(27)

一世紀半を経て、サッチャーの主張にはこの素朴な賛歌のこだまがかすかにではあるが、確実に響いていた。

第二章　女であること

「フェミニストは私のことを憎んでいるみたいね。無理もないわ。だって、私はフェミニズムが大嫌い。あれは毒よ。[1]」

歴史家で、ジャーナリストのポール・ジョンソンはサッチャーに近しい知識人の一人であったが、彼女はかつてジョンソンにこう述べたとされる。

サッチャーがイギリス初の女性首相として、政治における「ガラスの天井」を打ち破ったことの歴史的意義については衆目の一致するところであろう。スリランカのシリマヴォ・バンダラナイケ、イスラエルのゴルダ・メイア、インドのインディラ・ガンジーなど、サッチャーに先立ち政治の頂点を極めた女性政治家がいなかったわけではないが、国際社会全体に与えたインパクトという意味では彼女に遠く及ばない。

サッチャー以降、先進国の政治のトップに女性がつくことは珍しくなくなったし、女性の政界進出自体も加速した。イギリス下院の例をとれば、サッチャー政権が誕生した一九七九年の総選挙で当選した女性議員はわずか十九人だったのに対し、二〇一七年の選挙では二百八人と十倍以上に増加した。もちろん、こうした進展のすべてがサッチャーのおかげと言うわけにはいかないが、彼女の役割の重要さに疑いをはさむ余地はあるまい。

一方、冒頭のジョンソンとの会話に見られるように、サッチャー自身の女性に対する態度には複雑なものがある。

一九五二年、エリザベス女王の即位にあわせて、まだ政界入り前のサッチャーはある雑誌に「目を覚ませ、女性たちよ」と題する一文を寄稿した。[2] 寄稿の趣旨は、女王の即位が「高い地位を目指す女性に対する偏見を根絶する」きっかけとなることを期待するもので、女性の地位向上に対する前向きな内容となっている。また、将来の展望として、女性の大蔵大臣や外務大臣が誕生する可能性に触れていることは、この時点での彼女の野心がどの辺りにあったか知る上で興味深い。

一方、彼女は、女性が職業と家庭を両立させることに対する偏見が、男性のみならず女性自身にも根強いことを慨嘆する。そして、「キャリア・ウーマン」という言葉が女性的美徳を欠いた「ギスギスした」女性を思わせるようになったことは不幸なことであるとも指摘する。

ここで垣間見えるのは、職業的には成功しつつも、家庭における女性の伝統的な役割を放棄した女性に対する複雑な感情である。もちろん、この寄稿文は一九五二年当時の社会通念を反映したものではあるが、フェミニストを毒と形容した冒頭の発言からわかるとおり、「ギスギスした」キャリア・ウーマンに対する敵意は生涯変わることはなかったように思える。

実際のところ、サッチャーの仕事の上での同僚は圧倒的に男性が中心で、女性を意図的に敬遠したとしか思えない。例えば、彼女が政権にあった十一年余りの間に閣僚に登用された女性はランカスター公領大臣などをつとめたジャネット・ヤング女男爵ただ一人で、しかも閣内にあったのは二年足らずである。

こうしたことから、進歩的な女性から見ると、サッチャーの女性に対する態度が鼻持ちならないものと映ったのは当然のことで、彼女に対する最も辛辣な批判の多くがこうした女性たちから寄せられたのも不思議ではない。彼女たちにとって、サッチャーが家庭の美徳を強調することは偽善であり、安っぽい政治的レトリックにしか聞こえなかった。

確かに、彼女が家庭を持つ女性としての立場を政治的に利用しようとしたことは間違いない。それは多くの有権者に彼女の庶民性をアピールするイメージづくりの一環であったし、政策論を展開する上での一つの武器でもあった。例えば、野党時代に労働党の財政規律のなさを批判する際、彼女が常に持ち出したのが、家計を預かる主婦の感覚であった。

しかし、そのことは彼女にとって家庭が舞台の書割のような空虚な存在であったことを意味するわけではない。そこには、夫の献身があり、子供たちとの葛藤があった。女であること、妻であり、母であることは、サッチャーという人格の重要な一部であった。

一方、公務の上で女性を敬遠し続けた彼女にとって、唯一避けることができなかった相手が女王エリザベス二世であった。元首と首相という国家で最も重要な二つの地位に、社会的背景を全く異にする二人の女性がついたことは、両者の関係を通常以上に複雑なものとし、それぞれの公務のあり方にも少なからぬ影響を与えた。

オックスフォード

一九四三年、化学を専攻するためオックスフォード大学に進学したとき、サッチャーは十七歳であった。

その頃になると、いかに父アルフを敬愛していたとしても信仰漬けの暮らしはいささか息苦しいものとなっていた。また、在学していた女学校の校長からオックスフォード進学を反対されたとき、「あなたは私の夢を邪魔しています」と言い返したことが物語るように、グランサムは彼女の野心を閉じ込めるには小さすぎた。[3]

したがって、オックスフォードはサッチャーにとって希望に満ちた新天地になるはずであったが、中世から続くこの学都はリンカンシャーから出てきた下層中流階級の女性が簡単に溶け込めるようなところではなかった。

「最初のころ、私は一人きりでいることが常だった。というのも、この全く新しい環境の中で、恥ずかしさと気まずさを感じていたからだ。私はグランサムにいたころと同様、自分ひとりで様々な思いにふけりながら、（中略）長時間散歩を続けた。[4]」

サッチャーは大学生活を始めたころの様子をこう振り返ったが、彼女が「全く新しい環境」の中で最も苦労したのは人間関係であったに違いない。当時のオックスフォードでは学生のほとんどは依然として特権階級の子弟であり、彼女にとっては喋り方や服装に始まって食事の嗜好、テーブルマナーに至るまで、周囲との違いを強く意識せざるを得ない状況にあった。こうした中で、彼女はアクセントを矯正するレッスンを受けたりして、周囲に溶け込もうと努力するのであったが、こうした努力は時として逆効果となった。

イギリスの階級社会の伝統においては、それぞれの身分において果たすべき義務を果たしていくことが重要な美徳となっており、上流階級について言えばこうした義務がノブレス・オブリージュと呼ばれたことはよく知られている。こうした精神的伝統においては、自分の分をわきまえず、成り上がろうとすることは侮蔑の対象となりがちであり、彼女が苦労して身につけたアクセントについても、上流階級の学友の間では「取ってつけたような喋り方」と違和感を覚える向きが少なくなかった。(5)

サッチャーが周囲になじめなかった今一つの理由は、オックスフォードの進歩的な政治風土である。特に、彼女が所属したサマヴィル・カレッジはリベラルな校風で知られ、保守党支持者の彼女は周囲から「浮いた」存在とみられた。

「サマヴィルはいつも急進的な組織でしたが、（中略）彼女は筋金入りの保守党支持者でした。（中略）我々は週末によく行事を催しましたが、彼女が招待されることはありませんでした。彼女からは何の貢献も期待できなかったからです。(6)」

当時カレッジの学長であったジャネット・ヴォーンはこのように回想するが、サッチャーとオックスフォードとの政治的な緊張関係は政界に入った後も続き、首相就任後、大学教授会が名誉学位の付与を否決したことは、彼女を深く傷つけることとなる。

とは言え、時が経つにつれ、サッチャーのオックスフォード生活は徐々に充実していき、交友の輪も広がっていく。その中心となったのは、オックスフォード大学保守党協会である。オックスフォードにおける政治活動の中心は、一八二三年に設立された討論組織オックスフォード・ユニオンであったが、サッチャーが在学当時は女子学生の討論への参加は認められていない。一九二四年創立の保守党協会は文字通り保守党を支持する学生団体で、過去のメンバーにはエドワード・ヒースからテリーザ・メイに至る新旧の指導者が名を連ねている。

サッチャーが在学当時、戦争の影響もあって、協会の組織はかなり脆弱化し、政治組織というよりは、富裕な家庭出身の学生の社交の場としての性格が強かった。そうした中で、事務的な作業を厭わず、組織の強化に努力したサッチャーは協会内で重用され、三年生になった一九四六年には会長に選任される。当時協会に在籍していたある女子学生は、「彼女（サッチャー）が保守党クラブの大物から許容されたのは、雑用を任せられる者だった」からと、皮肉交じりに回想する[7]が、圧倒的な仕事量で要職を勝ち取っていくのは、政界入りした後も同じである。

さらに、口さがない向きの間では、彼女が協会の活動に積極的だったのは爵位を持つ良家の男子学生と知り合いになって、玉の輿に乗ることを狙っていたためという憶測もある[8]。確かに、当時彼女が姉ミュリエルに書いた手紙などを見ると、保守党協会のメンバーの幾人かに好意を抱いていた形跡はあるが、それだけが動機で政治活動に手を染めたという見方はさすがに穿ちすぎであろう。

実際のところ、公的伝記の著者であるムーアがこれまで未公開だった私信などを研究した結果、彼女のオックスフォードにおける最も真剣なロマンスは保守党協会とは関係のない形で育まれて

いたことが判明している。(9)

そのお相手はトニー・ブレイという陸軍の訓練生で、一九四四年から六か月の特別コースを受講するためオックスフォードのブレズノーズ・カレッジに在籍していた。二人は保守党協会が主催するコーヒー・ミーティングで知り合い、急速に親交を深めていくが、サッチャーより年下でまだ十代だったブレイは政治活動に関心があったわけではない。

サッチャーがブレイとの交際をどの程度真剣に考えていたかについては、彼女自身が当時の事情について語ることがなかったので必ずしも明らかではない。ただ、ミュリエルあての手紙には、二人で舞踏会に出かけた様子が当日着用したドレスやディナーの献立を含め事細かに報告されており、彼女の興奮した様子が伝わってくる。また、ブレイの特別コースが終了する直前、わざわざグランサムに連れていき、両親に引き合わせているところを見ると、通り一遍のロマンスではなかったように思える。

ブレイはその後イギリス国内で訓練を重ねた後、ドイツの部隊に配属される。二人はその間も文通を続けるが、ある時点からブレイからの返事が途絶えてしまう。心を痛めたサッチャーは面識もない彼の母親に手紙を出して消息をたずねたりするが、一時交際は自然消滅の状態になる。数年後、軍を除隊し、オックスフォードに再入学したブレイはサッチャーへの思いを再燃させ、二人は再会する。しかし、その時までに彼女は大学を卒業し、政界入りのための活動を本格化させており、結局デートを数回しただけで交際は長続きしなかった。

このロマンスから半世紀以上たった後、ムーアはブレイを訪ねあてて、当時の事情について直接の聞き取りを行っている。彼が涙ながらに語ったところによれば、交際がうまく行かなかった理由は、裕福なブルジョワ家庭に育ったブレイとサッチャーとの家格の違いではなく、彼女の厳しいばかりの真面目さがまだ遊びたいさかりの彼にとって重荷に感じられたためらしい。

一方、サッチャー自身は、ムーアの質問に対して最初はデニス・サッチャーが生まれて初めてのボーイ・フレンドだと言い張り、ブレイの名前を突き付けられて初めて交際の事実は認めたものの、それ以上深入りすることはなかった。それが彼女らしい生真面目さのためか、失恋の悔しさのためかは、今となっては知るすべもない。

一九四七年夏、サッチャーは第二等（セカンド・クラス）の成績でオックスフォード大学を卒業する。彼女は政界に入ったあとも科学者として訓練を受けたことに大きな誇りを持ち続け、女性として初めて首相になったことより、科学の学位を持った初めての首相であることの方が意義深いと述べるほどであった。

それでは、「科学者サッチャー」の力量をどう評価すべきか。

当時のサマヴィル・カレッジは、後年ノーベル化学賞を受賞するドロシー・ホジキンを教授陣に擁するなど、恵まれた研究環境を提供しており、第二等という卒業成績も恥じるようなものではない。

しかし、学長のジャネット・ヴォーンが、サッチャーについて「全くと言っていいほど可も不可もない（perfectly adequate）化学者」だったと皮肉交じりの評価を述べているように、彼女には研究者として大成するには何かが欠けていた。[10] 四年生の時、サッチャーを指導したホジキンは彼女の能力を前向きに評価しながらも、「他の人にはあっても、彼女にはどうしても備わっていない何かがあった」と述べている。[11] 想像をたくましくして言えば、その「何か」とは一流の科学者が持つ想像力のことではなかったか。政治家としても想像力はサッチャーの強みとは言えなかったので、ホジキンのこの評価は興味深い。

いずれにしても、保守党協会での活動を活発化させる中で、サッチャーの心の中では政治家の途を目指す決意が固まっていったので、科学者として大成する見込みが立たなくなったとしても、さほど落胆することもなかったはずである。実際、彼女はオックスフォード在学中から、保守党の全国組織の会合に積極的に参加し、人脈作りに励んだ結果、大学卒業後間もなく、最初の大きなチャンスを手にしている。

ケント州のダートフォードはロンドンの南東、テムズ川の河口に面した工業都市で、労働党が強い土地柄である。一九四五年の総選挙では、労働党候補が保守党候補に二万票の差をつけて圧勝しており、地元の保守党協会は何とか局面を打開すべく、清新で、強力な候補を探していた。

実験化学者時代のサッチャー

サッチャーは卒業後エセックス州コルチェスターのプラスチック製造会社で実験化学者として働き始めていたが、一九四八年十月の保守党大会に参加した際、知人を通じてダートフォードの保守党協会会長と知り合いになる。そして、彼女の才能にほれ込んだ会長の後押しで話はとんとん拍子で進み、翌年一月には最終選考会で他の四人の男性を抑えて正式に次期総選挙の候補者として選出される。二十三歳の若さであった。

その後、サッチャーは一九五〇年二月と翌年十月の二回の総選挙に出馬する。いずれの選挙でも、彼女は全国最年少の候補者として注目を集めるが、労働党の壁は厚く、落選の憂き目に遭う。しかし、彼女はこの二つの選挙を通じ労働党の票を七千票以上切り崩しており、政治家としての素質を十分に示したと言える。

そして、彼女にとってダートフォードでの経験が徒労に終わらなかったもう一つの理由は、あわただしい政治活動の中で一人の男性と知り合ったことである。デニス・サッチャーである。

出会いと結婚

サッチャー家はオックスフォードシャー州アフィントンに残る古い家系であるが、十九世紀後半、デニスの祖父トマスは新天地を求めてニュージーランドに移住する。移住先は北島西岸のワンガヌイで、トマスはここで牧羊業を営み、地元の名士となる。そして、羊を皮膚病から守る溶液の開発を手掛けたことをきっかけに、アトラス防腐剤会社（Atlas Preservatives Company）を設立した。

一八九八年、トマスはイギリスにもどり、ケント州にアトラスの工場を新設、その後会社はここを本拠地とし、業容を塗料や洗剤などに多角化していく。

デニス・サッチャーは二代目社長ジャックの長男として一九一五年に誕生したので、マーガレットのちょうど十歳年上となる。

二歳年下の妹のジョイとともに何不自由ない幼年時代を過ごしたデニスは十三歳でロンドン北部のパブリック・スクール、ミル・ヒル校に入学する。内向的で、生真面目な少年に育った彼は、後年寄宿舎生活を特に楽しいものとは思わなかったと回想しているが、ここでの生活を通じ一生の趣味となるスポーツに対する愛着を深める。

ちなみに、成人後のデニスの最大の趣味はラグビーのアマチュア審判員を務めることで、第一線の国際審判員にこそなれなかったものの、一九五六年にパリで行われたイングランド対フランスのテストマッチで線審を務めたと言うから、その技量は相当の水準にあったものと思われる。

ミル・ヒル卒業後、デニスは一時大学進学を考えたが、結局家業を継ぐことを決め、一九三三年、アトラスに入社する。当時、アトラスは熱交換プラントの洗浄方法に関する特許を獲得し、業績は上げ潮の時代にあったが、社長の子供であっても特別扱いはしないという父ジャックの方針もあり、工場の現場を手始めに業務のあらゆる側面を理解するためこつこつと仕事に打ち込む。

一九三〇年代も後半に入ると、戦火の兆しが日増しに高まり、デニスも一九三八年十月、陸軍少尉として任官し、防空探照大隊に配属される。国内での防空任務の後、一九四三年六月にはモンゴメリー将軍率いる第八軍を支援すべく、イタリアのシチリア島に派遣される。所属部隊の船が出港する三日前、父のジャックが脳卒中で急死するという悲劇に見舞われたが、忌引の一時帰郷が認められただけで葬儀に出席することも能わず、イタリアに出発する。

その後、デニスはイギリス軍の北上と歩みを合わせつつ、欧州戦線を転戦し、主として兵站面の任務に従事する。彼の堅実な仕事ぶりは周囲から高い評価を受け、戦況報告で二回言及されるとともに、一九四五年には勲章（軍務MBE）を授与されている。

終戦後はアトラスの経営に復帰し、一九四七年には総支配人に就任、父の死と戦争の影響で混乱状況にあった会社の立て直しに努力する。さらに、業績が安定するにつれ、デニスは海外市場に目を転じ、特にアフリカにおける販路拡大に奔走する。

デニスとマーガレットが初めて会ったのは、一九四九年二月、ダートフォードの保守党協会が彼女を正式に候補者として採用する集会を開いた、その日の夜である。集会後、彼女はアトラスの重役の家で開かれた夕食会に出席するのであるが、その席に一緒に呼ばれたのがデニスであった。この重役は三十半ばで独身のデニスの身を案じ、マーガレットに引き合わせようと画策したらしい。したがって、この席は一種のお見合いのようなものだったと言えるが、結果はあまり芳しいものではなかった。

夕食会の後、マーガレットが姉ミュリエルに書いた手紙には、デニスの第一印象として、「あまり魅力的とは言えない人――すごく遠慮深いけど、本当は良い人」と記されており、直ちに恋愛に発展する兆しは感じられない。(12) 一方、デニスの側でもすぐにマーガレットとの真剣な交際に飛び込んで行きにくい事情があった。最初の結婚に失敗していたからである。

一九四一年、ウェールズの首都カーディフの基地で勤務していたデニスは将校のためのダンス・パーティーでマーゴット・ケンプソンという女性と知り合い一目ぼれする。マーゴットの方も彼の熱意にほだされ、二人の仲は急速に発展、翌年三月には結婚式をあげる。

しかし、デニスが軍務で国内を転々とした後大陸の前線に派遣されると、二人のコミュニケーションは段々と難しくなる。そして、彼が復員する前にマーゴットは他の男性の下に走り、結婚は破綻してしまう。

マーガレットがデニスの最初の妻でないことは、その後長らく一部の関係者だけしか知らない秘密であった。しかし、マーガレットが保守党党首になった後の一九七六年、ある大衆紙がこの件を嗅ぎまわり始め、そのことを察知した広報チームが彼女に好意的なライバル紙に先手を打ってリークすることを進言した結果、世間の知るところとなった。

娘のキャロルが父親の最初の結婚について知ったのは、この報道の直前にマーガレットから知らされたのが初めてで、一九九六年に出版したデニスの伝記の中でその時の驚きを記している。なお、キャロルはその後マーゴットのもとを訪れ、直接当時の事情を聞き取っているが、娘が最初の妻と会ったことを聞いたデニスは、目をやや潤ませながら、「彼女はまだ信じられないくらいきれいだったかい？」と聞いたとされる[13]。

一九九六年にマーゴットが死去した際、マーガレットは心を許した秘書のシンシア・クロウフォードに、「私はこれからもずっと二番目のサッチャー夫人のままよ」と述べたとされるので、デニスの最初の結婚は彼女の心にもいくばくかの影を落としていたのかもしれない[14]。

サッチャーの結婚式

いずれにしても、このような事情もあって、デニスとマーガレットが婚約したのは最初の出会いから約二年後、一九五一年の総選挙の直前であり、この結論はそれぞれが熟慮した結果であったと言って良い。

「デニスが私に妻になるよう申し込んだとき、私は長い時間をかけて真剣に考えぬいた。私は、あまりに政治に心を集中させていたので、自分のやりたいことの中で結婚についてあまり考えたことはなかった。（中略）デニスも戦時中の結婚が離婚に終わったので、熟慮の末に私に妻になるよう申し入れたことがわかっていた。しかし、考えれば考えるほど、私の心は固まっていった。答えは一つしかなかった。四十年以上たった今、『はい』と言った私の決断がこれまで下した決断の中で最良のものであったことは明らかである。[15]」

回想録の中で、マーガレットはこのように振り返っているが、確かに彼女にとっても結婚は潮時であった。ダートフォードでの経験は貴重な政治家修業にはなったが、いくら頑張ってもこの選挙区から政界に入ることが難しいことは自明であった。他の可能性と言っても、二十代半ばの独身女性のところに、保守党が地盤とする優良選挙区が早々に回ってくる可能性は低い。しばらく前から、彼女は政界入りの準備の一環として弁護士資格を取得することを考えていたところで、そのためには安定した生活が必要だった。会社経営者であるデニスとの結婚はそうした実際的意味でも、一つしかない「答え」だったのだ。

『親愛なるビル』

デニスとの結婚後、マーガレットはロンドンの高級住宅街、チェルシーに居を構え、会社勤めと選挙運動を掛け持ちするあわただしい日課から解放され、法律の勉強に専念する環境を手に入れる。一九五三年の八月には、双子を出産し、母親としての責任も負うことになるが、デニスの財力のおかげで住み込みの乳母を雇うことができ、司法試験受験の準備を続けることができた。とは言え、マーガレットはこうした環境に甘えていたわけでなく、主婦業も、母親業も手を抜くことはしなかった。当時の乳母は回想する。

「彼女は、私がいないときには法律の勉強をしながら、赤ちゃんの面倒を見ていました。彼女は何から何までやりました。彼女はウルトラがつくほど能率的だったので、落ち度を探すのが難しいほどでした。(16)」

一方、結婚後、働き盛りの年代を迎えたデニスもマーガレットに劣らず多忙な日々を送る。戦後の厳しい競争環境の中で家族企業の生き残りを図っていくためには筆舌に尽くしがたい苦労があった。海外での商談のため、一年のうち数か月を海外で過ごす生活は肉体的にも相当の負担となった。また、彼には、サッチャー家の家長として、母親と、離婚して出戻ってきた妹のジョイの面倒をみる責務もあった。

そうした中で、マーガレットがデニスを本当に精神的に支える役目を果たし得たかは疑問と言わざるを得ない。デニス自身が他人に弱音を吐かないストイックな性格をしていたこともあるが、彼女自身、政界入りという自らの野心を追求するのに精一杯であったという事情がある。そして、彼女が一九五九年に念願の下院初当選を果たした後も、状況は改善したかと言うとむしろ逆で、多忙な議員生活に没頭するマーガレットとデニスの関係はますますすれ違いの度合いを深めていく。

こうした状況が積み重なり、一九六四年、デニスはついに精神衰弱の一歩手前まで追い込まれ、転地療養を勧める医師の助言に従い、南アフリカで長期の休暇を過ごすことになる。ムーアは、この時マーガレットにはデニスが自分のところに帰ってくるか確信を持てなかったはずだとしており、この見立てが正しければ、夫婦は離婚の危機に直面していたことになる[17]。

結局、デニスは南アフリカでの休暇中、アトラスを大手の石油会社に身売りすることを決心し、帰国後早速これを実行に移す。アトラスを手放した後も、売却先の石油会社の役員として仕事を続けたので、これをもってデニスのビジネスマンとしてのキャリアが終わったわけではない。しかし、アトラスの売却を契機に、彼が徐々に政治指導者の配偶者としての役割に目覚めていくことを考えると、サッチャー夫妻にとって大きな転機であったことは間違いない。

「デニスがそばにいてくれなかったら、私は十一年以上も首相でいることはできなかったであろう。いつも変わらぬしっかりした人格の持ち主である彼は何をなすべきか、なさざるべきかについて、非常にはっきりした考えをもっていた。彼は鋭いアドバイスと洞察に満ちたコメントの宝庫だった。そして大変賢明なことに、彼はこうしたコメントを外部で述べるのではなく、私だけにとっておいてくれた[18]。」

マーガレットは回想録の中で、デニスの役割についてこのように記しているが、彼がこのような役割を身につけるまでには試行錯誤があったに違いない。保守党党首の夫であれ、首相の夫であれ、前例のない仕事である。

幸いだったのは、実際的で、バランスのとれた判断力、忠誠心、自己顕示欲のなさ、といった彼の性格がこうした役回りにうってつけであったことである。また、求められない限り助言を行わないことや、プレスのインタビューには絶対に応じないことなど、彼が自らに課した原則はいずれも賢明なものであった。

政治指導者の夫という役割がデニスにとって初めての経験であったのと同様に、世論が彼の役割をどのように受け入れるかも前例のない問題であった。この点で、重要な役割を果たしたのが、雑誌『プライベート・アイ』に連載された『親愛なるビル』というコラムである。

『プライベート・アイ』は、一九六一年に創刊された風刺雑誌で、時事問題に関する鋭い観察と棘のあるユーモアで、現在も多くの購読者数を誇っている。「親愛なるビル」はマーガレットが首相になった直後から始まった連載コラムで、女性首相（Mという頭文字で呼ばれる）の「夫」が友人のビルに書いた手紙という設定で、時々の政治問題を風刺したものである。

ここで描かれる「夫」の人物像はゴルフとジンを愛し、恐妻家の反面、男性優位主義者で、外国人に対する偏見を隠そうとしない俗物、言い換えれば、デニスと同世代の上流イギリス男性の一つのカリカチュア（戯画像）なのであるが、それが一般国民の抱くデニスの印象と妙に一致した結果、読者の幅広い共感を得ることになる。そのため、このコラムはサッチャー政権が続く間、『プライベート・アイ』の看板企画として大人気を博し、登場人物を題材とした劇がプロデュースされるほどであった。

デニスが巧妙だったのは、こうした風刺に拒否反応を示すのではなく、むしろ時には戯画化された「夫」の役回りを実際に演じてみせることで、国民との心理的距離を縮めることに成功したことである。

それでは、デニスが首相の配偶者として実際に果たした役割をどのように評価するか。

前述のとおり、デニスは求められない限り、妻の仕事に口をはさむことは控えることを方針としていた。実際に、マーガレットが政策上の問題で彼に相談した事例は、国営企業の財務状況について会社経営者の観点から助言を求めた例などに限られている。デニスのアフリカに関する知見がマーガレットの南ア問題などへの姿勢に影響を与えた可能性はあるが、こと政策に関する限り、彼女は自らの主人であった。

筆者の見るところ、デニスの貢献はむしろ精神的次元にあったように思える。マーガレットの外交担当補佐官であったチャールズ・パウエルも、デニスが果たした様々な役割の中で最も重要だったのは、彼女の人生に安定と静穏をもたらした「バランス要因」としてのそれであったと指摘している[19]。

外面的な冷静さとは裏腹にマーガレットには感情の起伏が激しい面があったのは周知の通りである。また、何ごとも完璧にやり遂げないと気が済まない性格から、大事に当たる前には神経が高ぶり、周囲を困らせることも多々あった。その一例は、党大会など大舞台でのスピーチの準備であり、スタッフを交えた検討は前日深更まで続くことが常であった。マーガレットの際限のないコメントに皆が精も根も尽きそうになるときに、彼女に向かって、「女よ。ベッドだ。(Woman. Bed.)」と鶴の一声を発し、議論を終わらせるのがデニスの役回りであった。

二人の関係について興味深いことは、半世紀を超える夫婦生活において、両者の愛情は彼女が首相を務めている間に最も深まったように見受けられる点である。娘のキャロルも、結婚後どちらかと言えば距離をおいた暮らしを送ってきたデニスが、この時期になって「彼女を溺愛するようになった」と証言している[20]。

デニスのマーガレットに対する感情に変化が生じた理由の一つは、政治観を共有する者として、彼女の指導者としての活躍に尊敬の念を深めていったことが考えられる。同時に、彼の愛情の深まりの背後に見え隠れするのは強い忠誠心である。それは、マーガレットと首相官邸での日々を共にする中で、政治というものがいかに孤独で、非情な世界であるかを痛感し、彼女を守り、支えなければならないという意識が芽生えていったことを示唆する。

「このことはやけに大げさに聞こえるかも知れないが、僕は本当に信じている。四十年ものすばらしい年月の間、僕はこの世で最も偉大な女性を妻としてきた。ささやかながらも、僕が貢献できたのは愛と忠誠心だけなのだ。」[21]

結婚生活について語ることが少なかったデニスは、ある時娘のキャロルにこう述べているが、これは掛け値のない本心であろう。

マーガレットが三回目の総選挙に勝利した後、デニスが彼女に政界引退を促したこともまさに愛と忠誠心がなせる業であったはずだ。

一九八七年の総選挙後、デニスは物事には潮時というものがあり、マーガレットにこれ以上選挙を闘わせ、晩節を汚すようなことはさせたくないという思いを強くしていた。そして、熟慮を重ねた結果、彼女に政界引退の直言をできるのは自分しかいないとの結論に達し、翌年のクリスマスの前後に思い切って説得を試みることにした。

彼がキャロルに事後談として語ったところによれば、夫の誠意を込めた説得に対し、マーガレットも一旦は次期総選挙を闘うことなく、適切な時期に引退することに同意したが、その後党の重鎮であり、上院のリーダーを務めるホワイトロー元内相に相談したところ、性急な引退は党内の分裂を招くと反対され、この話は沙汰やみとなったらしい[22]。

しかし、筆者の見るところ、ホワイトローに反対されて引退を翻意したという彼女の説明は相当に疑わしい。結局のところ、マーガレットにとっては政治が人生のすべてであり、首相の座を去るふんぎりがつかなかったというのが真相に思える。

子供たち

これまで見たとおり、デニスとマーガレットにとって政治が夫婦関係の何よりも大きな部分を占めていた。そして、そのことが双子の両親としての役割に影響を与えたことも避けがたいことであった。

「私は、二人の並外れた人間を両親としてこの世に生まれてきたが、彼らが必ずしも並外れた両親になったわけではない[23]。」

キャロル・サッチャーはデニスの伝記の中の「よそよそしい父」という一章の冒頭にこう記している。公平に見てこの言い分には理由がないわけではない。

デニスは父親が直接子供と接することが少なかった戦前の上流社会の産物であった。そのため、キャロルが彼を「よそよそしい」と感じた理由は、多忙で家を留守にすることが多かったことに加え、世代的な要因によるところが大きい。デニスが病院で双子に初めて対面したとき、「うさぎみたいだ。元に戻してくれ」と言ったというのはよく知られた話であるが、これをもって彼が子供への愛情を欠いていたと断ずるのはやや酷である。むしろそこには、昔気質で、子供をどう扱って良いかわからず、当惑している父親の姿がある。

マーガレットについては、前述の乳母の証言にもあるとおり、与えられた環境の中で母としての務めを誠心誠意果たそうとしていたことは疑いない。また、彼女は自らの生い立ちの息苦しさへの反省から、できる限り子供の意思を尊重するようにも努めた。例えば、信仰についても、子供たちに物心がつき、教会に通うことは好まないという意志を表明した後は、それ以上強制することはなかった。

サッチャーと双子（左：キャロル、右：マーク）

とは言え、彼女の政治的活動が本格化し、公務に忙殺される中で子供たちに十分な関心を払えなくなり、また、そのことへの罪悪感が子供を甘やかすことにつながる、という悪循環が生じていったことは容易に想像できるところである。キャロルはマーガレットを「最も頑固な視野狭窄症」の持ち主と評しているが、この言葉にも母親との間に生じた心の溝が感じられる(24)。

女性首相の子供として育つことは確かに特殊な経験である。しかし、同時に、マークとキャロルには、大きな特権が与えられたことも事実である。彼らの育った環境は物質的に充足していたばかりでなく、手本とすべき両親のもとで考え得る最良の教育機会も与えられた。しかし、これまでの彼らの足取りを見る限り、残念ながらこうした特権が十分に活かされたとは言い難い。

特に、マークについては偉人の子供にありがちな傲慢さや放埒さに、倫理観の欠如が加わって、マーガレットの世評にも否定的な影響を与えてきた。

マークの「悪名」が最初に知られるようになったのは、一九八二年、パリ・ダカール・ラリーに参加した彼が四日間にわたり行方不明になった事件である。イギリス首相の子供が絡む事案でもあり、テロリストによる誘拐の可能性も排除されないだけあって、事件は大きな国際的な関心を呼ぶ。結局、アルジェリア軍も参加した大規模な捜索活動の結果、マークは無事に発見される。遭難中彼の身に危険があったわけではないが、国際的な「事件」を引き起こしておきながら、救助後の記者会見で、たいしたことでもないのに、大騒ぎをするなと言わんばかりの不遜な態度をとって多くの人の顰蹙《ひんしゅく》を買った。

その後、彼はコンサルタント業に手を染めるが、特に中東がらみの商談で首相の息子としての地位を悪用しているのではないかとの風評が囁かれ、マーガレット自身の関与についての疑惑が議会でも取り上げられるような事態に至る。これらの風評や疑惑は裏付けをもって証明されたわけではないが、一九八四年以降、マークに関わるスキャンダルが相次いで報道された結果、マーガレットへの政治的影響を心配したデニスは不肖の息子にイギリスを出て国外で暮らすよう促す。

それ以来マークはアメリカ、欧州、アフリカを転々とする暮らしを余儀なくされるが、その間もいくつかの国で税務調査を受けたり、訴訟沙汰に巻き込まれたりして、トラブルが絶えなかった。そして、二〇〇四年には、当時暮らしていた南アフリカで赤道ギニアのクーデター未遂事件に関わった容疑で逮捕され、世間を驚かせた。この事件は結局マークが有罪の申し立てを行うかわりに、執行猶予付きの判決を受ける司法取引が成立し、一応の決着を見るのであるが、これを契機にマークに対する世論は一層厳しいものとなる。

一方、キャロルは大学で事務弁護士の資格を取得した後、新聞記者として活動し、近年はテレビのパーソナリティーや本の執筆など、主としてマスコミの世界で仕事をしている。二〇〇五年には、有名人が孤島で耐乏生活を経験するリアリティー番組に出演し、一躍お茶の間の人気者になった。

キャロルはマークのようにスキャンダルで世間を騒がせたことはなく、デニスの伝記を書いたことからわかるように親孝行な面もある。しかし、本章でも何度か触れたとおり、彼女のマーガレットに対する態度には相当屈折したものがある。その根底には、マーガレットにとってマークがお気に入りだったことへの嫉妬があるように見受けられ、そのためか二人の関係にもとげとげしいものがあるように感じられる。

彼女が二〇〇八年に出版した自伝的エッセイには、『金魚鉢の中の端役（A Swim-on Part in the Goldfish Bowl）』という、一風変わった題名がつけられている。金魚鉢とはダウニング街の首相官邸のことで、映画の通行人役を意味する「Walk-on part」という表現をひねって「Swim-on part」という造語で置き換えているのであるが、そこには偉大な母親を持つことへの自虐的な恨みが感じられる。

なお、この回想録にはキャロルが母親の記憶障害に気づいた経緯が紹介されているが、この本が出版された時点でこの事実は広くは知られておらず、マーガレットは娘が自分に相談もなく、こうした事情を暴露したことで深く傷ついたとされる[25]。

二人の「象徴」

サッチャーが首相として権力の絶頂に向かう頃、彼女は単なる政治指導者に留まらず、イギリスという国を象徴する存在になりつつあった。そして、そのことは、本来の国の象徴であるエリザベス女王との緊張関係を生むこととなる。

一九八六年七月二十日付のサンデー・タイムズ紙は、「女王、薄情なサッチャーに困惑」との見出しの下で、両者の不和を詳しく報じる記事を掲載した。

この記事が出た当時、南アフリカのアパルトヘイト政策を巡り、制裁強化を求める英連邦諸国に同情的な女王と、これに断固反対するサッチャーの間で緊張関係が存在しており、そのこと自体はある程度対外的にも知られていた。しかし、この記事は女王が、サッチャーの政治手法が薄情で、対決的で、社会を分断するものと考えており、炭鉱ストや米国のリビア攻撃に対する協力姿勢を含め、政権の政策全般に批判的であることを強く示唆した点で極めて異例の内容となっている[26]。

実際のところ、時の政府に対する元首の不満がこれほどあからさまに報じられることは前例のないことであり、バッキンガム宮殿が直ちに声明を出して火消しに努めたものの、近々予定されていたアンドルー王子の結婚式の話題がかすむほどの大騒ぎとなる。

結局この件については、王室、首相官邸の幹部が記事の掲載を事前に察知し、話し合った結果、サンデー・タイムズ紙に記事の差し止めを求めることはかえって事態を複雑化させかねないという認識で一致し、記事の発行前に女王がサッチャーに釈明の電話を入れることで手打ちが図られる。[27] しかしながら、記事の取材源が女王の報道官のマイケル・シェイであることは、当時から関係者の間では公然の秘密であり、少なくとも記事の基調が王室の空気を反映したものであることは明らかであった。

サッチャーとエリザベス女王との関係を考える際、両者の間には多くの共通点があることに気づく。年齢的には、サッチャーの方が一歳年上ではあったが、ほぼ同世代であり、厳格な父親の下で義務に対する責任と確固たる価値観を植え付けられた点も共通する。さらに、長年にわたる公務の中で培われた判断力の確かさも、両者が共有する資質の一つである。

と同時に、両者が生まれ育った環境とそれぞれの立場で目指す方向に大きな懸隔があったことは否定しがたい。

下層中流家庭に育ったサッチャーにとっては、女王を取り巻く世界は全く異質のものであった。このため、彼女の王室に対する姿勢には複雑なものがある。

すなわち、彼女は一方において王室の伝統に対して真摯な敬意を抱いており、その格式やマナーを守るため時には滑稽に思えるほど気を遣っていた。例えば、カートシー（curtsy）と呼ばれる王族へのお辞儀の時、彼女が極端に深く膝を折ることについて、王室の中では冗談の種になっていた。他方において、彼女は狩猟や乗馬など王室の贅沢で優雅なライフスタイルについては全く関心を有しておらず、こうした行事に時間を費やすことは時間の浪費であると考えていた節がある。

毎年秋、女王は時の首相をスコットランドのバルモラル城での休暇に招待することを慣例としているが、サッチャー夫妻にとってこの休暇は苦行だったらしく、出発日には夜が明けるのも待ち遠しく、朝六時には出立したと言われる。また、毎週一回行う女王への奏上についても、実務主義者のサッチャーが優先順位の低い仕事とみなしたためか、他の公務の都合で日程の変更が相次ぎ、王室からクレームがつく結果となった。

より根本的な次元では、サッチャーがイギリスの閉塞状況を打ち破るイコノクラスト（偶像破壊者）としての役目を自認する一方、女王はまさに現状（ステータス・クォー）の守護者としての役割を担っていたという対立の構図がある。現実には、サッチャーは国営企業や労働組合を敵に回したのと同じような形で、王室の権威に挑戦することはなかった。しかし、イギリス社会の変動における二人の立ち位置を示すこの構図は、両者の関係を巡る重要な脈絡となっている。

さらに、サッチャーが国際舞台で目覚ましい活躍を続け、内外マスコミにおける認知度が高まると、イギリスの「顔」としての女王の役割が侵食されるのではないかとの議論が出てくることはやむを得ないところであった。サッチャー自身は外遊などで女王と同一行動をとる際には、服装から立ち位置に至るまで女王より目立つことがないよう細心の注意を払ったらしい。しかし、こうした比較が行われること自体が両者の緊張を高める方向に作用したことは否定しがたい。

この関連で留意すべきは、サッチャー政権の間、様々な要因でイギリス国民の王室を見る目が厳しくなっていった点である。この時期になると、王族関係のスキャンダルに対するマスコミの姿勢は以前ほど抑制的ではなくなっていたし、経済情勢が悪化するにつれ、王室の贅沢な暮らしぶりや税制上の優遇措置への庶民の不満は高まっていく。そうした中で、右に述べた比較論は一層デリケートなものとなる。
一九八八年十二月、スコットランドのロッカビー上空でパンナム航空の旅客機が爆破テロに遭遇した際、サッチャーが直ちに現場を訪れ、犠牲者の遺族を慰問したのに対し、女王はこれを行わず、しかもその後催された慰霊祭にも王室の関係者が誰も出席しなかったため、王室はマスコミの厳しい批判にさらされた。例えば、大衆紙のサンは、『王族はどこだ』という見出しの下で、慰霊祭の当日、九人の王族が何をしていたか（実際、何人かはバカンスを楽しんでいた）を写真入りで詳しく報じたが、これなどは当時の国内の雰囲気をよく表している。[28]
サッチャーと女王の個人的な相性《ケミストリー》がどうだったかについては、信頼すべき情報は限られている。と言うのも、女王と首相の関係という極めてデリケートな話題だけに、頼れる情報は関係者による挿話的なものに限られるのであるが、何せ前述のような緊張関係を背景にしているだけに、面白おかしく脚色されたものや、何らかの意図をもって流されたものが少なくないと推察されるからである。特に、王室筋から出たと思われる挿話には、女王が下層中流階級出身のサッチャーのあか抜けない部分を馬鹿にしていたという類の話が多い。
しかし、歴史的に見ると、女王と首相との関係は階級的なものよりは、人間的な相性に左右される度合いが高いように思われる。例えば、戦後の首相の中で、女王と最もウマが合ったのは、保守党ではなく、労働党の二人の首相ハロルド・ウィルソンとジム・キャラハンであったとされる。[29]したがって、サッチャーと女王との関係についても階級的な観点のみで判断はできないのであるが、様々な証言を全体的に考えると、丁重ではあるが、ぎこちないものであったという評価が妥当であるように思える。

実際の政策において、サッチャーと女王との間でどの程度の立場上の齟齬《そご》があったかについては、今後文書公開が進むにつれて研究が深まることになると思われるが、これまでに明らかになった資料からも、「コモンウェルス」と呼ばれる英連邦をめぐる諸問題については相当の緊張関係が存在していたことがうかがえる。

英連邦にかかわる問題が両者の摩擦の種となった背景には、いくつかの理由がある。

まず、英連邦の歴史的成り立ちを考えると、エリザベスの先代の国王ジョージ六世が大戦後大英帝国の崩壊に直面する中で、イギリスの国際的地位を守るために作り上げたのがこの組織であり、その一体性を擁護していくことは、女王にとって父の遺訓とも言える、神聖な義務であった。また、女王は英連邦の首脳とは長年の個人的関係を構築しており、このような関係を維持していくことも重要な関心事項であった。さらに、英連邦諸国との交流は王室外交のハイライトであり、国家の象徴としての女王の役割を国民に印象付ける貴重な機会であった。

その上、法律的にも女王は多くの英連邦諸国の元首を務めており、彼女が英連邦首脳会議に出席する際、イギリスの立憲君主として政府の助言に基づいて行動するのか、あるいは参加国の元首として自ら会議を主催する立場に立つのか、簡単には割り切れない部分もあった。英連邦には独自の事務局が置かれていることも問題を複雑化し、ガイアナ人の事務局長ソニー・ランファルはサッチャーとは不倶戴天の敵ともいえる対立関係にあった。

英連邦をめぐり、首相府と王室の齟齬が最初にあらわになったのは、サッチャー政権が誕生してから間もない、一九七九年八月、ザンビアのルサカで行われた首脳会議の際である。当時英連邦を取り巻く最大の懸案はローデシア（現在のジンバブエ）問題であり、同年四月の選挙で発足したムゾレワ政権の正統性をめぐりサッチャーと他の英連邦諸国との間での対立が先鋭化しつつあった。

サッチャーはロバート・ムガベなどが指揮する反政府ゲリラ組織をテロ組織とみなしており、これらの組織が拠点を持つザンビアを女王が訪れることは警備上問題があると考え、首脳会議前のラジオ・インタビューでも女王の訪問について慎重な発言を行っていた。しかし、彼女がこうした問題意識の下で王室との調整に乗り出す前に、バッキンガム宮殿は女王のルサカ訪問を一方的に発表してしまう。これは、言うまでもなく、英連邦首脳会議への出席の是非は、王室が判断すべき事項であるとの意思表示でもあった。

ルサカにおけるサッチャーとエリザベス女王

首相府と王室の対立が一層明確な形で表面化するのは、一九八五年にバハマの首都ナッソーで開かれた英連邦首脳会議と翌年ロンドンで開かれた南ア問題に関する検討会議である。

南アフリカにおける人種隔離政策（いわゆる「アパルトヘイト」政策）を巡る国際世論は、一九七六年のソウェト暴動以降、白人政権への批判を強め、一九八五年に当時のボータ政権が非常事態宣言を発動すると、経済制裁の強化を求める議論が沸騰しつつあった。

この問題に関するサッチャーの基本姿勢は、経済制裁の有効性に疑問を投げかけ、段階的、平和的な体制移行の必要性に重点を置いたものであった。その背景には、アンゴラ内戦へのソ連やキューバの介入を念頭に、南アフリカの混乱が地域の安定性に与える影響への懸念もあった。しかし、アフリカの加盟国を中心に他の英連邦メンバーは、制裁の強化を強く主張し、ナッソーでの首脳会議では彼女は孤立無援の状況に陥る。

結局、この会議では首脳間の激しいやり取りのあと、サッチャーが関係当事者との対話を目的とした賢人ミッションの設立に応じ、その結果如何では限定的な追加措置の導入を排除しない姿勢に転じたため、分裂の危機は回避された。しかし、首脳間の議論の裏でエリザベス女王は英連邦の融和の維持のため静かな働きかけを行っており、当時カナダの首相であったブライアン・マルルーニは、女王から、他の首脳と協力しつつ、グループの分裂を回避するよう個人的な働きかけを受けたと証言している[30]。

翌年、一部の英連邦首脳による検討会議がロンドンで開催されるまでには、南アフリカを取り巻く情勢はさらに悪化し、同じ年にエジンバラで開催された英連邦スポーツ競技会では、相当数の加盟国がイギリスの姿勢を不満として参加をボイコットするなど、内部の亀裂もますます深刻化しつつあった。前述のサンデー・タイムズ紙のスクープもこうした状況を背景としたものである。

こうした状況のもと、検討会議に先立ち、英連邦の関係者から「頑迷な」サッチャーを説得すべく、女王の助力を求める動きも活発化する。一九八六年六月、南アフリカの黒人司祭として反アパルトヘイト運動を指導し、前々年にノーベル平和賞を受賞したデズモンド・ツツ大司教が女王に書簡を送り、制裁の強化に向けた協力を要請したのもその一例である。

さらに、実際の検討会議においても王室と英連邦事務局による水面下での調整により、英連邦の一体性の擁護に関する女王の意思をより明確に示すための手立てがとられた。会議の前夜、女王がバッキンガム宮殿で主催した夕食会はその具体例であり、女王がバルモラルでの休暇を中断してこの種の行事を主催することは極めて異例なことであった。ムーアがソニー・ランファルから聞いたところでは、席上、女王は英連邦が南ア問題をめぐり分裂するようなことがあってはならないとの姿勢を明確にしたとされており、サッチャーにとっては居心地の悪い夕食会となったはずである。(31)

以上のように、女王の意向は時としてサッチャーの政策に少なからぬ影響を与えたわけであるが、サッチャーが推し進めた社会的変革もまた、王室の伝統的地位に少なからぬ影響を与えた。

実際、サッチャー退陣後の一九九〇年代、王室は大きな危機を迎える。例えば、一九九二年は女王自身が「悲惨な年(annus horribilis)」と呼んだとおり、ウィンザー城の火災やチャールズ皇太子とダイアナ妃の別居などの不祥事が重なった年であるが、同じ年に国民の不満を念頭に、女王と皇太子の私的収入に関して自主的に納税を行う方針が発表されたことは、王室の危機感の深刻さを示している。その後王室の危機は、一九九七年のダイアナ妃の交通事故死で頂点を迎えるが、葬儀に際して、王室関係者ではなく、ブレア首相が国民を代表する立場から主体的な役割を果たしたことは、サッチャー時代を経て、王室と政府の関係が大きく変化したことを物語っている。

余談となるが、筆者はごく短時間ではあるものの、エリザベス女王と言葉を交わす光栄に浴したことがある。二〇〇八年、ロンドンの大使館に在勤当時、新任の大使の信任状の捧呈に随行したときのことである。

イギリスは格式を重んじる国だけあって、信任状の捧呈式も伝統に則り行われる。大使の公邸には、王室から馬車が差し向けられ、大使夫妻と随行の館員はこれに乗ってバッキンガム宮殿に向かう。日本でも同様の慣行があるが、我が国の場合は馬車での移動は東京駅から皇居までの短い距離に限られているのに対し、イギリスの場合は基本的には大使の公邸から宮殿までの全行程となっている。ロンドンの日本大使公邸はケンジントン地区にあるため、バッキンガムまでは馬車で二十分程度かかる。幸い行程の大半はハイドパークの中を縦断していく形となるので、市内の交通への影響は殆どないが、観光客でにぎわう公園の中をホワイトタイの正装で馬車に揺られて移動していくのは、気恥ずかしいものである。

宮殿に着くと、大使が信任状捧呈の儀式を務める間、随行者は別室で待機する。そして、儀式終了後、整列した随員の前に女王が現れ、一人一人と挨拶を交わす段取りである。女王は当時八十二歳であったが、その所作は若々しく、とても年齢を感じさせない。

筆者の順番が来ると、大使館でどういう仕事を担当しているかとのご下問があったので、「政務担当公使です」と答えると、女王はよく聞き取れなかった様子で、重ねてご下問があった。そこで、筆者は「当国の政治情勢をフォローしています」と答えると、女王は、「ああ、政治ですか（Oh, politics）」と一言言って、ほほ、とお笑いになった。

その笑いには軽蔑した様子は微塵も感じられなかったが、今思えば、十人以上の首相を臣下として、半世紀以上にわたりこの国の変化を見つめてきた女王にとって、遠く極東からやって来た外交官から政治をフォローしているという言葉を聞くことは、さぞ面白く感じられたに違いない。

それから十年を経た今日、王室は一時の危機を脱したように見える。二〇一一年のウィリアム王子の成婚は、国民の王室への敬愛に新しい息吹を与えた感があり、何よりも女王自身が度重なる引退説を吹き飛ばすように積極的に公務に勤しみ、翌年には在位六十年の節目を迎えた。

さらに、本稿が校正に入った後の二〇一八年五月、イギリスはヘンリー王子の成婚という新たな慶事で沸いている。離婚経験があり、アフリカ系アメリカ人を母に持つ女優を王女（公爵夫人）として迎え入れることで、王室は伝統の殻を破り、新しい時代に向かって大きな一歩を踏み出した。

サッチャーとエリザベス女王との「女の争い」は、結局は時代の変化への適応能力を示したことで、女王の粘り勝ちで終わりつつあるように見える。

第三章　偶然の指導者

「お前はヒースに殺されるぞ。」

一九七四年十一月、サッチャーからエドワード・ヒースへの対抗馬として保守党党首選挙に出馬することを告げられた時、デニスは一瞬ひるんだ後こう言った。[1]

同じころ、保守党の重鎮であったR・A・バトラーは党調査部の所長であったクリス・パッテン（のちに環境大臣、香港総督等を歴任）との立ち話で、「サッチャーが動き回っているようだが、真面目に受け止める必要はないよな」と述べた。[2] また、十一月三十日付のエコノミスト誌はサッチャーの出馬表明について「（彼女は）まさに、何の害もなく、立候補して、落選することが許される類の候補者である」と、皮肉交じりに論評している。[3]

翌年二月、党首選の第一回投票でサッチャーが実際にヒースを破ったとき、同じく党の大御所の一人であったレジー・モールディングは、「今日は保守党の歴史上最も暗い日だ。みんな本当に気がくるっちまった」と慨嘆した。[4]

サッチャーを選出した一九七五年の保守党党首選挙は、疑いなく戦後のイギリス政治の分水嶺である。しかし、これらの挿話から明らかなように、当時の関係者の誰もがその歴史的意義を十分に理解することはなかった。もっとも、この時点で、サッチャー自身を含め、三期十一年半の長期政権を予測する人がいなかったこと自体は不思議ではない。だが、そもそも一体なぜサッチャーが大方の予想を裏切り、党首に就任することができたのであろうか。

この点について、党首選から四十年以上を経た現在も、サッチャーの勝利はいくつかの偶然が重なった結果だという見方が支配的である。確かに、有力候補者が様々な事情で党首選への出馬をためらったり、脱落したりしたこと、ひょんな事情から優秀な選挙対策チームの助力を得ることができたこと、逆に慢心のためかヒースの選挙運動が極めて拙劣であったことなど、サッチャーがいくつかの僥倖に恵まれたことは事実である。

しかし、政治には流れというものがある。歴史の流れ、国内世論の動き、そして保守党という組織の中の力学である。

「神、国王、国家（God, King, Country）」

伝統的に、イギリスにおける保守主義（Toryism）のエッセンスは、この三つの単語に集約されると言う。しかし、歴史の流れの中で、それぞれの意味するところは当然変化する。戦後政治の実体を見たとき、サッチャーが登場するまでの保守主義は、いわゆる「ワン・ネーション保守主義（One Nation Conservatism）」の時代と解釈されるのが通常である。

「ワン・ネーション保守主義」とは、十九世紀末のベンジャミン・ディズレイリに淵源を持ち、端的に言えば、階級間の融和――従って、国民の一体性（one nation）――を確保するための国家による介入を積極的に支持する考え方を意味する。

サッチャリズムは「ワン・ネーション保守主義」の時代に終止符を打つことになるのだが、この変化は一夜にして起きたわけではない。一九六〇年代から七〇年代にかけて、他の先進民主主義国同様、イギリスの経済・社会環境は大きな変貌を遂げた。序章でも述べたとおり、経済面では、累次の石油危機や世界的なスタグフレーションの影響で、戦後の繁栄を支えたブレトン・ウッズ体制に大きな綻びが生じ、ケインズに範をとった経済政策運営は曲がり角を迎える。社会的にも、ビートルズに代表される新世代の若者たちが新たな価値観をもって伝統的な秩序に大きな変化をもたらしつつあった。

こうした時代の変化は当然のことながらイギリスの政治にも大きな影響を与え、保守主義の進むべき方向についても様々なせめぎ合いが生まれる。サッチャーはこのせめぎ合いの中で党首選を迎えたのだ。

そして、こうした保守主義を取り巻く環境の変化に加えて、サッチャー自身の政治家としての資質という要因がある。政治は機会のゲームではあるが、機会をつかまえる能力がすべての政治家に平等に備わっているわけではない。サッチャーは「偶然の指導者」であったかも知れないが、誰もがサッチャーになれたわけではないのだ。

異端者たち――イーノック・パウエル

一九七五年の党首選に向けて、保守主義の内部で生じていたせめぎ合いとは何か。その答えを探るために、二人の政治家について考えてみたい。イーノック・パウエルとエドワード・ヒースである。

イーノック・パウエルは公職よりは弁舌に生きた政治家である。そのため、イギリス国外では比較的無名ではあるが、戦後の保守党の歴史において最も独創的で、革新的な思想家と断言できる。写真に見る彼は日本流に言えば古武士の風貌で眼光が鋭い。エドワード・ヒースは野党党首時代、パウエルにこの鋭い眼光でにらまれるのが嫌で、影の内閣でも彼と視線を合わせないで済むような席割りを指示したと伝えられている。

パウエルは、一九四五年の選挙で敗北した後、チャーチルが保守党に加えようとした「新しい血」を代表する政治家である。これらの政治家の多くはパブリック・スクールではなく、中流階級以下の優秀な児童が通ったグラマー・スクールの卒業者で、一九五〇年の総選挙で初当選したパウエルの同期には、エドワード・ヒース、イアン・マクロードなどの俊英がいる。

政治家になる前のパウエルの経歴には目覚ましいものがある。

一九一二年、両親とも学校教師の家庭に生まれた彼は地元バーミンガムのグラマー・スクールを卒業後、ケンブリッジ大学に入学、古典学を専攻する。卒業時、彼はラテン語とギリシア語の二科目で「第一等星付き」の評価を与えられたが、これは、「ダブル・スタード・ファースト(double starred first)」と呼ばれ、滅多にない超優良な成績である。卒業後、彼はオーストラリアのシドニー大学の古典ギリシア学の教授となるが、このときなんと二十五歳の若さであった。ちなみに、彼が戦前に書いたヘロドトスの註解書はいまだ現役の教科書として使われているという。

第二次大戦勃発後、パウエルは直ちに陸軍に志願し、北アフリカや南アジアの戦線で主として情報任務に従事するが、この間の軍歴もにわかには信じがたい華々しさである。と言うのも、開戦当初一兵卒として従軍した彼が除隊時には准将に昇進していたからで、第二次大戦中に同様のスピードで昇進を遂げた人間は彼以外に一人あるのみであったと言う(5)。

このような経歴にもかかわらず、政界入り後のパウエルは地位には恵まれなかった。最大の理由は、彼の政治信念が当時の保守党の考え方の主流から大きくかけ離れていたことにあるが、政治的な得失は無視して、論理の導くままにどこまでも突き進む性癖も障害となった。その意味で、パウエルは真の「信念の政治家」であり、彼を前にすると、サッチャーですら打算的な「政治屋」に見えてくる。

イーノック・パウエル

パウエルの思想の革新性を示す一例は経済政策であり、その内容は多くの面でサッチャリズムを先取りしている。彼は一九五〇年代からインフレーションの原因が通貨供給量の増大にあることを指摘しており、マネタリストという言葉ができる前からマネタリストとしての論陣を張っていた。また、市場原理の貫徹と国家介入の抑制も彼の主張の重要な柱であり、一九六〇年代から郵便事業と電話網の民営化を提案していることには驚かされる。こうした信条から見て、マクミラン政権で大蔵副大臣を務めていたパウエルが財政支出の増大に抗議して、辞表を提出したことは不思議ではない。

一方、パウエルが実質的な意味で国内政治を大きく揺るがしたのは、移民政策と対欧州政策の二つの分野である。これらの分野における彼の主張の根底にあるのはナショナリズムであるが、そのナショナリズムの特異性は、帝国の版図を失ったイギリスが今後生き残っていくためには、どんなことをしてでも主権と国柄を擁護していかなければならないという切実性を帯びていることである。

パウエルがイギリス政治史に名を留めるのは、一九六八年四月、バーミンガムで行った移民政策に関する演説に負うところが大きい。この演説で、彼は旧植民地からの移民の増加がイギリス社会にもたらす影響に強い警鐘を鳴らすのであるが、その帰結を表現するのに、古代ローマの詩人ウェルギリウスの一節を借りつつ、「テヴェレ川が血で泡立つ」という過激な比喩を使ったため、以後「血の川（rivers of blood）」演説として知られるようになる。

パウエルは演説を行う際には事前に草稿をマスコミに渡すことを常としていたので、当日会場にはテレビ局の取材クルーも駆けつけ、演説は直ちに全国的なニュースとなる。容易に想像がつくとおり、政界やマスコミでは「演説は人種差別的」との大合唱が起こり、ヒースはパウエルを影の国防相ポストから罷免する。一方、草の根レベルではパウエルに対する支持の声も多数聞かれ、国会議事堂前では造船工による千人規模の支援デモも行われた。

対欧州政策については、一九七〇年に政権を奪取したヒースが欧州諸共同体（ＥＣ）への加盟交渉を強力に推進したのに対し、パウエルは文字通り政治生命を賭して戦う。注目すべきは、彼の反対の根本的理由が経済的な利害得失に基づくものではなく、主権擁護の一点にかかっていたことである。後年、サッチャーはまさに欧州統合に伴う主権のあり方を巡って保守党内で果てしない論争を続けるのであるが、この点でもパウエルは何年も彼女の先を行っている。

結局、パウエルの反対にもかかわらず、イギリスのEC加盟条約は一九七二年一月に調印され、翌年一月に発効するのであるが、この後彼は驚くべき行動に出る。一九七四年二月、ヒースが抜き打ち選挙に打って出ると、パウエルはこの選挙が大義を欠くものと批判して不出馬を表明する。それればかりか、投票の五日前になって改めてヒースの対欧州政策への強烈な反対を表明しつつ、有権者に対しては労働党への投票を呼びかけたのである。この選挙では、保守党は得票率で労働党を上回りながら、わずか四議席差で政権を失う結果に終わったので、選挙最終盤におけるパウエルの「裏切り」がなければ結果はどうなっていたかわからない。

彼自身は保守党支持者から「ユダ」という指弾を受けたのに対し、「ユダは金をもらったが、私は犠牲をはらったのだ」と反論し、終生自分は本当の保守党党員（Tory）であると主張して止まなかった。しかし、当然のことながら、この選挙以降彼が保守党に留まることは不可能となり、次回総選挙以降は北アイルランドのアルスター統一党に籍を移し、一九八七年の選挙で落選するまで議会活動を続ける。

サッチャーとパウエルの間には一回りほどの年齢差があり、後者が「血の川」演説以降は党の主要ポストを離れたため、仕事の上で直接関わりがあったわけではない。しかし、彼女はパウエルの知的正直さに対し深い敬意を抱いており、彼が保守党から離党した後もときどき会って意見交換を行っている。

サッチャーは回想録においてヒース政権時代を振り返り、ヒースが国民経済への介入を増大させる中で、閣内にあった自分が職を賭して反対しなかったことに自省の念を述べる一方で、バックベンチ（下院議場で役職を持たない一般議員が座る後部席）から、ヒース批判の声を上げた議員への敬意の念を示しているのであるが、その筆頭にパウエルの名前を挙げている(6)。

一方、サッチャリズムの形成にあたって、パウエルが具体的にどの程度貢献したかは評価が難しい。後述のとおり、彼女が自らの政治理念を煮詰めていく過程では、ヒース内閣の同僚であったキース・ジョゼフの影響の方がはるかに大きい。

むしろ筆者の見るところ、パウエルの貢献は、彼の言動に対する草の根支持層の反応を通じ、保守党のボディ・ポリティックをどう理解するかについて手掛かりを与えたことにあるように思える。すなわち、彼女が得た手掛かりとは、移民政策にしろ、対欧州政策にしろ、当時の保守党指導部が眉をひそめるようなパウエルの主張に対して、草の根支持層の間で多数ではないにせよ、底堅い支持が存在することであり、このことは後年の彼女の政治判断に無視しがたい影響を与えたように思えるのである。

異端者たち――エドワード・ヒース

エドワード・ヒースは様々な意味でイーノック・パウエルの対極にある政治家であり、保守党の本流の政治家というイメージが強い。実際のところ、彼は「ワン・ネーション保守主義」の正統な後継者と言えるのであるが、いくつかの側面では従来の保守主義から逸脱した異端者としての顔も持っている。

前述のとおり、ヒースの出自は決して恵まれたものではない。一九一六年、ケント州に生まれた彼の父は木工職人で、母親は資産家の奉公人として働いていた。パウエル同様、グラマー・スクールを卒業後、オックスフォード大学に進学するが、学費の一部はオルガン演奏の奨学金で賄われた。

大学在学中は、サッチャー同様、保守党協会のメンバーとして熱心に政治活動に取り組み、一九三八年にはオックスフォード・ユニオンの会長に選ばれる。興味深いのは、この間保守党協会に所属しつつも、スペイン内戦に際して共和国側への支持を表明したり、チェンバレン政権による宥和政策に反対の論陣を張ったりして、当時の党の方針とは一線を画す立場をとっていたことである。

また、学生時代から欧州を広く旅行し、激動する国際情勢をつぶさに見聞した。一九三七年には、ナチスによるニュルンベルク党大会を視察し、ゲーリング、ゲッベルス、ヒムラーなどの幹部に会っており、宥和政策に対する反対はこうした経験を通じて培われた。

エドワード・ヒース

第二次大戦が勃発すると、陸軍砲兵部隊に入隊、ノルマンディー上陸作戦にも参加した。その後、仏、独戦線を転戦し、動員解除後の一九四七年には中佐に昇任し、勲章（軍功ＭＢＥ）も受章している。

一九五〇年の総選挙で政界入りした後は、議会の裏方である院内幹事を長く務め、一九五九年十月、マクミラン内閣の労働大臣で初入閣する（ただし、これ以前も院内幹事長として閣議には出席していた)。翌年には、マクミランから玉璽尚書の肩書の下でEEC加盟交渉を担当することを命ぜられ、以後欧州との関係強化はヒースのライフワークとなる。

一九六四年、マクミランの跡を継いだダグラス＝ヒューム政権が総選挙で敗北、下野すると、翌年新たな党首の選挙が行われる。ヒースは大方の予想に反してこの選挙を勝ち抜き、史上最年少の若さ(四十八歳)で保守党党首となる。なお、イーノック・パウエルもこの党首選に出馬したが、ヒースの一五〇票に対し、わずか十五票と惨敗している。

党首就任後、初の選挙となる一九六六年の総選挙では、ハロルド・ウィルソン率いる労働党に敗北するが、党首の地位に留まり、捲土重来を期す。

ウィルソン政権は対外収支の悪化に悩まされ、一九六七年にはポンドの切り下げに追い込まれる。さらに、政治的にも相次ぐ補選で連戦連敗を続けるなど、厳しい政権運営を余儀なくされる。しかし、一九七〇年に入ると、経済は回復の兆しを見せ、世論調査の数字も好転してきたため、ウィルソンは解散・総選挙に打って出る。しかし、この判断は凶と出て、選挙では保守党に敗北を喫し、ヒースに政権を譲ることとなる。

ヒース内閣が誕生したとき、保守党内での彼の立場は圧倒的と言ってよいほど強力であった。それは、劣勢と伝えられた選挙で勝利した実績に加え、パウエルが「血の川」演説で更迭されたあと、党内に彼に直言できる重みを持つ政治家がいなくなったという事情によるところが大きい。政権発足後間もなく、大蔵大臣のイアン・マクロードが急死したことで、ヒースのワンマン政権という色彩が一層強まった。

さらに、ヒース自身の政治スタイルが腹心の閣僚やブレーンだけと相談しつつ、政権運営を進める形であったため、政局はますます首相主導で動くようになる。この内閣に教育大臣として初めて入閣したサッチャーは、回想録においてヒース政権の初年度以降、内閣の役割が縮小していったことを批判的に振り返っているが、それが当時の政治的現実であった(7)。

一方、この現実の一つの帰結は、政権の成功も失敗もすぐれてヒース個人の責任に帰せられたことで、このことが一九七五年の党首選の重要な伏線となる。

ちなみに、ヒースの政治スタイルはかなりの部分、彼自身の個人的性格を反映している。彼は誇り高く、真摯で、知的な正直さを持つ一方、競争心が激しく、社交的な面を全くと言って良いほど欠いていた。実際、彼は一生独身を通し、仕事以外の時間は音楽とヨットという二つの趣味に費やした。彼が独身を貫いた理由については、同性愛説を含め様々な憶測があるが、確たることはわかっていない。いずれにしても、ただでさえ気難しいヒースは女性の前では一層不機嫌になる傾向があり、サッチャーとうまく行かなかった理由はこうした個人的な性向によるところが大きかったように思える。

筆者がヒースを保守本流の異端者と考えるには、二つの理由がある。

第一は、欧州に対するアプローチである。第七章で詳述するとおり、第二次大戦以降、保守党内での欧州政策に関する議論は大英帝国が終焉を迎える中、どうすればイギリスの国際的地位を確保することができるかという大きな戦略論の文脈で行われてきた。具体的には、対欧州政策は、英連邦諸国との歴史的紐帯《ちゅうたい》、「特別な関係」と言われる米国との関係、グローバルな冷戦対立といった他の戦略的課題との兼ね合いで議論されるのが常で、このため内外の情勢の変化に伴い、党内の議論も複雑な道のりをたどることとなる。

そうした中で、欧州との関係の深化そのものがイギリスの将来の発展にとって不可欠であるという認識に立つヒースの立場は明らかに異彩を放っている。一九七一年五月、パリを訪れた彼はポンピドゥー大統領との間で、EC加盟のための大詰めの協議を行うのであるが、ポンピドゥーが最終的にイギリスの欧州へのコミットメントについて納得するのは、ヒースの議論の真摯さに負うところが大きい。逆に保守党内では、ヒースのこうした対欧関係への傾倒が手放しで受け入れられたわけではなく、先に述べたような強力な政権基盤がなければ議会における加盟手続きはより難航したはずである。

ヒースを異端者とする第二の理由は、彼の政治手法が、本質的には国家統制主義的（statist）なものであるように見える点である。

前述のとおり、保守党の「ワン・ネーション保守主義」は、上流階級が社会の安定のために下層階級に支援の手を差し伸べる、ノブレス・オブリージュを淵源としている。これに対して、ヒースが提唱した「行政の新たなスタイル」は、政府が持つ政策手段が進化した現在、これらの手段を適切に組み合わせることで、国家が直接的に経済・社会問題を解決することは可能であるとの認識に立っていた。

その際、彼は民間部門の経済的自由を否定するわけではなく、むしろ労働党の下での規制の行き過ぎを正す方向で政策を展開するのであるが、こうした自由はそれ自体が擁護すべき価値と位置付けられたわけではなく、国家の経済的発展と社会的安定を達成するための手段に過ぎない。したがって、こうした目的の達成のため必要とあらば、個人の自由を制約する形で政府が解決に乗り出すことも排除されていない。

「彼（ヒース）の信条には、民主的団体主義に立脚する国家主義の傾向が強く見られた。ほとんどフェビアン流と言って良いほどに、彼は職業的に運営された国家像を大事にした。そこでは、合理的な人々が受け入れるはずの、合理的に決定された政策によって、経済的、社会的前進への障害が一掃されるのである。(8)」

政治評論家のマルカンドはヒースの政治的傾向をこのように説明しているが、筆者はそこにイギリスの保守主義というよりは、大陸的な匂いを感じる。このことは、彼が学生時代から欧州情勢に関心を払ってきたことが関係しているかもしれないし、一九七〇年代、政労使の協調に基づく「西独モデル」の成功がもてはやされたことも影響しているのかもしれない。

いずれにしても、フェビアン主義が生まれた十九世紀後半であればまだしも、資本主義が高度に発達し、強力な市場と市民社会が存在する現代において、政府が常に最善の政策手段を選択し得るという前提に立つことにはいささか無理がある。むしろ、後年サッチャーが主張したように、政府の介入が解決ではなく、問題の一部となることもあり得る。そして、ヒースの政権運営が行き詰まり、いわゆる「Uターン」を余儀なくされたときこうした矛盾が露呈するのである。

Uターン

一九七〇年の総選挙において、保守党は労働党の下で深化した国家介入の流れを反転させ、小さな政府と経済の自由化を促進することを約束することで国民の支持を勝ち取った。この基本方針はすでに一九六六年総選挙のマニフェストにおいても確認されていたが、その後ヒースは影の首相としてこの方針に肉付けするための党内の政策的議論を主導する。

その結果、ヒース政権が発足するまでには、取り組むべき政策課題について相当程度明確なビジョンが存在していた。経済面においてその骨格をなしたのは、財政規律の回復、税負担の軽減、労働組合を抑制するための新規立法といった施策であり、これらを見る限り、後年のサッチャーによる改革の方向性と大まかな一致が見られる。

ヒースにとって不幸だったのは、政権発足後こうした施策を推進する中で、一九七一年のニクソン・ショックと一九七三年の第一次石油危機に起因する国際経済環境の大変動に遭遇したことである。こうした変動のため経済政策のかじ取りは極めて難しいものとなり、政権発足当初のビジョンを実現する努力にも大きな負担を課すこととなった。

さらに、こうした外的要因の影響に加えて、政権の命運に決定的な影響を与えたのは労働組合の過激化である。

新政権の労働組合政策の目玉であった産業関係法は、従来慣行によっていた労働組合に対する規制を法律に基づくものとして再整理しようとするものである。その意味で、この法律は組合の既得権を一方的に制限するものではなかったが、組合への加入、非加入の権利を確立し、労使間の合意に法的な強制力を与えることで、これまで野放しであった組合の活動を一定の法的秩序の下におくことを意図していた。

しかしながら、労働組合改革は労働党政権の下でも挫折を余儀なくされた困難な課題であり、保守党による改革の動きは組合側においてなおさら激しい抵抗を惹起した。産業関係法を機能させる上で特に痛手だったのは、労使紛争を調停するために新たに設置された裁判所の権威を組合側が認めず、法律が想定する裁判所への登録を集団でボイコットしたことである。

また、労働組合によるストも頻発、激化した。中でも、全国炭鉱労働者組合（NUM）が一九七二年一月と一九七四年二月の二回にわたり実施したストライキは、政権基盤に大きな打撃を与え、退陣の直接の引き金ともなった。

NUMによる活動で特にダメージが大きかったのは、大量の組合員が港湾、貯炭場、発電所などを封鎖する「フライング・ピケット」と呼ばれる戦術である。この戦術のおかげで、石炭の生産、流通の流れが寸断されたばかりか、備蓄した石炭や輸入炭の利用も不可能となったため、政府の対策は大きな制約の下におかれた。一九七二年のストライキではこうしたピケ活動の結果生じた深刻な電力不足のため、産業の相当部分が週三日の操業短縮に追い込まれるなど、国民生活は甚大な影響を受ける。

炭鉱ストの深刻化を前に、ヒースはもはや経営者である炭鉱公社に交渉を任せておけず、数次にわたり組合代表を首相官邸に招き、直接の談判を行う。しかし、首相自らの調停努力も、過激化する組合指導部を前に難航を余儀なくされる。一九七三年十一月、首相官邸におけるNUM幹部との交渉において、ヒースが組合側は一体何を求めているのかと質したのに対し、ある幹部は「私はあなたの政府の終焉を見届けたいのだ」とうそぶいたと伝えられており、こうなるとNUM幹部がストライキを倒閣運動とみなしていたことを窺わせる(9)。

こうした状況の下、国内の経済情勢は急速に悪化し、一九七二年一月には失業者が百万人の大台に乗る。その後、イギリスにおける失業者数はサッチャー政権の下で三百万人を超えることになるのだが、当時においてはこの数字の心理的インパクトは大きかった。そして、経済情勢の深刻化に伴い、ヒース政権は徐々に発足当初のビジョンとはかけ離れた政策の導入に追い込まれる。いわゆる「Uターン」である。

その手始めが国内経済テコ入れのための財政出動であり、一九七二年度と翌年度の予算には年金支給額の増加や減税など、大型の景気刺激策が盛り込まれた。また、一九七二年三月に発表された「産業・地域開発に関する白書」では、有望な産業や不況で苦しむ地域に対して政府資金を投入していくことが提案され、国家介入の抑制という当初の方向性は半ば放棄される。

その上で、同年夏以降、ヒースは政労使の三者間の対話を重ね、物価・賃金の抑制のための枠組みの構築を模索する。労働組合代表は賃金の抑制に反対し、結局この対話から離脱するのであるが、十一月に至り、ヒースは物価、賃金、家賃、配当を九十日間凍結する措置を一方的に断行する。

この措置は当初緊急措置として位置づけられていたが、ヒース政権はその後も第二弾、第三弾の所得政策を実施に移す。こうした一連の措置は混乱した経済を安定させることに一定の貢献を果たし、一九七四年の年初までには失業者数も五十万人台まで低下する。しかし、同年二月、前年秋の第一次石油危機をきっかけにエネルギー価格が高騰したことを受け、NUMは自らの交渉力が強化されたと判断し、二回目の全国ストライキに打って出る。そして、万策尽きたヒースは、「イギリスを統治するのは誰だ」というテーマの下で総選挙に踏み切ることを決断する。

一九七四年二月の総選挙でヒースが惜敗した背景に、イーノック・パウエルの「裏切り」があったことについてはすでに触れた。この総選挙のもう一つの特徴は第三党である自由党の躍進であり、完全小選挙区制という選挙制度上の不利もあって、獲得議席数は十四に留まったものの、全国的な得票率は二〇パーセント近くに達した。その結果生じたのは、どの政党も下院の多数議席を持たない「ハング・パーラメント」で、こうした状況が生まれたのは一九二九年以来約半世紀ぶりであった。

言うまでもなく、自由党の躍進は国民の間で二大政党の政策運営能力に不信感が蓄積していたことを意味する。最終的に、労働党が保守党を鼻差でかわして政権に返り咲いたのは、経済的混乱の元凶と見られる労働組合を制御する能力において、若干なりとも労働党の方がましではないかという見方が、有権者の間で根強かったためであろう。

実際、第二次ウィルソン政権は発足早々炭鉱ストライキを収束させることに成功する。しかし、少数政権のままでは政局の安定は望めないと判断したウィルソンは、同年十月、議会を再度解散、総選挙に打って出る。この選挙では引き続き各党の支持が拮抗する傾向が継続したものの、労働党がわずかに議席数を伸ばし、「ハング・パーラメント」の解消に成功する。

ミルク泥棒サッチャー

ヒース政権の時代に話を戻すと、この内閣のもとで教育大臣として初入閣したサッチャーは、総じて自らの職務に専念する忠実な閣僚としての役割に終始した。彼女が所掌範囲以外の問題に口を出すことを避けた理由としては、先にも指摘したヒースの政治スタイルのおかげで、そもそも政権運営の重要課題について相談に与る立場になかったことが挙げられよう。さらに、この時点での彼女の人生設計としては、初の閣僚ポストで実績を積むことで、大蔵大臣や外務大臣といった主要ポストに抜擢されるための下地を作ることが優先課題であったはずで、党内で圧倒的な権力を振るうヒースに叛旗をあげることは政治的な自殺に等しい行為であった。

したがって、この時期、サッチャーはマスコミの注目を集めることも少なかったのであるが、唯一の例外となったのが給食ミルク問題である。

前述のとおり、ヒース政権は財政規律の回復を主要課題の一つと位置付けており、各省庁にも予算の切り詰めを求める強い圧力がかかった。こうした中、サッチャーは担当大臣として教育分野における重要施策を守るため奮闘するのであるが、やむを得ない措置として学校給食において学童に対して行っていたミルクの無償提供を一部廃止することを決定する。

学童に対するミルクの提供はそれ以前から段階的に減らされてきており、この措置自体は本来それほどの批判を浴びる筋合いにはなかったのであるが、野党勢力によって政権攻撃の格好の材料として最大限利用されることとなる。このため、一時国内では、「マーガレット・サッチャーはミルク泥棒（Margaret Thatcher, Milk Snatcher）」という語呂合わせが流行語になるほど、徹底的な批判キャンペーンが展開された。彼女も一時は相当精神的に参ったらしく、回想録ではその当時のことを「深く傷つく」経験と形容している[10]。

こうした仕打ちにもめげず、チーム・プレイヤーとして行動していたサッチャーがヒース個人と党の現状に対する批判的姿勢を強めるのは、一九七四年二月の総選挙敗北以降のことである。こうした態度の変化は党内におけるヒースの路線に対する批判の高まりと軌を一にしており、その先導役を務めたのがキース・ジョゼフである。

ジョゼフは一九一八年にユダヤ系の実業家の家に生まれ、サッチャー同様、オックスフォード大学、弁護士という経路を経て、一九五六年に政界入りした。党内では、財政保守派として知られていたが、ヒース内閣の下では公共医療制度などを担当する社会保障大臣に指名される。なお、ヒースが「小さな政府」を志向するジョゼフとサッチャーを政策運営の中枢から外し、医療、教育といった公共サービスの供給を担当するポストにつけたことには相当の深謀遠慮が感じられる。

いずれにしても、ジョゼフはヒース政権の「Uターン」を経験する中で既存の経済政策への疑問を深め、二月の総選挙後、党内にシンクタンク「政策研究センター（CPS）」を設立し、自らその所長に就任する。そして、経済学者のアルフレッド・シャーマンなどとの議論を通じ、新たな政策の立案に取り組むとともに活発な講演活動に従事する。その中で最も有名なのは、同年九月、ランカシャー州プレストンで行った「インフレーションは政府によって引き起こされる」と題するスピーチで、これはイギリスにおいてマネタリズムの意義について体系的な説明を試みた最初の演説とされる[11]。

キース・ジョゼフ

ジョゼフはサッチャーがマクミラン内閣で最初の政府ポスト（年金・国民保険省政務官）についた時に、閣内の先輩（住宅・地方自治省副大臣）として種々助言を与えてくれた間柄で、彼女は彼の人柄と知性に対する敬意を終生失わなかった。後年、サッチャーは、「キースがいなければ、私が野党のリーダーとなり、首相として成し遂げた業績を達成することもできなかったであろう」と振り返っており、彼女の前半生を描いた回想録『権力への道のり』（邦訳は『サッチャー私の半生』

として出版）はジョゼフに献呈されている。(12)

こうした関係もあり、サッチャーはＣＰＳの設立に際し、副所長に就任してほしいとのジョゼフの要請を快諾し、その後センターの活動に積極的に関与する。さらに、彼女はこの時期から保守系の民間シンクタンクである「経済問題研究所（ＩＥＡ）」の会合にも顔を出すようになり、右派の有識者の間で人脈を拡大していく。彼女がグランサムで培った政治的信念に理論的、政策的な肉付けを行うのはこの時期であり、彼女の政治家としての成長における大きな転機と言えよう。

バックベンチャーの叛乱

一九七五年の党首選を理解する上で最も重要な点は、この選挙が本質的にはヒースとバックベンチャーの争いであったことである。言い換えれば、この戦いは一般党員による「ヒースおろし」であり、候補者の資質や政策の優劣を争う議論は二義的なものであったと言える。

保守党においてバックベンチャーは極めて特異な役割を果たす。

保守党議員は、初当選後のしかるべき段階で政府、あるいは影の内閣で下級の実務ポストが与えられるのが一般的である。これは一種の試用期間で、その間に行政実務能力や議会での討論の能力が認められた議員は、その後大臣ポスト（フロントベンチ）に向けたコースを歩むことになる。一方、試用期間の段階でこうした能力が認められなかった議員はバックベンチにもどり、政治生命を終えるまでそこに留まることが通常である。もちろん、フロントベンチのポストは限られているため、閣僚経験者がバックベンチに回ることはあるが、長年バックベンチにいた議員がいきなり閣僚に起用されることはまずない。

バックベンチャーは党の院内幹事が定める投票方針に従ってフロントベンチの政策を支持するとともに、各々の選挙区で党支持者との関係を円滑に運営するために活動する。一方、党指導部はこうしたバックベンチャーの忠誠に対し、国政の場で党を成功裡に運営することで報いようとする。これは一種の契約であり、党首がバックベンチャーの投票で選ばれることは、こうした双務性を象徴している。

一九七四年十月の総選挙後、バックベンチャーのヒースに対する不満が噴出した背景にはいくつかの理由がある。

まず、党首がバックベンチャーの忠誠に対して支払う対価として最も重要なことは、選挙に勝利することであり、ヒースが党首就任後、総選挙で一勝三敗という不本意な結果しか残していないことが彼らの間で大きな不満を醸成したことは想像に難くない。

また、政策面では、ヒースがいわゆる「Uターン」後、所得政策などの介入主義に傾斜していったことへの不安がある。前述のとおり、ヒースは党内において圧倒的に強力な立場を築いていたため、党指導部内の議論においては異論を封じ込めることができたが、草の根の支持者の間では、保守党の伝統的立場からの乖離に相当の不安が示されたはずで、バックベンチャーは選挙区の最前線でこうした不安に直接さらされる立場にあった。

さらに、バックベンチャーの不安に拍車をかけたのが、自由党の躍進である。直近の二つの選挙では、保守党支持層の票が自由党に流れる傾向が顕著に見られ、従来は保守党の安全な地盤とされた選挙区から選出される議員ですら、将来に不安を抱くような状況が生まれつつあった。そうした中で、ヒースが一九七四年二月の総選挙後、直ちに政権を返上せず、自由党との連立を模索し、さらに、十月の選挙でも大連立政権の樹立を志向するような姿勢を示したことは、バックベンチャーにとっては一種の裏切りと映った。

こうした緊張関係も、ヒースとバックベンチャーの意思疎通が上手く行っていれば管理可能であったかもしれないが、実際にはヒース個人の人嫌いな性格もあって両者のコミュニケーションは没交渉に近い状況にあった。

以上のような事情を考えると、「ヒースおろし」の狼煙を最初に上げたのがバックベンチャー全員によって構成される「一九二二年委員会」であったことは不思議ではない。この委員会は文字通り一九二二年に保守党がロイド・ジョージの主導する連立政権から離脱した際に、有志議員が始めたクラブ的な組織を原点とするが、この時点までにバックベンチャー総員による協議機関へと発展していた。

一九七四年十月の総選挙後、「一九二二年委員会」のエドワード・デュ・カン委員長は執行委員のメンバーを招集し、各自の意見を聴取したうえで、ヒースと非公式に面会し辞任を促す。しかし、ヒースはこの申し入れを相手にせず、院内幹事を使って委員会の執行部が十一月に改選される際に全員失職させるよう画策するが、この試みは一般党員の反対により失敗する。

一方、当時の保守党の党則においては、現役党首が在任中に党首選を行う手続きが存在しなかったので、これを整備することが選挙実施の前提条件であった。ヒースは「一九二二年委員会」執行部の更迭工作に失敗した後、党規改正を求める圧力に抗しきれず、元首相のダグラス＝ヒュームが率いる検討委員会にこの作業を委託することを余儀なくされる。言い換えれば、この委員会の設置をもってヒースの信任を問う党首選が行われることが確実になったのであるが、その時点では立候補の意思を明らかにした議員は誰もおらず、また、バックベンチャーの間でも誰が次期党首となるべきか意見の収斂は見られなかった。

当時の党内情勢を俯瞰すれば、ヒースが退陣した場合に後継者となるべき最も有力な資格を持っていたのは、党委員長のウィリアム（ウィリー）・ホワイトローであった。ホワイトローは閣僚経験も豊富で、院内幹事長を長く務めた経歴から党内に広く人脈を有し、人望も厚かった。しかし、彼はヒースへの忠誠心のためからか、党首選でも彼を支持することを公言し、自らが立候補する姿勢は見せなかった。

また、党首選が党の基本路線をめぐる争いに発展する場合に、ヒースの対抗馬となり得たのはジョゼフであり、実際、サッチャーも彼の出馬を待望し、一時は自らを「非公式な選対責任者」と自任するほどであった[13]。

しかし、ジョゼフのキャンペーンは舌禍事件のため党首選が本格化する前に頓挫する。一九七四年十月の総選挙が終わって間もないころ、ジョゼフはウェストミッドランズ州エッジバストンで行った講演の中で、婚外子の増加によってイギリス人の「血統（human stock）」が脅かされているとの趣旨の発言を行う。当該発言は彼自身の言葉ではなく、ある研究機関の報告書から引用したものであったが、マスコミではあたかもジョゼフが人種改良主義者であるかのような批判の大合唱が巻き起こる。

この事件はもともと言葉の選択の次元の問題に過ぎなかったが、不幸なことにジョゼフにはこうした批判を無視する厚顔さも、理屈をこねてごまかす狡猾さも備わっていなかった。そのためマスコミの執拗な批判を前に、彼はノイローゼ気味となり、党首選への立候補を断念してしまう。

以上の経緯はジョゼフにとって不幸なものではあったが、長い目で見れば党首選から撤退した判断は賢明なものであったかもしれない。サッチャーは、ジョゼフを「政治をやるには、善人過ぎるとも思える人」と評しているが、これは党首を志す政治家にとっては決して誉め言葉ではない[14]。

決断のとき

サッチャーの回想録によれば、彼女が党首選への立候補を決断したのは、前述の舌禍事件の後、ジョゼフから直接立候補を断念する意向を告げられた時だとされる。

「彼（ジョゼフ）の心は固まっていた。私は絶望の淵にいた。とにかく我々は党と国家をテッド（ヒース）流の政治に任せてはおけなかった。私は思わずこう言った。『キース、聞いて。もし、あなたが立候補しないのなら、私が出る。私たちの考えを代表する誰かが出なければいけないから』（後略）[15]」（傍点筆者）

回想録の引用のうち、「私は思わずこう言った」という部分は、いささかの意訳で、実際の表現は「私は、自分がこう言うのを聞いた（I heard myself saying）」という、回りくどい言い方となっている。要は、立候補がその場の瞬時の判断であることを強調しているのであるが、本当にそれを額面通りに受け取って良いか若干の疑問は残る。彼女ほどの野心家がそれまで立候補の可能性を全く考えなかったとは思いにくいからである。

しかし、彼女が腹を固めたタイミングがいつであれ、立候補の決断が極めて勇気あるものであったことに異論はあるまい。累次指摘しているとおり、バックベンチャーの間の不満の高まりはあっても、ヒースの党内での力は依然として圧倒的なものと見られていたし、サッチャー自身は、いまだ重要閣僚ポストについたことのない「軽量級」の政治家で、しかも女性である。デニスが彼女に「お前はヒースに殺されるぞ」と言ったのは、無理もないことである。

回想録にもあるとおり、サッチャーの勇気ある決断は党と国家の将来を憂慮する強い思いに基づいたものであったが、あえて想像を逞しくすれば一定の政治的計算が働いていた可能性もある。例えば、サッチャーが立候補を表明した段階では、彼女は他の有力候補の出馬を促す「当て馬」ではないかとの観測があった。当時ささやかれていたシナリオの一つは、彼女が第一回目の投票でそれなりに健闘し、第二回目の投票に持ち込むことに成功すれば、ホワイトローを始めとする実力候補が参戦し、ヒースを退陣に追い込むことができるというものであった。

サッチャーの立場からこのシナリオを考えると、これまでのヒースとの人間関係から見て、彼の下では現在以上の出世はまず見込めない。とすれば、仮に党首選で敗北したとしても失うものはないし、逆に、自らが「当て馬」に終わっても、とにかくヒースを退陣に追い込むことができれば、新党首から何らかの見返りを得ることができるかもしれない。そうした計算が働いたとしても、必ずしも不合理とは言えない。

この関連で、「一九二二年委員会」の委員長だったデュ・カンはバックベンチャーの代表として、一時党首候補と見なされていた時期があった。彼の回想によれば、サッチャーは立候補表明をした後の一九七四年の年末に、デニスを伴って彼のもとを訪れ、もし自分を将来大蔵大臣に任命すると約束してくれるのであれば、党首選で支持してもよいとの取引を持ちかけたとされる。[16]この証言が事実としても、最終的にデュ・カンが立候補を断念したために、取引が成り立つ状況は生まれなかった。ただ、サッチャーが党首選にあたって様々な計略を巡らせていたことは、この挿話からも窺える。

そのデュ・カンが最終的に立候補を断念したのは一九七五年一月の中旬で、このことは党首選に二つの帰結をもたらした。

第一は、誰が党首選に出馬するかについて、前年十月から続いていた不透明な状況に終止符が打たれたことで、その結果、選挙が「ヒース対サッチャー」の二頭立てのレースとなることが明確になった。

第二の帰結は、それまでデュ・カンの立候補を応援していた議員グループがサッチャーの選対チームに横滑りしたことで、このことは選挙戦の帰趨に大きな影響を与えた。

この議員グループの中心となったのは、ロンドン出身のベテラン議員、エアリー・ニーヴである。ニーヴはそれまでサッチャーとさほど親しかったわけではないが、ヒースを退陣させなければならないという強い信念から、彼女のもとに馳せ参じることを決意する。後述のとおり、彼が指揮した選挙活動は、非の打ち所がない見事なもので、これを契機に二人は強い政治的な盟友となる。

なお、党首選後、恩義を感じたサッチャーはニーヴを北アイルランド担当の影の大臣として処遇するが、一九七九年三月、彼はアイルランド民族解放軍（ＩＮＬＡ）の爆弾テロにより殺害され、結果的には厚意が仇となった。

ニーヴの選挙対策の主眼は、サッチャーへの支持をできる限り多くのバックベンチャーに浸透させることで、個別の議員に対して複数の選対メンバーが別々に働きかけを行うきめ細かな運動を徹底して行った。このやり方の利点は選対側のメッセージを刷り込むだけでなく、各議員の投票態度を二重、三重に確認することができたことである。この結果、ヒース陣営の票読みが多分に口約束を真に受けただけのものであったのに対し、サッチャー選対の事前の票読みは極めて正確であった。

その一方で、ニーヴはサッチャー本人に対しては、選挙運動のために無駄な時間を使うのは止め、影の内閣での職務に専念するよう助言する。

サッチャーにとって幸運だったのは、一九七四年十一月の影の内閣の改造で、ヒースが彼女を影の内閣で大蔵大臣を補佐する副大臣のポストに任命したことである。これは、それまで閣僚であった彼女にとっては一見降格とも見える人事であり、ヒースの意図も正にそこにあったのかもしれないが、実際にはこのポストは議会での予算審議で党の切り込み隊長として政府側の大臣とやり合う重要な役割を担っていた。

エアリー・ニーヴ

おりから、議会では予算審議が本格化する時期で、サッチャーは連日のように政府側閣僚と丁々発止の論戦を展開する。ニーヴは、バックベンチャーにとって最も重要なことは選挙に勝てる党首を選ぶことであり、サッチャーの議会での活躍はまさに彼女の能力に対する党内の信頼を強化するものであることを十二分に理解していたのだ。

サッチャーの選挙キャンペーンが成功した今一つの理由は、メッセージの明快さである。前述のとおり、党首選の時点で彼女はＣＰＳでの活動を通じ党の路線改革のための思索を深化させつつあったが、選挙キャンペーン中はマネタリズムといった複雑な政策論は避け、保守党の伝統的な価値――あるいは彼女が言うところの「中流階級の価値」――への回帰という単純、明快なメッセージを繰り返し発信した。

彼女が「中流階級の価値」として挙げたのは、具体的には、「多様性と個人の選択の慫慂、公正なインセンティブの付与、技能と勤勉さに対する対価、国家の過大な権力に対する効果的な防壁の維持、個人の資産の広範な分配に対する信念」といったもので、それ自体は特に目新しいものではなかった[17]。しかし、ヒース体制の下で党が方向性を見失ったと感じるバックベンチャーや草の根の支持者にとっては、こうした「当たり前の価値」を取り戻すという彼女のメッセージは強い説得力を持った。

以上のように、サッチャーのキャンペーンがモメンタムを増していくのに対し、ヒース陣営の運動は盛り上がりを欠く。その背景には選対の票読みの甘さによる慢心もあったが、一層深刻だったのは、候補者本人の人付き合いの悪さと熱意のなさである。ヒースの周辺はバックベンチにおける不満の増大に無関心だったわけではなく、少しでも一般議員との意思疎通を図るため、彼を議員の溜まり場である議会の喫煙室に行くように促したりもしている。しかし、肝心のヒースは喫煙室に入っても、誰と話すでもなく、ウィスキーを注文して新聞を広げるばかりだったというから、手の施し[illegible]ない。

こうしたヒースの態度は、人付き合いの悪い性格に生まれついたことによるところもあろうが、同時に彼の目から見ると「泡沫候補」としか見えないサッチャーと党首選を争うこと自体が不本意で、ましてやそのために頭を下げて回ることはプライドが許さないというのが本音ではなかったか。

こうした流れの中で、投票日まで十日余りを残す一月末の段階で、サッチャー選対の票読みでは彼女がヒースに三十票あまりの差をつけリードしている状況となり、ニーヴは、ヒースに反感を抱きながらもサッチャー支持に踏み切れない議員の間で支持を拡げるため、この票読みをプレスにリークする。

「サッチャーがリード」という報道はヒース選対にショックを与え、陣営の引き締めが図られる。その結果、ダグラス＝ヒューム元首相がヒース支持を明言したり、地方支部の会長のほとんどがヒースを支持しているという報道が流れたり、党首側が支持を盛り返す動きが生まれる。

そうした中で、ニーヴは態度未定の議員への最後の働きかけとして巧妙な作戦を展開する。すなわち、こうした議員のほとんどはヒースの退陣を望んでいるものの、サッチャーの党首としての能力に確信が持てない状況にあることに目を付け、第一回目にサッチャーに投票すれば、二回目にホワイトローなどの本格的候補が出てきやすくなると説得に努めたのである。

ニーヴが選挙戦の最終盤で試みたのはいわゆる「戦術的投票」の勧めであり、これが実際の選挙結果にどの程度の影響を与えたか判断は難しい。というのも、後述のとおり、実際の投票では、サッチャーは二回目の投票で一回目から十五票以上支持を増やしているからである。しかし、この作戦に見られるような勝利に向けた緻密さ、貪欲さが彼女の当選に大きく貢献したことは疑いない。

結局、党首選の第一回投票は二月四日、議会内で行われ、サッチャーが百三十票を獲得したのに対し、ヒースへの支持は百十九票に留まり、開票後、彼は第二回目の投票を待たず、党首を辞任する意向を表明する。

ヒースの辞任表明を受け、第二回投票には予想通り、ホワイトローを含めて三人の影の閣僚が出馬を表明する。そして、一週間後の二月十一日、同じく議会内で投票が行われた結果、サッチャーは百四十六票を集め、正式に党首に選出される。ホワイトローの得票は七十九票に留まった。

「ハロルド・マクミラン、サー・アレック・ダグラス＝ヒューム、エドワード・ヒースといったリストに続く名前が、マーガレット・サッチャーに決まったことは、私にとって夢のようなことです。」(18)

党首選で勝利した後、サッチャーはプレスに対してこのようなコメントを述べた。これは一見謙虚な物言いに見えるが、同時に、自分はこうした過去の指導者と肩を並べたので、そのように扱ってほしいと注文をつけているようにも聞こえる。

しかし、この時点で彼女がおかれた状況を考えると、この注文はいささか傲慢なものと言えるだろう。前述のとおり、この党首選の本質はバックベンチャーによる「ヒースおろし」であり、彼女が思い通りの党運営ができるほどの党内基盤は存在していない。多くの議員がこの党首選を振り返って、サッチャーを選出したあと我に返り、これから何が起こるか不安を覚えたという感想を述べているのは、この間の事情をよく物語っている。

そうした意味で、党首選直後のサッチャーを「偶然の指導者」と呼ぶことは誤りではない。しかし、同時に、この選挙を通じサッチャーは偉大な指導者に成長するために必要ないくつかの資質を示した。

一つは、圧倒的に不利な状況の中で立候補を決断した勇気である。そして、もう一つは、バックベンチャーや草の根の党員を含め、党内にどのような風が吹いているか察知し、これを自分への追い風となるよう利用していく政治的勘である。この二つの資質は彼女のその後の政治家人生においても重要な資産として機能していく。

エドワード・ヒースが党首選において孤高の姿勢を貫いたことについては、選挙対策上賢明であったかどうかは別として、位人臣を極めた指導者の身の処し方としては、一つの見識を示したものと言えなくもない。彼が晩節を汚すのは党首から退いた後、サッチャーを徹底的に忌み嫌い、党内における彼女への批判の先鋒を務めたからである。

後年イギリスのマスコミがこうしたヒースの言動をとらえてつけたあだ名が「インクレディブル・サルク」である。「インクレディブル・ハルク」は、日本では「超人ハルク」のタイトルでおなじみのアメリカのコミックで、その「ハルク（Hulk）」を、不満居士を意味する「サルク（sulk）」でもじったのがあだ名の由来で、直訳すれば「信じがたい不満居士」ということになる。首相まで務めた政治家の晩年のあだ名としてはあまりにも寂しい。

イーノック・パウエルもまた、他の多くの政治家同様、サッチャーの党首への就任を懐疑的に見ていた。

「泥の中で踏みにじられた原則を拾い上げてくれる人を探す時、踏みにじった当人たちにあたってみたりはしないものだ。[19]」

党首選のあと、パウエルはこのようなコメントを残しているが、彼から見るとこの時点ではまだ、サッチャーは保守主義を堕落させた一味の人間としか映っていない。

パウエルが彼女に掛け値のない敬意を示すのは、フォークランド戦争のときである。

一九八二年四月三日、アルゼンチンがフォークランドに侵攻した直後の議会審議で、パウエルは当時「鉄の女」という異名で呼ばれていたサッチャーに対し、「今後一、二週間のうちに、彼女の地金が本当はどのようなものか知ることになるであろう」という挑戦的な言葉を投げかける。[20]

そして、彼女が戦争で勝利を収めた後の議会における首相質疑で、パウエルは問題の「地金」の分析結果を入手したとして次のように述べた。

「（報告書によれば）検査の対象となった物質は、最高品質の鉄でできており、張力に耐える例外的な強さを備えるとともに、損傷やストレスにも強く、国家のあらゆる目的のために役立つことが判明した。[21]」

サッチャーは議会の大先輩からの機知に富んだ賛辞にいたく喜び、議事録を額装して飾ったとされる。

第四章　戦う女王

サウスジョージア島は南大西洋に浮かぶ小島で、南米大陸南端のホーン岬と南極半島の先端からほぼ等距離にある。

十八世紀後半にクック船長がジョージ三世の領地であることを宣言して以来、この島はイギリスの海外領土として現在に至っている。十九世紀から二十世紀前半には捕鯨船の補給地として活用されたが、一九六五年に最後の捕鯨基地が閉鎖されてからは、本国とのかかわりは基本的に南極調査の分野に限られている。

一九八二年三月十九日、アルゼンチン海軍の輸送船がこの島のリース港に寄港する。船を雇ったのはコンスタンティーノ・ダヴィドフという屑鉄業者で、上陸の目的はイギリスの会社との契約に基づき、使われなくなった鯨の処理工場などの施設を解体するためだった。

しかし、ダヴィドフ以下の作業チームは所要の入域手続きを怠ったばかりか、作業現場でアルゼンチン国旗を掲揚し、発砲を行うといった挑発行為に出る。これを目撃した南極調査機関の職員から報告を受けたイギリス政府は、アルゼンチン政府に抗議するとともに、当時この海域の警戒任務に当たっていた海軍の砕氷船「エンデュアランス」を島に急派することを検討する。

これに対し、アルゼンチン政府は外交的には事態を鎮静化させるそぶりを見せつつ、海軍艦艇を増派するなど、緊張は徐々に高まっていく。

そして、三月二十六日、ガルティエリ将軍率いる軍事独裁政権は、ブエノスアイレスで開かれた軍事委員会でサウスジョージア島の事件をめぐりイギリス政府が「過剰反応」を示していることを口実として、かねてから計画していたフォークランド（アルゼンチン名では、マルビナス）諸島への上陸・占領作戦を断行することを決定する。

サウスジョージア島での挑発行動から始まった緊張は、やがて両国が兵員四万人を投入する戦闘に発展する。アルゼンチンがフォークランドに侵攻した四月二日から六月十四日の終戦までの間に、双方の戦死者は九百名を超え、首都スタンレーの攻防戦の末、一万人を超すアルゼンチン兵が投降してようやく戦闘は終結する。

フォークランド戦争はサッチャーが政権発足以来直面した最大の試練であり、この戦争に勝利することで長期政権の礎が固まった。

「戦う女王（ウォリアー・クイーン）」とは、この戦争で強力な指導力を発揮した彼女に与えられた称号である。しかし、この間彼女が直面した任務は単なる軍事作戦の指導に留まらない。むしろ、フォークランド戦争が露呈したのは、戦争が違法化された戦後の国際社会で民主主義国家が戦争を行うことの難しさであり、その意味で彼女の指導力は極めて多面的な試練に直面した。「戦う」ことはそのほんの一部に過ぎなかったのだ。

苦悩の中の決断

前述のとおり、フォークランド戦争は事後的に見れば、サッチャーが長期政権の基盤を固める重要な節目となったのであるが、当時の国内政治状況を考えると、彼女にとって事態は最悪のタイミングで起こったと言ってもよい。

一九七五年の党首選で勝利を収めた後、サッチャーは野党党首として四年間雌伏の時期を強いられる。そして、一九七九年五月の総選挙に勝って念願の政権獲得に成功するのであるが、この勝利は、「政権交代は野党の勝利ではなく、与党の敗北によって実現する」という、イギリスの政治的格言通りの展開の中で生まれた。

一九七六年のウィルソン引退を受け、首相に就任したジム・キャラハンは一九七八年の秋に一旦は解散・総選挙に打って出ることを検討したが、逡巡の末これを翌年まで延期する。しかし、この決定は政治史に残る判断ミスで、すぐに選挙を打っていれば勝つ公算は十分にあったものの、いたずらに先延ばししたために、序章でも触れた深刻な経済・社会危機——「不満の冬」——に直面し、民心は労働党政権から急速に離れていく。

一九七九年の総選挙は第二次大戦後において「スウィング」と呼ばれる与野党間の票の移動が最も激しかった選挙であり、保守党は議席数を六十以上伸ばし圧勝する。しかし、この勝利は自ら勝ち取ったというよりは、与党の自滅によって転がり込んできたものであり、サッチャーの指導的地位を確立するのに十分な結果とは言えなかった。

こうした背景もあり、政権発足からフォークランド戦争が始まる一九八二年四月までの約三年間は、サッチャーにとってひたすら我慢の時期であったと言ってよい。

最大の問題は経済情勢の悪化で、政権発足後もインフレと失業が同時進行する病弊に歯止めをかけることができなかった。一九八〇年夏の時点で物価は年率二〇パーセント以上の上昇を示し、一九八一年には失業者が二百七十万人に達する。

そうした中にあっても、サッチャーと大蔵大臣に就任したジェフリー・ハウのコンビは、歳出削減、金融引き締め、税制改革などインフレ撲滅のための所期の政策に愚鈍とも思える執着を示す。サッチャーは、一九八〇年の党大会で政策の見直し（Uターン）を求める世論に挑戦するかのように、「淑女は心変わりなどしません（The lady's not for turning）」という名文句を吐く[1]。このフレーズはその後、彼女の確信に満ちた政治スタイルを示すキャッチフレーズとして定着していくのであるが、当時は強がりと捉えた国民が多かったはずである。

実際、この演説の後も政府の経済運営に対する国内の不満は高まる一方で、一九八一年三月、ハウが政権発足以来三度目の予算演説で改めて大幅な歳出削減策を発表した際には、三百六十四人の経済学者がタイムズ紙に対して連名の書簡を送り、「（政府の）現行政策は不況を深刻化させ、我々の経済の産業基盤を侵食するとともに、その社会的・政治的安定性を脅かす」と断罪する事態となる[2]。

サッチャーにとっての今一つの悩みの種は、国内の逆風を乗り切るために必要な権力基盤を、保守党内部においていまだに確立できていないことであった。政権発足時に組織した内閣はハウやジョゼフといった一握りの同志を除き、大半は「ヒース派」の閣僚で占められており、この状況は一九八一年秋の内閣改造でも根本的には解消されなかった。

こうした中、保守党の支持率は低迷を続け、一九八一年三月のＭＯＲＩ社調査では政権に対する「純支持率」(満足度と不満足度の差)はマイナス五十八ポイントを記録する。[3] サッチャー自身の人気も急落し、ある調査では、世論調査が始まって以来、最も不人気な首相という不名誉なレッテルを貼られる惨状であった。[4]

したがって、一九八二年春の時点では、サッチャーが次期総選挙で勝利すると予想する人は少数派であり、外国軍隊による侵略という国難への対応を誤れば、総選挙まで党を率いることすら危ぶまれる状況であったと言っても過言ではない。

さらに厄介であったのは、フォークランド諸島そのものをめぐる状況である。

これらの島々の領有権をめぐる争いの歴史は古い。イギリスが植民地として本格的な領有を開始したのは一八三三年であるが、それ以前からフランス、スペイン、そしてスペインから一八一六年に独立したアルゼンチンが様々な形で領有権を主張してきた。

イギリスの統治下に入った当初、フォークランドはホーン岬を経由する航路において補給拠点としての戦略的な意義を有していた。しかし、パナマ運河が開通するとこうした意義は徐々に低減し、もともとは副業であった牧羊業が実質的に島の経済を支える唯一の産業となった。島民はイギリス人としての生活様式に強いこだわりを持ち続けたが、教育を始め本国並みの生活環境を確保することが難しいこともあって、人口は長期的に漸減し、一九八二年春の時点で約一八〇〇人にまで減少していた。

第二次大戦後は国際的な植民地解放の流れもあって、アルゼンチンはフォークランドへの領有権の主張を強めていく。その一方で、イギリスにとっては本国から一万三千キロも離れ、何の戦略的価値もないこの島々を未来永劫維持していくべきか否かは頭の痛い問題であった。

両国間の領有権交渉は一九六五年に始まり、その後も断続的に続いていたが、サッチャー政権の発足後、外務省の主導により、主権をアルゼンチンに委譲した上でイギリス側が一定期間租借する「リースバック」に関する検討が本格化する。サッチャー自身は、当初からこの提案に懐疑的であったが、他に有効な選択肢がないこともあって、外務省が議会や住民への根回しに着手することを許可する。しかし、サッチャーの予想通り、この根回しは保守党のバックベンチや島の住民からの強い抵抗に直面し、「リースバック構想」はアルゼンチン側との正式な交渉に入る前に頓挫する。

さらに問題となったのは、当時サッチャーが進めていた歳出削減のあおりで、島に駐屯する海兵隊の小隊を除けば、フォークランド防衛の唯一の手立てであった「エンデュアランス」を退役させる方針が決定されたことである。「リースバック」を模索する動きや「エンデュアランス」の退役は、アルゼンチン側から、イギリスの領有権に対するコミットメントが後退した証左と受け取られた可能性は十分にあり、島への侵攻が成功すれば、そうした心証を与えた政府の責任を追及する動きが国内で噴出することは火を見るよりも明らかであった。

このような事情もあって、三月三十一日夕刻、議会内でジョン・ノット国防大臣の報告を聞いたサッチャーは目の前が暗くなる思いがしたはずである。

というのも、ノットは通信傍受に基づく情報として、アルゼンチンの艦隊が本土を出港し、四月二日にもフォークランドに侵攻することが確実という見通しを示す一方で、国防省の意見として島が一旦占拠されればこれを奪還することは困難とする見解を述べたからである。回想録によれば、サッチャーはノットの悲観的報告に対して、「もし侵略されれば、必ず取り返さなければならない」と直ちに反論したとされているが、そうは言ってみたものの、軍事的知見が全くない彼女に国防省の意見を覆すすべがあるわけもなく、会合は重苦しい沈黙に支配された[5]。

サッチャーが愁眉を開いたのは、会合に遅れて参加したヘンリー・リーチ海軍参謀長が意見を開陳した時である。

リーチの会合への参加は当初から予定されていたものではない。彼は当日、アルゼンチンによる侵攻が確実となったことを聞きつけ、大臣であるノットをつかまえようとして議会まで追いかけてきて、そのままサッチャーとの会合に乗り込んできたという経緯があった。リーチがこのように積極的なイニシアティブをとった背景に軍人としての責任感があったことは疑いないが、重要な伏線として、前述の歳出カットに伴う海軍の兵力削減について、ノットと激しく対立していたことも指摘しておく必要があろう。リーチにしてみれば、今回の危機は海軍の存在意義を示す絶好の機会でもあったのだ。

リーチがサッチャーに提言したのは、「ヘルメス」、「インヴィンシブル」の両空母を中心とし、駆逐艦、巡洋艦、揚陸艦などからなる作戦艦隊（タスクフォース）を組織することであった。その上で、彼はこの艦隊は数日以内に出航可能であり、かつ、その力をもってすれば島の奪還も可能であると請け合ったのである。このような力強い提言を受け、サッチャーは作戦艦隊の編成作業に着手することを直ちに許可する。

以上のやり取りは、フォークランド戦争をめぐる「伝説」の中の一つのハイライトシーンで、一国の首相の前で、大臣ができないと言っていることをできると言い切ったリーチの大胆さもさることながら、軍事について全くの素人であるにもかかわらず、この提言を即座に了承したサッチャーの決断力も見上げたものと言わざるを得ない。

もっとも、政治的に見ると、サッチャーの決断は、数日後にも予想される議会審議で何らかの具体的行動を示すことができなければ政権の維持すら難しいという危機感に駆り立てられたものであったことも否めない。実際のところ、アルゼンチンによる侵攻が確認された後、四月三日に開かれた下院の緊急討議においては、一部の議員から政府の責任を問う厳しい指摘が行われ、サッチャー自身はこの審議を「これまでに直面した中で最も困難なもの」として回想している[6]。さらに、下院の審議の後で行われた「一九二二年委員会」では、キャリントン外相、ノット国防相の二人がバックベンチからの集中砲火を浴び、最終的にキャリントンは辞任に追い込まれる。

また、こうした国内の厳しい雰囲気は作戦艦隊の派遣という手段の選択のみならず、その後の作戦の目的の設定にも大きな制約を課した。四月三日の下院討議の際、サッチャーは政府の作戦目的について、「(フォークランド)諸島が占領から解放され、可能な限り早期に、イギリスの施政下に返還されるよう」確保されることと言い切ったが、これは、実質的には、外交交渉でアルゼンチンの撤退を確保できなければ、武力で解放することを公約したことにほかならない[7]。

大海のかなたへ

海軍を中心とする軍の初動の対応はリーチの約束にたがわず極めて迅速であった。「オペレーション・コーポレート」と名付けられた奪回作戦の皮切りとなる、C－一三〇輸送機による物資の空輸が始まったのは、アルゼンチンによる占領作戦がなお進行中の四月二日の早朝である。翌三日朝には、たまたまモロッコ沖で演習中であった第一艦隊の一部を含む九隻の艦船が前進基地となるアセンション島に向けて南下を始める。そして、四月五日にはポーツマス港から、「ヘルメス」と「インヴィンシブル」に率いられた作戦艦隊の本隊が威風堂々と出港する。

イギリス軍による迅速な初動は事態の切迫度から見て当然であるばかりでなく、アルゼンチン側に領土奪還に向けた強い意志を見せる上でも重要な意味を持っていた。

そもそも、ガルティエリ政権がフォークランド侵攻という賭けに出た背景には、いくつかの思い込みがあった。その一つはアルゼンチンが武力をもって「領土」を回復したとしても、国際社会の同情はかつての植民地帝国イギリスではなく、自国に向けられるはずだという思い込みであり、また、米国もアルゼンチンの立場を積極的に支持はしないとしても、中立を維持するはずだという見通しも立てていた。そして、最大の思い込みはイギリスが実力をもって島の奪還を図るはずはないという見立てであり、こうしたアルゼンチン側の思惑をくじく上でも迅速で確固たる行動が必要であった。

ポーツマス出港後の作戦艦隊の動きは大まかに言って三つの段階に分けられる。

第一段階は前進基地であるアセンション島への進出で、作戦艦隊本隊の移動には約十日間を要した。注意すべきは前進基地とは言え、アセンションはイギリスとフォークランドのほぼ中間に位置し、後者まではなお六千キロ以上の距離を残していることである。

第二段階はフォークランド諸島周辺における上陸のための準備行動であり、特殊部隊によるアルゼンチン側守備態勢の偵察や、長距離爆撃機や艦砲射撃による戦略拠点の爆撃などが行われた。

そして、第三段階は上陸作戦そのもので、東フォークランド島の西岸のサン・カルロスへの上陸が開始されたのが五月二十一日で、首都スタンレー奪還まで約三週間を要している。

軍事的に見たとき、イギリスはいくつかの点でアルゼンチンに対して優位に立っていた。特に重要であったのは、イギリス軍が職業軍人からなるプロフェッショナルな軍隊であったのに対し、アルゼンチン軍の主力が徴集兵であった点である。兵員の練度の違いはその後の戦闘の明暗を分ける重要な要因の一つとなる。

しかしながら、全体的な視点から見たとき、イギリス側に死角がなかったかというと決してそうは言えない。


「(イギリスは)(一)NATO域外の、しかも七五〇〇マイルに及ぶ兵站線の向こう側で、(二)通常頼りとする陸上からの航空支援が殆どない中、(三)これまでほとんど知見を持たない敵を相手にして、(四)具体的な計画や作戦概念を策定したことのない地域で(戦争を行うこととなった。)[8]」(項目番号は筆者)

フォークランドへの上陸後、陸上戦の指揮をとったジェレミー・ムーア海兵隊少将は本国帰還後の報告の中でこう指摘したが、この一節はイギリス軍が直面した主要な課題を簡潔に要約している。

この中で、特に深刻であったのは、戦場までの距離と防空能力の限界である。

本国から一万三千キロも離れた戦場で、大量の兵員・装備を要する上陸作戦を行うための兵站面での準備には想像をこえる難しさが伴った。物資の輸送には海軍の艦艇だけでは到底対応でき

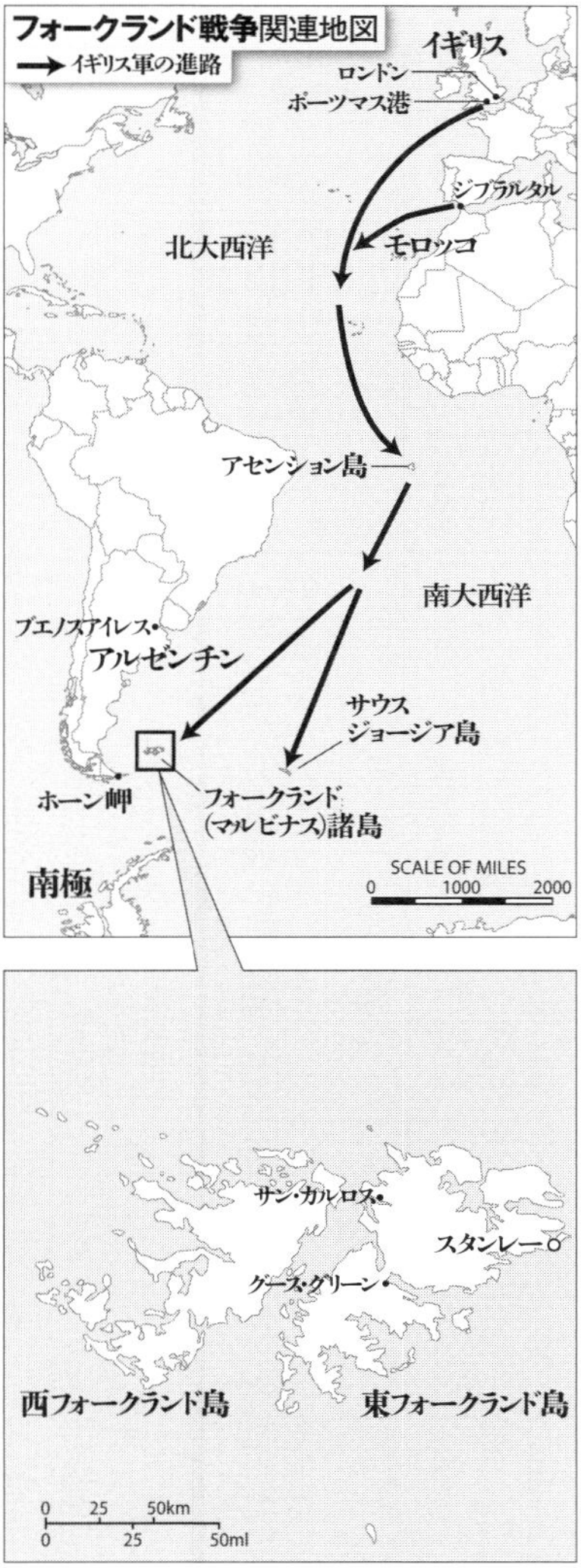

ないため、官民の商船の活用が必須となり、最終的には女王の御用船である「クイーン・エリザベスⅡ」までもが投入される。

幸い政府の協力要請に対し民間の海運会社も積極的に対応し、最終的に作戦に協力した商船の数は五十隻近くに上る。しかし、商船をこのような形で徴用する場合には、外国人の乗員を英国人に変更する必要があり、そうした手間も含め短期間で必要な体制を整えることは並大抵の苦労ではなかった。

さらに、このように苦労して現場に運んだ物資が何らかの理由で損耗した場合の補給の難しさは、作戦の遂行に深刻な影響を与える可能性をはらんでいた。

例えば、フォークランドへの上陸作戦が開始された直後の五月二十五日、徴用された民間コンテナ船「アトランティック・コンヴェイヤー」がアルゼンチン軍のエグゾセ・ミサイルを被弾し、三日後に沈没するという惨事が起った。この船には上陸作戦で使用予定のヘリコプターが十機積み込まれており、イギリス軍はこれらを一挙に失うこととなった。その結果、十分な輸送手段を欠く上陸部隊は徒歩で島を横断してスタンレー攻防戦に向かうことを余儀なくされ、首都の解放に予想以上の時日を要することとなった。

一方、防空能力の制約は作戦艦隊がフォークランド諸島周辺に進出して以降、戦争の終結までイギリス軍を悩ませ続けた。前述のとおり、前進基地であるアセンション島からフォークランドまでは六千キロ以上の距離があり、陸上からの航空支援が全く期待できない中で、艦船や上陸部隊の防空体制をどのように確保するかは作戦選択における主要な考慮要素となった。イギリスにとって幸いだったのは、フォークランドがアルゼンチン本土からも戦闘機の作戦行動範囲の限界付近に所在していたことで、アルゼンチン側も英作戦艦隊の弱点を徹底的に突くことはできなかった。

もちろん、海軍艦艇は理論上、対空ミサイルを始め二重三重の防空システムによって防護されている。しかし、機能するはずのものが機能しないのが実戦の現場であり、わずかな判断ミスや偶然が思わぬ惨事を招く危険が常に存在していた。

こうした危険が現実のものとなったのが、五月四日にアルゼンチン軍のミサイル攻撃を受けて沈没した駆逐艦「シェフィールド」の事例である。この事例では、アルゼンチン軍のシュペル・エタンダール攻撃機が接近してきた際、「シェフィールド」がたまたま衛星回線を使って通信を行っていたため、敵機が使用する無線の周波帯がブロックされ、その接近を捕捉する機会を失う不幸に見舞われた。衛星回線による通信はわずか二分程度のものであったが、この二分のために二十人の乗組員の生命と船を失う結果となった。

結局のところ、制空権の確保の責任の大部分は「ヘルメス」と「インヴィンシブル」の艦載機ハリアーが担うこととなり、これらの艦載機が作戦艦隊の勝利の最大の功労者であったと言っても過言ではない。逆に言えばこの空母のうちのどちらかでも失うことがあれば、フォークランドの奪還は著しく困難になったはずであり、イギリス軍の作戦遂行体制には相当の脆弱性が潜んでいたとも言える。

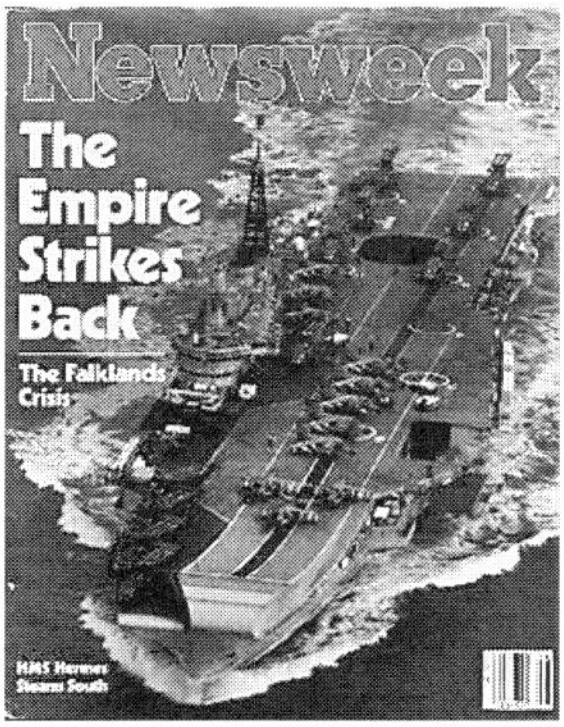

「ヘルメス」を表紙にした雑誌

政治と軍事のはざまで

以上のような奪還作戦の展開の中で、サッチャーの戦争指導はどのように評価されるか。

彼女の最大の任務は、言うまでもなく文民の首相として軍指導部を指揮・監督することにあった。政治と軍事をつなぐ役割である。

すでに指摘したとおり、彼女は女性であるばかりでなく、これまでの政治経歴の中でも軍事に関わるポストにはついたことがない全くの素人であった。三月三十一日の会合で、リーチ海軍参謀長が、作戦艦隊がフォークランドに到達するまでに三週間かかると説明した際、サッチャーは三日の間違いではないかと聞き返したとされるから、素人度合いは相当のものであった。[9]しかし、結論を先に言えば、軍事に関する知見の欠如はサッチャーの戦争指導にとって足かせとならなかったばかりか、むしろ肯定的な影響を与えたように思える。というのも、彼女自身が自らの知見のなさを謙虚に受け止め、軍事的な判断に容喙することを極力自制したため、作戦実施期間を通じて政府と軍の関係は極めて円滑に運営されたからである。軍事的判断を専門家に任せることで、彼女自身は政治指導者としてなすべきことに専念するという、良い意味での役割分担が機能することになった。

「(リーチの説明によって)もし、戦いということになれば、イギリス軍の勇気とプロフェッショナリズムが勝利を収めるはずであることが明らかになった。彼らが必要とする政治的な支援を確保することが、首相としての自分の仕事であった。[10]」

三月三十一日の会合を回想する中で、サッチャーはこのように述べているが、こうした割り切りは第二次大戦中に作戦指導の細かいところまで口出しし、軍指導部に煙たがられたチャーチルとは好対照である。

サッチャーが軍事指導部との適切な関係運営に意を用いたのは、将軍たちへの信頼の表れであることは言うまでもないが、同時に彼女の頭の中には、政府による戦争指導のあり方についていずれ何らかの検証が行われる可能性があり、そのためのアカウンタビリティを確保する必要があるという意識があったように思える。

こうした意識は政府部内での意思決定のあり方に細心の注意が払われたことにも表れており、通常は迅速な決定を重視する観点から、戦時内閣（後述）での議論が選好されたものの、重要な決定に際しては必ず全体閣議が招集された。また、戦時閣議においても上陸作戦の基本方針が決定された際には、通常とは異なり質疑の詳細が議事録に留められ、将来的に軍事的判断が政治によってゆがめられたという評価がなされないような手立てがとられた。

もちろんこうした中でも、奪還作戦における戦術的な判断が常に軍事的論理のみによって決定されたかというと、そうとは思えない。サッチャー自身は回想録の中で「我々が行ったことのすべては、軍事的必要性に従って行われた」と述べているが、これは誇張である[11]。

例えば、作戦艦隊はフォークランドへの上陸に先立ち、四月二十一日から二十五日にかけて、サウスジョージア島の奪還作戦を敢行する。軍事的論理からはこの時期は戦力を温存しつつ、上陸作戦の準備に専念すべき時であり、戦略的な意義に乏しいサウスジョージア島の奪還に資源を投入することは到底合理的とは言えない。それでもロンドン北部、ノースウッドにおかれた作戦司令部が政治レベルの裁可を得てこの作戦に踏み切ったのは、国内の士気（モラル）を堅持し、戦争回避を求める外交的圧力を牽制するため、目に見える勝利が必要であるとの政治的判断に従ったものであった。

上陸作戦開始後のグース・グリーン攻防戦も政治的判断が軍事的論理に優先した今一つの事例である。

五月二十一日に始まった上陸作戦においては、「アトランティック・コンヴェイヤー」の沈没の影響による兵站面の不安もあって、当初は増派部隊の上陸を待ってスタンレーへの侵攻を開始することが想定されていた。しかしながら、両軍の決戦が間近に迫るにつれ、国連を中心に停戦を求める外交的動きが活発化すると、司令部は上陸部隊に対して早期にアルゼンチン側守備隊への攻撃に着手するよう圧力を高めていく。

こうした背景の下、上陸地点から最も手近な戦略拠点として攻撃対象に選ばれたのがグース・グリーンであったが、結果的に同地をめぐる戦闘は上陸戦における最大の激戦となる。一昼夜にわたる戦闘の末、イギリス軍はアルゼンチン側守備隊を降伏に追い込んだものの、航空支援や装備の不十分さもあって、部隊の先頭に立って奮戦、戦死した司令官のジョーンズ中佐を始め死者十六名という犠牲を払う。この作戦が果たして必要であったか否かについてはその後も論議の対象となり、デニス・サッチャーなどは、ジョーンズ中佐は決して死ぬべきではなかったとして、作戦の必要性について否定的な見解を示していた[12]。

とは言え、サッチャー個人について言えば、上陸作戦開始後の活動の停滞について焦燥感が高まる中でも可能な限り軍の判断を尊重する姿勢を貫いた。

「私は彼女が自らを抑制していることに大きな敬意を抱いた。(フォークランドでは作戦の)遅れが生じており、ルウィン(参謀総長)が毎朝その状況を報告していた。彼女は、明らかに作戦を前に進めるよううずうずとしていたが、彼にそれを強制することはなかった[13]。」

当時の内閣府の高官はチャールズ・ムーアによるインタビューの中でこのように回想しているが、軍との役割分担に関するサッチャーの姿勢は終始一貫している。

「静かなる決意」

政治と軍事の役割分担において、サッチャーが果たすべき最も重要な役割の一つは国民の士気の維持であり、彼女は内心の強い確信に基づきこの役割を果たした。

「我々は、国家としての名誉と全世界にとって根本的に重要な原則――とりわけ、侵略者が成功することは許されないということ、および国際法が武力の行使に優越すること――を守ろうとしていた。」(14)

彼女は回想録のフォークランド戦争部分の冒頭で、イギリス側から見た軍事行動の本質をこのように説明しているが、この確信は戦闘が終結するまで揺らぐことはなかった。さらに重要なことは、彼女にとってこの戦争はスエズ危機以降地盤沈下を続けてきたイギリスの国際的威信がかつての高みを取り戻すか否かの試金石としての意味を持っていたことである。いずれの観点からも、彼女にとってこの戦争は勝たなければならない戦争であった。

その一方で、サッチャーは民主国家の指導者として、達成すべき作戦目的とそのために払う犠牲とのバランスについても心を砕く必要があった。

すでに見たとおり、イギリス国内ではアルゼンチンによる軍事侵攻の直後、保守党を中心に強硬な対応を求める声があがったものの、時間の推移とともに、フォークランドを奪還するためにどれほどの犠牲を払うことが政治的に許容されるのかという自問が始まる。そして、この自問は作戦が進展し、人命が失われ始めると一層切実なものとなっていく。

ここで注意すべきは、戦争の犠牲をめぐる国民の心の葛藤は、自国兵のみならず、アルゼンチン側の損失にも及んだことである。このため、戦争目的と犠牲とのバランスを図っていくことは、国際世論のみならず、イギリス国内の支持を堅持するうえでも無視しがたい考慮要素となった。多くの国民がそれまで存在すら知らなかった、ちっぽけな島を取り返すためにどれほどの流血が許されるかという素朴な問いかけは、戦局の進捗如何では、一部の平和愛好家のみならず国民全体に幅広く共有される可能性があった。

こうした背景の下、国民世論との関係で彼女が示すべきリーダーシップのあり方は、例えば、第二次大戦中のチャーチルのそれとは様相を異にしている。

第二次世界大戦はイギリスにとって国家の生存をかけた総力戦であり、チャーチルの戦争指導の主たる目的は国民に事態の重大さに見合った犠牲を受け入れてもらうことにあった。彼が持ち前の雄弁を駆使し、戦争の大義と国家の歴史的使命を説き続けたのはそのためであった。

これに対し、フォークランド戦争の大義については、ほとんどの国民はサッチャーが掲げた戦争の目的に大きな異論は抱いていなかったはずである。彼女に求められたことは、目的の正当性というよりはむしろ、それを達成するための手段の正当性について国民と国際社会の理解を確保することであった。そのため、彼女が発信するメッセージには、平和的解決のための努力を最後まで放棄しない姿勢や、敵味方の双方の人的な犠牲を最小限に留める必要性にも配慮した注意深いバランスが求められることになった。

言い換えれば、フォークランド戦争で求められたリーダーシップは、チャーチルのような大時代的なものではなく、戦争の悲惨さへのセンシティビティーを秘めた「静かなる決意」を示すことにあった。チャーチルがラジオ放送や国会演説を通じて連日のように国民への呼びかけを行っていたのに対し、フォークランド戦争中、サッチャーがテレビなどに出演し、国民への直接の訴えを行った機会は驚くほど少ない。

にもかかわらず、MORI社が戦争期間中に行った世論調査によれば、フォークランド情勢に対する政府の対応に満足するかという質問に対して、肯定的に答えた回答者の割合は四月中旬から六月中旬にかけて尻上がりに増加し、最終的には八四パーセントという高い支持率を記録している[15]。この傾向は、軍事作戦の成功に後押しされたものであることは言うまでもないが、国内の士気を維持するためのサッチャーの努力が成功を収めたことをも意味しよう。

撃沈されるベルグラーノ

その一方で、フォークランド戦争後、イギリスの一部の世論では彼女について殺戮を厭わない、冷酷な戦争指導者であるという「風評」がつきまとうようになる。その大きな要因は「ベルグラーノ」の撃沈事件である[16]。

「ヘネラル・ベルグラーノ」は、一九五一年にアルゼンチンが米海軍から購入した軽巡洋艦で、元々の艦名は「フェニックス」と言う。建造されたのは一九三〇年代で、一九四一年の真珠湾攻撃も経験した老朽艦であるが、最新鋭のエグゾセ・ミサイルを装備している点で、イギリス海軍の艦艇にとっては無視できない脅威であった。

イギリスはアルゼンチン軍による軍事侵攻後、フォークランド諸島周辺の二〇〇海里を侵入禁止海域（MEZ）に指定したが、イギリス軍の作戦艦隊が上陸準備のための活動を本格化させるに伴い、四月三十日にはこれを全面的侵入禁止海域（TEZ）に格上げし、この海域に侵入するすべての艦船、航空機が警告なしに攻撃の対象となり得ることを宣言する。そして、これに併せて作戦艦隊の交戦規則も改訂され、アルゼンチン側の空母についてはTEZの外にあっても攻撃することが許容される。

おりしも、イギリス作戦艦隊が周辺海域の北部でアルゼンチン空母「ベインティシンコ・デ・マヨ（五月二十五日）」を、そして南部で「ベルグラーノ」の活動を察知すると、両者がイギリス艦隊の主力に対する挟撃作戦を試みているのではないかとの懸念が高まる。このためノースウッドの作戦司令部は、「ベルグラーノ」への攻撃を可能にするため、交戦規則を再度改訂し、TEZ域外の攻撃対象を空母以外の艦船にも拡大するよう要請し、戦時閣議は五月二日の会合でこれを裁可する。

以上の決定を経て、同日夜、「ベルグラーノ」を追尾していた潜水艦「コンカラー」は魚雷による攻撃を敢行し、これを撃沈する。この攻撃によるアルゼンチン側の直接の犠牲者は約二百名と見積もられているが、その後の救助活動が滞ったこともあって最終的な死者は三百二十人を超える大惨事となる。

「ベルグラーノ」の惨事は、直後の「シェフィールド」撃沈とも相俟って、戦局の激化に対する懸念を深刻化させ、外交的解決を求める国際的圧力を強める結果となる。のみならず、戦争後に行われた検証で撃沈時に「ベルグラーノ」が作戦艦隊の方向とは逆の西側に航路をとっていた事実が判明したことから、この攻撃はイギリス側が後述するペルー政府による調停努力を頓挫させることを意図したものという「陰謀説」が生まれ、「ベルグラーノ」の戦死者遺族が訴訟を提起する事態に発展する。

サッチャー自身は回想録において、「ベルグラーノ」撃沈にかかわる「陰謀説」について「悪意に満ちた、誤解を招くナンセンス」と強く否定しており[17]、その後の検証でも攻撃をペルー提案に関係づける主張は根拠がないものとされている[18]。にもかかわらず、この問題が長年にわたり燻り続けてきたことは、フォークランドのように宣戦布告のない「戦争」において多数の人命が失われることが世論に対していかに深刻な影響を与えるかを示すものと言えよう。

スエズの記憶

サッチャーが戦争期間中に心血を注いで取り組んだのは外交戦である。そして、彼女がイギリスの勝利に最も貢献したのもこの戦いにおいてであったと言える。

イギリスとアルゼンチンの軍事衝突を回避しようとする外交的動きは、アルゼンチンによる軍事侵攻が不可避となった時点からスタンレー解放作戦の直前まで、途切れることなく続いた。こうした動きに関わった当事者も多様で、国連、ＥＣ（欧州諸共同体）、Ｇ７などの国際機関や、米国、ペルー、スペイン、メキシコなどの関心国が、ある時は単独で、ある時は連携しつつ様々なイニシアティブを打ち出した。

こうした中、サッチャーは外交的解決の可能性については一貫して懐疑的な見方を持っていた。

その背景には、侵略者に報酬を与えるべきでないという原則的立場があったことは言うまでもないが、同時にアルゼンチンの軍事政権に生半可な外交的譲歩を与えたところで、彼らが一旦占領したフォークランドから撤退することはないという強い確信もあった。この点において、彼女の見方はこの間の外交努力に携わった誰よりも、冷徹かつ現実的であった。

にもかかわらず、サッチャーがあえて外交的解決の途を閉ざすことをしなかった主たる理由は、対米関係の運営に対する配慮であり、こうした姿勢には重要な歴史的背景がある。

一九五二年のエジプト革命の首謀者であったガマール・アブドゥル＝ナセルは、一九五六年に大統領に就任し、全権を掌握すると、「アラブ社会主義」を標榜し、脱植民地化政策を積極的に推進する。その一環として打ち出されたのが、同年七月のスエズ運河国有化宣言であり、こうした動きはエジプトを含む中東・北アフリカ地域に重要な権益を有する英、仏両国において大きな懸念を生む。

一方、イスラエルは一九四九年に第一次中東戦争が終息した後も、エジプトとの敵対関係を続けてきたところ、スエズ国有化宣言後、地域情勢が緊張を高める中で、英、仏、イスラエル三国の戦略的利害が一致し、エジプトに対する共同行動の実施について水面下の合意が生まれる。

こうした背景の下で発生したのが、いわゆるスエズ危機（第二次中東戦争）で、一九五六年十月末、イスラエルがエジプトのシナイ半島に侵攻すると、イギリスとフランスは共同で軍事介入に踏み切り、国有化されたスエズ運河の奪還を試みる。これに対して、アラブ世界の反発と中東におけるソ連の影響力の伸長を恐れた米国のアイゼンハウアー政権は、当時の英国イーデン政権に財政的な懲罰を含めた強い圧力をかける。この結果、イーデンは介入から数日のうちに屈辱的な停戦に追い込まれ、翌年一月には首相退陣を余儀なくされる。

スエズ危機はイギリスの戦後外交史の大きな節目であり、これを機に同国は世界の主要国としての地位を失ったとする識者は多い。そのため、この危機はサッチャーのような政治指導者にとって、米国と対立することがもたらし得る帰結について極めて深刻な教訓を残した。彼女は回想録の中で、スエズ危機の教訓について、「イギリスの外交政策はもはや米国の支持なくして追求できない」ことを示すものとしているが、フォークランド戦争はまさにこうした教訓を想起させる機会となった[19]。

フォークランド戦争に際する英米の政策調整は、具体的には米国のアレクサンダー・ヘイグ国務長官による調停工作を巡って展開されるのであるが、その経緯に入る前にイギリスがアルゼンチン軍による侵攻直後に国連において収めた外交的勝利について言及しておきたい。

アルゼンチンによるフォークランド占領直後の四月三日、国連安全保障理事会はイギリスの要請により緊急会合を開催し、決議第五〇二号を採択する[20]。

この決議はイギリスに対して武力行使を容認するものではなく、イギリス、アルゼンチンの両国に事態の外交的解決を求めるなど、見かけ上はどちらかの肩を持つ体裁にはなっていないが、アルゼンチンのフォークランドからの即時撤退を求めたことは、イギリスにとって重要な意味を持った。また、決議上は明文とはなっていないが、会合の議事録において出席国の大方の理解として、この決議が国連憲章の第六章「紛争の平和的解決」ではなく、第七章の「平和に対する脅威、平和の破壊及び侵略行為に関する行動」に係わる事案であることが確認され、イギリスが決議の拘束性を主張する根拠ともなった[21]。

さらに重要なことは、決議が一か国（パナマ）のみの反対で採択され、ソ連、中国、ポーランドの東側諸国、アルゼンチンの友邦であるスペインが棄権に回った点で、このことはアルゼンチンの国際的孤立を際立たせるうえで大きな意味を持った。

決議五〇二号の採択を可能にしたのは、ニューヨークの在国連英国代表部と首相府との間の機敏な連携プレーである。特筆すべきは、イギリス政府を代表してきわめて短時間のうちに緊急会合と決議採択のお膳立てをしたパーソンズ国連大使のフットワークであり、サッチャーはこれを後押しするため、安保理議長国フランスのミッテラン大統領と非常任理事国であったヨルダンのフセイン国王に対して電話による働きかけを行った。彼女は回想録などでは紛争期間中の外務省の役割に手厳しい評価を下しているのであるが、パーソンズと駐米大使であったヘンダーソンの活躍に対しては賛辞を惜しんでいない[22]。

決議五〇二号の採択から五日後の四月八日、ヘイグ国務長官を首相官邸に迎えたサッチャーは強い警戒感を持っていた。というのも、彼女はフォークランドに関する米国の立場が、いわゆる米英間の「特別な関係」を当然視できるほど、単純なものではないことを理解していたからである。

言うまでもなく、イギリスは米国にとって最も重要な同盟国の一つであり、米政府内部でもキャスパー・ワインバーガー国防長官を筆頭にサッチャーに対する支援を惜しむべきでないという強い意見が存在していた。実際のところ、ワインバーガーはヘイグによる調停工作が動いている中でも、秘密裡に対英支援を実施し、中でもサイドワインダー空対空ミサイルの供与や国家安全保障局（NSA）によるアルゼンチン軍の暗号解読は、イギリスの勝利に実質的な貢献を行った。

最終的に、米国防省は艦載機発着のプラットフォームとして自国空母の提供まで申し出たのであるが、さすがにイギリス側もこの申し出は辞退した。

一方、米国政府内部では、モンロー宣言で明確化されたとおり、西半球を米国の勢力圏とする伝統的立場から、イギリスがフォークランドに兵を進めることへの原則的な抵抗感があった。五月二日、レーガンは中南米諸国による対米批判の強まりを懸念して各国首脳にメッセージを送ったが、その中で「この（西）半球において、いかなる欧州列強による植民地化をも受け入れられるべきと信じる米国人はいない」と述べて、サッチャーの強い怒りを買った[23]。

さらに、米国政府の中では、中南米における共産主義勢力の伸張を抑える防波堤としてガルティエリ政権を重視する意見も根強く、フォークランド戦争での敗北が政権の崩壊につながることを懸念する声も幅広く聞かれた。アルゼンチン支持派の筆頭格はジーン・カークパトリック国連大使で、彼女の言動は米国の政策動向に大きな影響を与える。

本来、政府内部のこうした見解の相違を調整していくのは、国務長官たるヘイグとレーガン大統領の役割なのであるが、それぞれこの役割を十分に果たしたとは言えない。

まず、ヘイグについてはNATOの最高司令官を務めた経歴から、心情的にはイギリス・シンパと見て良いのであるが、いかんせん野心が強すぎた。この問題を自らが調停することで、「一旗揚げたい」という思いが先立ったためか、見通しのない調停工作を延々と続ける結果となった。

一方、レーガンについても心情的にはイギリス・シンパであり、サッチャー・シンパであったことは疑いない。事実、四月七日、ワシントンで行われた政府の対策会議において、米国は中立を貫くべしというカークパトリックの主張に対し、レーガンは、「我々の一義的な忠誠、そして、もし最悪の事態が起こった場合に一義的にやるべきことは、イギリス人の側につくことだと思う」と述べている(24)。

しかし、その後の彼の言動を見ると、フォークランド問題からは距離をおいて積極的な介入を避ける傾向が見られたばかりか、イギリス軍による奪還作戦が大詰めを迎えると、サッチャーに対して戦争回避の直接の働きかけを繰り返し、盟友と言われた二人の間に険悪な雰囲気が流れることとなる。

レーガンのこのような態度の背景には、ガルティエリ政権崩壊の地政学的影響に対する懸念に加え、何の戦略的価値もない小さな島をめぐって人命が失われることに対する侮蔑に近い抵抗感があったようにも感じられる。彼は、四月末にワシントンで行われた支持者との会合で、フォークランド諸島のことを、「氷のように冷たい、ちっぽけな土地（that little ice-cold bunch of land）」と呼んでいるが、この言葉遣いにもそのことがうかがえる(25)。

サッチャーの孤独

こうした背景の下で始まったヘイグ国務長官による調停工作は、大まかに言うと二つの段階に区分される(26)。

第一段階は、四月八日のロンドン訪問を皮切りとする四月末までの期間で、この段階ではロンドンとブエノスアイレスへのシャトル外交を経て策定された七項目提案に基づき調停が進められるが、アルゼンチン側が最終的にこれを拒否したため、米国は「傾斜（tilt）」と呼ばれるイギリス寄りの立場を打ち出す。

これに対し、第二段階は「ベルグラーノ」と「シェフィールド」の惨事を契機に始まり、犠牲の拡大と戦局の緊迫化を懸念したヘイグは、米・ペルーの共同提案の形で調停努力を復活させる。しかし、こうした努力も結局アルゼンチン側の拒否で不調に終わり、調停工作は実質的に終焉を迎えた。

ヘイグによる調停工作の内容については、右に述べた各段階で種々の変遷を遂げているので詳述する紙幅がない。しかし、基本的な争点は、アルゼンチン軍の撤退とイギリスによる施政の回復という、サッチャーの掲げる作戦目的に深く関わっている。

すなわち、調停案はアルゼンチン軍の撤退を当然の前提としているものの、イギリスの作戦艦隊のフォークランドへの進出も何らかの形で回避することが模索され、軍事行動が外交交渉に制約されることを拒否するサッチャーとの間で厳しい議論を惹起した。また、イギリス側は双方が兵を引いた後のフォークランドの安全保障を確保するため、米国の軍事的関与を求めたが、米側の姿勢は最後まで煮え切らなかった。

一方、イギリスによる施政の回復について、ヘイグ調停は主権問題に関する直接交渉が再開されるまで何らかの国際的枠組みによる暫定統治を行うことを想定しており、イギリス側も交渉の過程でアルゼンチン侵攻前の状態への単純な復帰が困難であることは受け入れざるを得なくなる。サッチャーがこだわったのは、こうした暫定的な枠組みにおいても島民の意思を尊重するための仕組みを確保していくことにあり、この点は交渉における最大の争点の一つとなった。

調停交渉の経過をたどる際印象付けられるのは、軍事的な判断とは異なり、外交的な判断においてサッチャーは全く孤独であった点である。

戦時内閣はサッチャーに加え、副首相のホワイトロー、フランシス・ピム外相、ノット国防相、保守党委員長のセシル・パーキンソンの五名から構成されていた。このうち、ホワイトローの主たる役割は戦時内閣に政治的な重みを与えることにあり、パーキンソンの貢献はスポークスマンとしてのそれに限られていたため、サッチャーに対して実質的な支持を提供する立場にはなかった。ノットはもともと前外相のキャリントンと一緒に辞任することを望んだものの、サッチャーに慰留されて職に留まった経緯があり、軍指導部の実質的な信任も失い、影が薄かった。

サッチャーから見て最大の問題は外相のピムで、二人はもともと性格的に反りが合わず、党内では政敵ともみなされていた。にもかかわらず、キャリントンの後任としてピムを登用せざるを得なかったのは、戦時内閣の外相として重みのある政治家がほかに見当たらなかったからである。したがって、サッチャーは当初から彼の行動を不安視していたのであるが、ヘイグのカウンターパートとしてピムが調停交渉に臨むと、彼女から見ると過度に宥和的な態度に終始し、不安は的中する。

二人の間の緊張が頂点に達するのが、四月下旬、ピムがワシントンで行ったヘイグとの交渉でまとめた調停案を持ち帰ったときである。サッチャーはこの案を、イギリスの基本的立場を「大安売り」したものとして絶対反対の立場をとったのに対し、ピムはピムでこの案を受け入れなければ、イギリスは国際的に孤立し、政治的な敗北を喫すると強く主張する。二人の対立は四月二十四日夕方の戦時閣議に持ち込まれるが、サッチャーが事前にホワイトローをつかまえて反対の根回しを行う一方、ピムは調停案受け入れを主張するペーパーを独自に配付するなど、全面対決の様相を呈する。

結局この対立はノットの提案で米側に対してイギリス側の諾否を直ちに示さず、まずアルゼンチン側の立場を確認するよう求めることで収拾が図られる。そして、米側の打診に対してアルゼンチン側が調停案を拒否したため、戦時内閣内の分裂は回避され、ヘイグ調停の第一段階は幕を閉じる。しかし、この間の経緯は外交的な判断に当たってのサッチャーの孤独さを示している。

一方、外交交渉を取り巻く状況は軍事情勢の推移とともに変化し、サッチャーが下すべき判断も原則的立場にこだわるだけでは済まなくなる。調停の第二段階において、彼女が考慮に入れなければならないものとして、二つの要因があった。

第一は、「ベルグラーノ」、「シェフィールド」の撃沈により、戦争回避を求める国際的圧力が一気に高まったことである。この傾向は、もともとアルゼンチンに同情的な中南米諸国のみならず、足元の西欧諸国にも広がり、アイルランドやイタリアなど、当初の連帯から距離を置き始める国もあった。さらに、早期受諾を促すレーガン直々のメッセージとともに米・ペルー共同提案が伝達されたこともあり、米側の危機感の深まりもひしひしと伝わるようになる。

第二の要因は軍事的な考慮で、五月下旬以降になると気候上の障害から上陸作戦の実施が困難になるとの事情があった。このため、イギリス側は外交交渉をずるずるといつまでも続けるわけにはいかず、早期に決着をつける必要に迫られていた。

米・ペルーの共同提案は一般的にはペルー提案として知られているが、実質的な起草者は米国政府であり、その内容も四月末のヘイグ調停案と大きく変わるものではない。しかしながら、五月五日の全体閣議でこの案が検討された際、賛否双方が拮抗する中で若干の留保を付しつつも、議論を提案受け入れの方向に導いたのはサッチャーであり、四月二十四日の戦時閣議の時点から比べると立場が一変している。

この立場の変化について、サッチャー自身は説明を避けているが、アルゼンチン側が受け入れを拒否することを見越した上で、外交交渉を早期に終結に導くために敢えて受け入れを決めたという見方が有力である。一方、公的伝記の著者であるムーアは、国際的圧力の高まり、特に、レーガン自身が説得に乗り出す状況の中で、彼女が精神的に追い込まれた結果行われた受け身の判断という見方をとっている。[27]

いずれにしても、アルゼンチンが米・ペルー提案を拒否した後も外交努力が完全に終わったわけではなく、米国がレーガンからサッチャーへの直接の働きかけを通じ、戦争回避の努力を続けたほか、デ・クエヤル国連事務総長による仲介工作も試みられた。そして、イギリス軍がフォークランド上陸に成功し、アルゼンチン守備隊との全面的な対決が近づくと、国際場裡における議論は一層熱を帯び、最後は悲劇とも喜劇ともつかない結末を迎える。

六月四日、安保理はパナマとスペインが共同上程した即時停戦決議案を討議し、票決を行う。その際、イギリスが拒否権を行使するのは当然として、問題は米国の対応であった。ヘイグ国務長官は当初国連代表部に対して、イギリスと連帯して拒否権を行使するよう訓令を送るが、その後心変わりをし、棄権に変更するよう指示し直す。しかし、この指示がカークパトリック国連大使の手元に届いたのは、すでに反対投票を行った後であった。そこで、彼女は投票直後のステートメントで、米国政府としては投票をやり直せるのであれば、反対から棄権に投票態度を変更したいと述べて、周囲を驚かせたばかりか、アルゼンチンの詩人、ホルへ・ルイス・ボルヘスの反戦詩を朗読するという前代未聞の行動に出る。この奇矯な行動はイギリスにとって当惑すべきものであったと想像されるが、拒否権行使への世間の注目をそらす意味ではありがたかったとも言えよう。

ちなみに、当時非常任理事国であった日本はこの決議に対して賛成票を投じた。筆者はその二年後にロンドンで最初の大使館勤務を始めたが、イギリス外務省の関係者から我が国の投票態度について度々嫌みを言われたことを記憶している。

勝利と葛藤

グース・グリーンの戦闘で痛手をおったイギリス軍はアルゼンチン側の守備隊との最終決戦を前に増派部隊の上陸を敢行する。これに対するアルゼンチン空軍による反撃は厳しいものがあり、二隻の揚陸艇、「サー・ギャラハード」と「トリストラム」への空爆では五十一人の、そして駆逐艦「グラモーガン」に対するエグゾセ・ミサイルによる攻撃では十三人の戦死者が出る。

しかしながら、イギリス側が態勢を整えて本格的に陸上戦を展開し始めると、アルゼンチン軍の抵抗は士気の低下もあって力強さを欠き、首都スタンレーの攻防戦は六月十一日の開始からわずか三日で終わる。

戦勝を報じる新聞

六月十四日午後十時過ぎ、サッチャーは下院議場に赴き、「スタンレーに白旗が掲げられた」と報告し、約二か月半にわたる戦争はようやく決着を見る。その後、議会内の首相控室でささやかな祝宴が開かれた際、ホワイトローは彼女に対し、「あなた以外の誰だってやり遂げられたとは思わない」と賛辞を述べた(28)。このときデニスに肩を抱かれたサッチャーは、戦争指導の重圧から解放された安堵感のためか、涙を流したという。

当時の保守党指導部の顔ぶれを考えたとき、ホワイトローが述べたことはおそらくは社交辞令ではなく、掛け値のない本音であったように思える。仮にサッチャーにかわる指導者がいたとしても、フォークランド戦争が彼女の指導者としての最良の資質を引き出したことは間違いない。

そうした資質としてまず挙げられるのは、作戦艦隊の派遣を即決した勇気と、強い信念に基づきながら現実を見失わない判断力であり、後者は複雑な外交交渉の中で遺憾なく発揮された。また、軍事のことは軍人に任せながらも、常に全局を統率した事態管理能力にも卓越したものがあった。

しかし、筆者がサッチャーの戦争指導において最も感銘を覚えるのは、強靱な精神力とエネルギーである。この点は、彼女が直面した精神的、肉体的重圧の大きさを考えるとき一層強い印象を残す。

すでに指摘したとおり、彼女はこの戦争を政権の危機の中で迎えた。戦争指導に失敗すれば、退陣に追い込まれることは必至であった。しかも、軍事には全くの素人であり、専門的な判断は軍指導部任せとせざるを得なかった。軍事作戦の帰趨のみならず、自らの政治生命をも左右する判断を他人に委ねることがいかに大きな精神的な重圧を伴うものであったか、想像に難くない。

また、サッチャーは、戦争指導者として若者を戦場に送り、死の危険にさらすことに伴う精神的葛藤にも初めて正面から向き合うことを強いられた。そして、この葛藤は、彼女が女性であり、母であることから、より切実なものであったはずである。彼女は戦争期間中、国内世論がどれくらいの人的犠牲を許容できるか常に自問し、また、周辺の限られた関係者に問いかけていたという。この問いかけは国内世論との兼ね合いだけではなく、自分自身がどれだけの犠牲を受け止められるか、確かめようとしたものではなかったか。

五月八日、米・ペルー共同提案が不調に終わり、平和的解決の途が閉ざされようとする中、サッチャーはパーソンズ国連大使に電話をかける。電話の趣旨は、デ・クエヤル事務総長に最後の調停努力を要請すべきかどうかについてパーソンズの意見を聞くためであったが、彼女はその際、「もし本当に上陸を決行し、島の奪還を試みれば、最も酷い形で若者の命が浪費されること」を深く案じていると、内心の葛藤を吐露している。(29) この時期に至ってもサッチャーが決戦を回避する途を模索していたことは、戦争の犠牲を前に彼女が経験した重圧の大きさを物語っている。

一方、こうした精神的重圧にもかかわらず、この間彼女が職務に注ぎ込んだエネルギーには驚嘆すべきものがある。もともとサッチャーは、平時から昼夜を問わず職務に全力投球することで知られ、一日四時間しか睡眠を取らないという伝説があるほどであった。驚くべきは、フォークランド戦争期間中、戦争指導に大きな精力を注ぐ中にあっても、日常の職務に全力で取り組む姿勢に全く変化が見られなかったことである。

たとえば、五月十九日の彼女の動きを見てみよう。

前日深夜二時に就寝、朝六時半に起床すると、外務省による状況報告や公電に目を通す。八時半に医者の診察を受けた後、九時半からは戦時閣議に出席する。次いでＢＢＣのラジオ番組でインタビューを受けた後、キャリントン前外相夫妻とのカクテルに臨み、昼はジンバブエのムガベ首相のためのランチを主催する。そして午後には下院で欧州諸共同体の農業政策に関するステートメントを行った後、院内で枢密顧問官たる野党党首にフォークランド情勢に関するブリーフィングを行う。その後いったん首相官邸に戻るが、午後七時には再度議会に戻り、投票に参加する。それが終わると、訪英中のロバート・マルドゥーン・ニュージーランド首相との会談、歓迎夕食会をこなし、その後五時間かけて翌日の議会質疑の勉強を行う。そして、これらの日程の合間をぬって、デ・クエヤル国連事務総長との電話会談も行っている(30)。

下院議員でこの時期サッチャーの補佐官を務めたイアン・ガウは、こうした彼女の活躍ぶりを「肉体に対する精神の勝利」と表現しているが、戦時の高揚感が彼女を駆り立てていた側面もあろう(31)。しかし、そうした中でも冷静な判断力を失わなかった彼女の全人的な強靱さには瞠目すべきものがある。

フォークランド戦争を指揮するまで、サッチャーが自らの指導者としての資質をどの程度自覚していたかは不明である。むしろこの戦争に勝つことで、おのれの能力に目覚めた面もあろう。フォークランド戦争後、サッチャーが自分の指導力への自信を深めたことは間違いなく、この自信がやがて傲慢さを生み、将来の転落の遠因となったと見る向きもある。

イギリス人にとって「戦う女王」は国家の伝説の重要な一側面であり、アイデンティティーの一部と言っても良い。それは、ローマ軍と戦ったケルト人の女王であるブーディカに始まり、ローマ人によりイギリスの女神に擬されたブリタニア、無敵と言われたスペイン・アルマダ艦隊に勝利したエリザベス一世、世界に大英帝国の版図を広げたヴィクトリア女王と、連綿と続く伝統でもある。

フォークランド戦争の後、サッチャーにこうした伝統に根差した称号が与えられたことは、彼女の政治的地位の変化を何よりも雄弁に語っている。そして、風刺画などにおいてブリタニアのように甲冑をまとったサッチャーのイメージが数多く見られるようになると、彼女自身の発言も大時代的なトーンを帯びるようになる。

「我々は、後ずさりする国家ではなくなった。（中略）喜ばしいことに、イギリスは幾世代にもわたり自らを燃え立たせてきた精神に再び火を灯し、この精神はかつてと同じくらい明るく燃え始めている。[32]」

サッチャーは、七月に行われた保守党の集会でこう宣言した。それはフォークランドでの勝利を手に、これからの戦いに向けて上げた鬨《とき》の声でもあった。その時の彼女の表情には「戦う女王」の面貌が浮かんでいたに違いない。

第五章　内なる敵

サッチャリズムとは何であったのか。

この問いかけに単純な答えはないが、筆者は、それはイデオロギーでも、政策の体系でもなく、一つの政治的態度であったと考えている。

まず、サッチャリズムは特定の国における特定の歴史的文脈に適用されたものであり、「イズム」という看板を掲げているものの、イデオロギーとしての普遍性や一貫性は備えていない。第一章で述べた通り、サッチャーの政治信念の根底には個人が神から与えられた本分を果たすために自由であるべきとの問題意識がある。しかし、この問題意識は人類が直面する森羅万象の課題に向けられたわけではなく、インフレーションの昂進や団体主義の蔓延など、当時の国家の現状が自由の発露を妨げている状況に焦点を当てている。

サッチャリズムはこの状況を打破するための取り組みの総体であり、「レッセフェール」的な自由主義とは一線を画する。彼女の施策が時として政府による国民経済への介入を強化し、強権的とすら思える手段も辞さないことは一見自己矛盾と映るが、右に挙げたサッチャリズムの特定性を踏まえれば矛盾ではなくなる。サッチャリズムは二十世紀後半にイギリス社会が直面した状況から生み出された、すぐれて歴史的な産物なのである。

サッチャリズムの下で追求された政策、具体的には財政赤字の削減、減税、国営企業の民営化、規制緩和、公共サービスにおける市場的解決の導入などは、全体として「サプライ・サイド」の経済政策と性格付けることは可能かも知れない。しかしながら、サッチャー政権を通じて、これらの政策を組織的に進めるための統一的なメカニズムが存在したわけではなく、後述のとおり、個々の政策の出自は様々である。もちろん、こうした政策は最終的にサッチャーの下で束ねられていくのであるが、彼女自身はそれを何か大きな概念的な枠組みの中に位置づけることに殆どと言って良いほど関心を示していない。実際、彼女は首相在任中「サプライ・サイド経済政策」はおろか、「サッチャリズム」という表現を使うことすらあまりなかった。

むしろ、サッチャーの政策に対する関わり方は、個々の課題の政治的文脈を踏まえた個別的、実際的なものであり、関与の度合いも政策毎に自ずと異なる。金融市場の「ビックバン」改革はサッチャリズムの主要成果の一つと位置づけられているが、彼女自身の政策的関与は希薄であり、逆に労働組合改革の文脈で争われた全国炭鉱労働者組合（ＮＵＭ）との闘いは「個人的聖戦」の様相を呈している。

このように、サッチャリズムにイデオロギーや政策体系としての一貫性を見出すのは難しいとしても、彼女の強い指導力とカリスマのおかげで政権全体に一種の使命感が醸成されたことも事実である。その使命感がサッチャリズムの実相であるとすれば、それは政治的態度と呼ぶことが適切と思えるのだ。

この関連で興味深いのは、イギリス現代政治の研究家、シャーリー・レットウィンが提案したサッチャリズムの定義で、彼女はその本質は「強壮な徳性（vigorous virtues）」の復活であるとする。「強壮な徳性」とは、過去においてイギリスを偉大な国家に発展させる原動力となった国民性であり、具体的には「高潔さ、自己充足、独立心、冒険心、忠誠心、活力」などを指す。この見方は筆者が指摘する政権の使命感の内容を考える上で示唆に富む[1]。

サッチャリズムについていかなる定義を用いるとしても、サッチャー政権が彼女の強烈な個性によって性格付けられ、動かされたことは異論のないところである。そうした意味で、この取り組みに彼女の名前を冠することは当然と言えよう。

我々の側の人たち

サッチャリズムの成功の背景に彼女の強い政治信念があったことは言うまでもないが、同時に留意すべきは、彼女が本質的には政治的な計算に敏感で、慎重な政治家であったことである。この点は、グランサムでの生い立ちからくる生真面目さに負うところも大で、サッチャーには財政赤字の拡大に臆することなく、減税を先行させたレーガンのような大胆さはなかった。徹底的な歳出カットを断行し、減税はそれからという彼女のアプローチは倹約を旨とするメソジストの面目躍如とも言える。

一九八四年度予算の策定時に大蔵大臣であったナイジェル・ローソンとの間で生じた意見の相違は、サッチャーの政治的慎重さを示す一つの事例である。

イギリスの政治的伝統においては、予算の策定は実質的に大蔵大臣の専権事項であり、その他の閣僚は大蔵大臣の予算演説当日の閣議で初めてその内容を知らされることも珍しくない。歴史的に「第一大蔵卿」の肩書を有する首相は当然のことながら予算の基本方針について相談に与るのであるが、具体的内容については大蔵大臣に任せるのが慣例であり、サッチャーとローソンとの関係も例外ではない。

ローソンの当時の関心の一つは、税制全般において直接税から間接税へ比重を移すことにあり、サッチャーもこの基本的方針には異論をはさんではいないのだが、個々の施策の政治的意味合いについて改革至上主義のローソンとの間で意見の違いが生まれる。特に、問題となったのは新聞を付加価値税（ＶＡＴ）賦課の対象とするか否かであり、サッチャーはマスコミを敵に回すことの政治的な愚を説いて、ローソンに賦課を断念させる(2)。

サッチャーという指導者の最大のパラドックスは、このように政治的に慎重で、臆病とも言える政治家が多くの革新的な事業をなし得た点にある。この点を説明する要因には様々なものがあり得るが、筆者は「民意」に対する彼女の独特な態度に注目する。

前章でも述べたとおり、サッチャーは政権発足当初、極端な財政引き締め策への反動から失業率が大幅に上昇し、支持率の低迷に直面する。失業者が三百万人に達した状況ではいかなる政権でも存続は難しいというのが当時の政治常識であり、一九三〇年代の世界恐慌以来、完全雇用の達成が経済政策の主要目的とされた知的風潮から言っても、彼女の政策は持続不可能と見られた。

こうした「常識」に反してサッチャーが引き締め策に固執したのは、「民意」のすべてが雇用を最重視しているわけではなく、インフレや金利水準に対して同等、あるいはそれ以上の関心を持つ人が数多くいることを感じ取っていたためである。このことは彼女が政治的な判断を行う際に、しばしば使った「我々の側の人たち（our people）」という観念と密接に関連している。彼女にとって「我々の側の人たち」とは保守党の支持層一般ではなく、「額に汗をし、勤労に励む人々」、階級的には下層中流階級から上層労働階級に属する人々を意味し、労働党の伝統的支持者を数多く含む。

こうした「民意」のとらえ方は当時の保守党指導層の間では極めてユニークなものであり、まさにこの階層を出自とする彼女の生い立ちを抜きにしては説明が難しい。ただ、いずれにしても、保守党がサッチャーの下で総選挙に三連勝したのは、まさにこうした「我々の側の人たち」の支持を取り込むことに成功したためであり、この点は統計的にも裏付けられている。

次頁の表は一九七四年十月から七回の総選挙における階級ごとの投票行動を示すものである。[3] サッチャーが言う「我々の側の人たち」とは、概ね熟練労働階級（イギリスにおける階級区別でいう「C2」）に該当するが、一九七四年の選挙ではこのグループの概ね半数が労働党を支持し、保守党への支持は二割台に留まっているのに対し、サッチャーが勝利した一九七九、八三、八七年の各選挙では保守党への支持が労働党への支持と同等か、それを上回っている。トニー・ブレアの下で労働党が政権を奪還した一九九七年以降の選挙では、再び一九七四年当時の構図に戻っていることを見ると、サッチャー政権の間に階級的な投票行動が大きく流動化したことは明らかである。

「民意」に対するこのようなサッチャーの見方を考えると、サッチャリズムの最初の具体的成果が、地方公共団体が保有する公共住宅の売却であったことは偶然ではない。

一九八〇年の住宅法は公共住宅に三年以上居住する賃借人に対して、居住期間に応じて市場価

選挙年	74*	79	83	87	92	97	01
中流階級（ABC1）							
保守党	56	59	55	54	54	39	38
労働党	19	24	16	18	22	34	34
自由党／連合	21	15	28	26	21	20	22
熟練労働階級（C2）							
保守党	26	41	40	40	39	27	29
労働党	49	41	32	36	40	50	49
自由党／連合	20	15	26	22	17	16	15
半・非熟練労働階級（DE）							
保守党	22	34	33	30	31	21	24
労働党	57	49	41	48	49	59	55
自由党／連合	16	13	24	20	16	13	13

階級ごとの投票行動：数字は各党が獲得した投票数の割合（パーセント）
（＊74年は10月の総選挙）

格の三分の二以下で当該住宅を購入する権利を与えるもので、サッチャーの言う「我々の側の人たち」から大歓迎を受ける。この法律の導入後、サッチャー政権の間に百二十万戸の公共住宅が売却され、持ち家率が五〇パーセントを少し超える程度から七〇パーセントにまで上昇したことからも、この政策がいかに人気を博したかがわかる。(4)

サッチャーが回想録で指摘するとおり、民営化は彼女にとって経済の効率性を改善するための施策という意味合いをはるかに超えた枢要性を持つ。それは、「社会主義の破滅的で、退廃的な影響を反転させる中心的手段の一つ」であり、「自由の領域を取り戻すいかなる計画においても」中心的な位置を占めるべきものである。中でも、彼女が重視するのが個人による資産保有を最大化する施策であり、公共住宅の売却政策はまさにこの範疇に属する。(5)

民営化の御者

一方で、民営化政策全般について言えば、サッチャーが政権発足当初から回想録で述べたような政治的な意義について自覚していたかどうかはやや疑わしい。そもそも彼女が「民営化（privatization）」という用語を初めて使ったのは一九八一年の七月で、政権発足後約二年も経てからである。それまでの間、彼女が多用した表現は「脱国有化（denationalization）」という言葉で、これは労働党との政策の違いを強調する党派的な表現である。

序章でも指摘したとおり、戦後の歴代政権が国有化の外延を拡げた結果、サッチャー政権が発足した時点で、国有企業は公共サービスから主要産業に至るまで広範な分野を網羅していた。こうした流れに歯止めをかけることは、彼女にとっての最優先課題の一つであったが、国有企業が経済に占める割合が大きいだけに、民間経営への移行を性急に進めれば、労使紛争の激化を含め国民経済に深刻な混乱を招きかねないとの懸念もあった。サッチャーが当初「民営化」という大上段に構えるような言葉を避けたのは、この懸念によるところが大きいのかもしれない。

こうした中で、民営化の糸口となったのは第一次政権の最優先課題であった歳出削減努力である。当時大蔵省は、いわゆる「公共部門借入所要額（PSBR）」を設定し、歳出の削減に腐心していたが、折からの経済不況もあり、歳出を削れども削れども、PSBRは逆に拡大するような状況にあった。

そこで大蔵省が目をつけたのが、国営企業の資産の売却であり、これがいわゆる「民営化」の先鞭となった。このため、当初の民営化策は不採算の国営企業を立て直すためではなく、採算のとれる国営企業の資産を売り出すことで歳入増を図ることに主眼が置かれた。一九八一年に実施された「ブリティッシュ・エアロスペース」と「ケーブル・アンド・ワイヤレス」の株式売却はその具体例である。

真の意味での民営化努力が本格化するのは第一次政権の後半に至ってからであり、一九八二年十月に発表された「ブリティッシュ・テレコム（BT）」の民営化は総選挙前に議会審議の時間がとれず、法制化は第二次政権に持ち越される。

当時のBTは二十五万人の従業員を擁しながら、固定電話の開設待ちの顧客が五十万人にのぼるなど、国有企業の非効率性を象徴するような企業であった。さらに、関係者の間では電気通信分野において技術革新の波が押し寄せつつあることが意識され始めていたものの、政府の財政事情を考えれば、近代化のための新規投資を期待できるような状況でもなかった。産業省の副大臣としてBTの民営化を推進したケネス・ベーカー（のちに、内相、保守党委員長などを歴任）は、「民営化は大きな原則の問題ではなく、BTの経営の改善策について万策が尽きた」ために実行されたと回想しているが、ここでも民営化策が必要性に迫られて実施されたものであることがわかる。(6)

こうした経緯もあり、民営化政策の初期の段階ではサッチャー自身が政策の立案に積極的に関与した形跡は乏しい。ベーカー以下の関係者にとって幸いだったのは、当時の担当大臣が、サッチャーが政界における恩人として私淑していたキース・ジョゼフであったことで、ジョゼフ以外の誰かが説得したのでは、この大事業について慎重居士の彼女の理解を得ることは容易ではなかったかも知れない。

いずれにしても、民営化を取り巻く状況は一九八三年の総選挙を境に大きく変化する。総選挙を経て政権基盤が安定したこと、一九八二年に景気が底入れし経済が回復基調に入ったこと、公共住宅の売却政策の成功で民営化策の有効性に対する自信が深まったことなどがその要因であるが、最も重要であったのはナイジェル・ローソンの大蔵大臣への就任である。

ローソンはサッチャー政権で枢要な役割を果たした何人かのユダヤ系の政治家の一人で、もともとはフィナンシャル・タイムズ紙やサンデー・テレグラフ紙で健筆をふるった経済ジャーナリストである。彼の政策構想力と実行力には並外れたものがあり、サッチャー政権が生み出した真に革新的な政策の多くは彼が主導した。民営化政策についても、ローソンのリーダーシップの下で初めて理論的な一貫性と実施に関する包括的な視野が整えられたと言っても過言ではない。一九八四年一月にローソンが閣議に提出した民営化プログラムは二十三の企業体の民営化について時期を明示したもので、「イギリスの内閣に提示された立法計画の中で最も野心的なもの」と評される(7)。

サッチャーとローソン

こうした野心的な計画を前に、サッチャーの役割も一層の重要性を帯びることになる。当時の関係者は、市場に精通した専門家としてローソンの役割が重要であったことは言うまでもないが、サッチャーのみが民営化のペースを維持する力を持っていたと回想しつつ、その役割を「馬車を引く馬に鞭を入れて、追い立てる御者」にたとえている(8)。

第二次政権における民営化努力の嚆矢《こうし》となったのは、第一次政権から持ち越したBTの民営化であった。一九八四年十一月に実施されたBTの株式売却は、最終的に二百万人以上の人が三十六億千五百万ポンド（当時の為替レートで一兆円を超える）もの株式を購入するという歴史に類を見ない大事業となる。

当然のことながら、こうした事業の実施に当たっては想像を絶する複雑な作業が必要となったが、政策次元で最も大きな問題となったのは競争政策との兼ね合いである。

当時サッチャー政権はマーキュリー・コミュニケーションという新たな民間企業の通信事業への参入を認めたばかりで、厳密に言えばＢＴが民営化しても競争相手が存在しないわけではなかった。しかしながら、ＢＴの市場における圧倒的地位から言って、同社を分割せず単体で民営化させることには大きな懸念が伴った。サッチャー自身も第一次政権当時は単体での民営化に慎重な姿勢を示していたが、最終的には分割を試みれば民営化に大きな遅れが生じるという実際的な理由でこれを受け入れる。

分割を見送ることに伴い、切実な問題として浮上したのは通信事業に対する公的な規制の在り方であり、この点は新たな規制機関ＯＦＴＥＬ（Office of Telecommunications）を設立することで手当てされる。ＯＦＴＥＬは競争条件の管理のために「ＲＰＩマイナスＸ」と呼ばれる料金設定方式等を導入し、これらの手法はその後の民営化事業でも踏襲される。

ＢＴ民営化の今一つの特徴は多数の個人投資家の参画である。株式購入者の最終的な割合を見ると、機関投資家が四五・八パーセント、個人投資家が三四パーセント、海外の投資家が一四パーセント、従業員が三・八パーセントとなっており、ＢＴの民営化が一般の国民の幅広い関心を集めたことを窺わせる。(9)

政府もこうした個人投資家の参画を積極的に奨励した。例えば、株式の購入に不慣れな一般国民を念頭にタブロイドと呼ばれる大衆紙に簡単に記入可能な株式申込書が掲載された。また、株式の割り当てにおいて小口の購入者を優先したり、代金の分割払いを認めるなどの方策もとられた。こうした奨励策の狙いの一つは、株主をできるだけ増やすことで、労働党が政権に復帰した場合でも、再度の国有化を難しくすることにあったが、同時に国民による資産保有の最大化というサッチャリズムの基本哲学を目指した結果でもあった。ローソンがＢＴの民営化について、「我々は人民による資本主義の誕生を目の当たりにしている」と述べたのは、まさにこうした問題意識を反映している[10]。

サッチャー政権の下での民営化政策はその後ＢＴでの成功に勇気づけられるように一層活発に推進されていく。ただ、個々の民営化事業を取り巻く環境は同一ではなく、取られたアプローチも一様ではない。

一九八六年十月に実施された証券取引所（Stock Exchange）の自由化、いわゆる「ビッグバン」は、厳密に言えば閉鎖的な商慣行の改革であり、国有企業の民営化には当たらない。しかし、この改革の背後にある思想と用いられた手法は多くの面で民営化政策と共通している。「ビッグバン」のそもそもの発端はＢＴ民営化と同様、そうせざるを得ない必要性に迫られたことによる。

一九七九年、サッチャー政権が成立した際、前労働党政権から引き継いだ課題の一つが証券取引所の制限的商慣行に関する公正取引庁（ＯＦＴ）の調査であった。当時、シティの金融市場は上流階級の出身者が支配する「仲良しクラブ（Old Boys' Club）」であり、中でも証券取引所は閉鎖的な会員制度の下で外国企業を排除していたばかりでなく、取引慣行の面でも手数料の固定制や「単一資格ルール」（自己資金で株式を売買するジョバーと顧客との仲介を行うブローカーの兼業を認めない慣行）など、競争政策上の問題が数多く指摘されていた。

サッチャー政権誕生後、一部においてシティの庇護者たる保守党政府はＯＦＴによる調査を中止するのではないかとの観測もあったが、彼女にとってはまさにこうしたしがらみがあるがゆえに調査を阻害することは政治的に取り得ない選択であった。かくして、第一次政権の間、ＯＦＴによる証券取引所に対する法的手続きが粛々と進んでいくのであるが、このことはシティの将来に大きな不確実性をもたらすようになる。

一方、中央銀行を含む金融関係者の間では、金融市場のグローバル化が予感される中で、シティがその閉鎖性のために国際的な地位を低下させていくことへの懸念が高まり、法廷によって改革を押し付けられる前に自主的な改革を追求すべきとの声が上がり始めていた。当時、シティは外国為替と一次産品の取引に強みを持っていたものの、証券市場では一九七〇年代に改革を断行したニューヨーク市場から取引量で大きく水をあけられる状態にあった。

一九八三年の総選挙が終わると、証券取引所を取り巻く事態は一層切迫し、ＯＦＴが提起した訴訟において敗訴は免れないとの観測が強まっていく。こうした中、当時取引所の理事長を務めていたニコラス・グディソンは貿易産業大臣のセシル・パーキンソンに対して取引所が自主的な改革を進めることを条件に、ＯＦＴによる訴追からの免除を要請する。

政府内部でこの要請に積極的に反応したのは、ローソン大蔵大臣と首相官邸の政策スタッフである。ローソンは経済ジャーナリストとしてのバックグラウンドからシティがグローバルな金融センターとして発展する可能性を見抜いていた。一方、首相官邸の政策スタッフはシティの改革を、資産保有の最大化という視点から後押しする。

この結果、サッチャーは同年七月、議会におけるステートメントでシティが自主改革を行うことを条件にOFTによる訴追から免除するための法的な手当を行うことを表明する。その後、翌年の四月には証券取引所から自主改革案が提出される一方、政府側においてもシティ改革に対応した金融サービス法制の準備が進められる。

こうした準備の過程で浮上した重要論点の一つは、BTの民営化と同様、政府による規制のあり方である。この点に関し、当初サッチャーは特別法による規制に消極的な姿勢を示していたが、最終的には新たな金融サービス法の下で、法定規制機関（Securities and Investment Board）を設立することに同意する。シティに対する規制のあり方については、その後継続的な見直しが行われたものの、二〇〇八年の信用危機（リーマン・ショック）を契機に、「ビッグバン」導入当時の政策判断を含めて様々な議論が行われている。

「ビッグバン」を契機とする金融自由化の動きは、サッチャリズムの信奉者が期待したような資産保有の最大化にはつながらず、シティでは国際的な取引や大企業向けの業務を行うホールセールの金融ビジネスによる寡占化が進む。後年、ローソンはいわゆるユニバーサル・バンキングに対する規制の欠如を「自分のひとつの後悔」と振り返ったが、当時はこうした問題もマーケットの華々しい繁栄の陰で注目を受けることはなかった。[11]

開戦

「ほとんどすべての面において――すなわち、彼女が進めるイギリス経済の変革、労働組合改革、彼女の党にとって一九七二年と一九七四年の亡霊を祓い清める必要性、彼女の自尊心、そして彼女が首相として生き延びること——彼女がNUMによって再び打ち負かされることはあってはならないことであった。[12]」

ムーアは一九八三年から翌年にかけてのNUMとの対決の意味合いについてこう述べているが、この観察は正しい。

サッチャーにとって勤労は擁護されるべき最も重要な価値の一つであり、労働組合による特権の濫用によって個人の勤労の自由が侵されることは許しがたい罪悪であった。また、こうした組合の行動は彼女が敵視する団体主義の最も醜悪な一面であり、これを正すことは彼女が目指す経済・社会構造の変革努力において避けて通れない課題であった。政治的に言っても、ヒース内閣の一員としてNUMへの敗北が政権の命取りとなったことを目の当たりにしたサッチャーが、同じ運命を辿ることは絶対に避けるという強い決意でいたことは想像に難くない。

さらに、彼女から見ると、過激な指導部に率いられたNUMは単なる労働組合ではなく、民主主義そのものに対する挑戦者と映る。

「私は強硬左派の真の目的について何の疑いも抱いていなかった。彼らは、いかなる手段を用い、いかなるコストを払ってでも、イギリスにマルクス主義的体制を押し付けることを目指す革命家であった。（中略）予想されたことではあったが、左派による攻撃のための威嚇部隊を提供することになるのは、マルクス主義者の議長に率いられた全国炭鉱労働者組合

（ＮＵＭ）であった。[13]」

サッチャーは回想録の炭鉱ストに関する章の冒頭でこう述べているが、この章の標題を「スカーギル氏の叛乱」と名付けたことからも、彼女の確信の深さがうかがえる。

このように、サッチャーは政権についた当初からいつかはＮＵＭと対峙する日が来ることを予測していたのであるが、実際の対決に至るまでの行動は慎重であった。

そもそも、サッチャー政権の下での労働組合改革は全体としては時間をかけて段階的に進められた。法制面での改革を見ても、関連法制は一九八〇年、八二年、八四年、八八年、九〇年と五回に分けて手当てが行われており、各段階での改革の効果を見極めつつ漸進的に前に進めるアプローチが選好された。

また、サッチャーはヒース内閣の経験から、ＮＵＭとの対決に勝利するためには長期間に亘ってストの影響に耐えうる「体力」を整える必要性があることを痛感していた。政権初期の一九八一年二月、不採算鉱山の閉山をめぐり、ＮＵＭがストライキの構えを見せた時に彼女があっさりと妥協の道を選んだのも、その段階において政権にこうした「体力」が備わっていないことを自覚していたためである。

しかし、ＮＵＭとの最初の対決で敗北を喫した後、サッチャーは政権を挙げて「体力づくり」の努力を加速させる。

まず、政府が着手したのが備蓄の促進である。当時イギリスで生産される石炭の約四分の三は火力発電に使われており、貯炭場と発電所の双方で十分な備蓄を備えることが課題となった。目標とされたのは六か月分の備蓄であり、政府側の動きを察知した組合側の妨害が懸念されたものの、実際には目立った妨害もなく、一九八三年の総選挙が終わる頃にはこの目標を達成することができた。

次いで課題となったのは、国営企業体として炭鉱を経営する石炭公社（ＮＣＢ）の体制の強化である。サッチャーは炭鉱ストが発生した暁には、これをあくまで労使間の紛争と位置づけ、政府の直接の介入を避ける考えでいた。これは、前述のとおり、かつてヒースがＮＵＭとの直接交渉に乗り出し、その失敗が政治的な致命傷となったことを踏まえたものであるが、そのためにはＮＵＭとの困難な交渉に耐えうる経営陣の存在が前提となった。

こうした観点から、第一次政権の後半にエネルギー大臣を務めていたローソンが推薦したのがスコットランド系のアメリカ人で、ブリティッシュ・スティールの業績回復に手腕を振るったイアン・マクレガーであり、サッチャーもこの人事に異論はなく、一九八三年に正式な任命が行われる。

さらに、サッチャーは第二次政権で大蔵大臣に昇進したローソンの後釜のエネルギー大臣に、それまで農業大臣を務めていたピーター・ウォーカーを起用する。ウォーカーは閣内において「ウェッツ（wets）」と呼ばれた反サッチャー派の最後の生き残りの一人で、経済政策等で意見を異にすることも多かったが、実務能力を買っての人事であった。

このように、第二次政権が発足した時点で、ＮＵＭとの対決に備えた準備は着々と進んでいた。しかし、一九八三年十月末、ＮＵＭがＮＣＢの賃上げ案を不満として残業の禁止を開始し、組合側との緊張が高まる中でも、全面的な対決は翌年の後半と予測されていた。と言うのも、ＮＵＭ

が石炭の需要が落ち込む春先から争議を起こすことはないと見られていたためである。しかし、一九八四年三月、NUM指導部がNCBの人員削減計画の発表に抗議してヨークシャー州とスコットランドにおけるストライキの実施を宣言すると、組合側との戦いは瞬く間に全面対決に発展していく。

実は、この時点でNUMの議長であったスカーギルはいくつかの戦略的な誤りを犯している。一つは前述のようにストライキ開始のタイミングとして石炭の需要が低下する春先を選んだことであり、もう一つは、争議の形式について全国ストライキの実施の前提となる組合員による投票を回避するため、指導部の判断で実行可能な「地域的行動（area action）」の形式を選んだことである。後者については、地域によってストライキへの支持にばらつきがあり、全国投票を行うリスクをとれなかったという事情もあったが、同時にスカーギルには「地域的行動」であっても、戦いを全国に広げていくことは可能との判断があった。

アーサー・スカーギル

この自信の根拠となったのは、一九七〇年代の闘争の経験である。スカーギルが組合運動で名を上げたのはこの闘争の中で戦闘的なピケ活動を指導したためで、中でも有名なのは一九七二年二月の「ソルトレイの闘い」である。

これは同年の炭鉱ストの最中、イングランド中部のバーミンガム郊外にあるソルトレイ貯炭場に一万人以上のピケ隊が集結し、コークスの積み出しを阻止したもので、スカーギルはこの闘いで中心的な役割を果たした。ソルトレイ貯炭場が閉鎖した後十日も経たずして、ヒースが組合側の要求への全面降伏を余儀なくされたことから、この闘いは七二年ストの命運を決したものとして記憶されている。

こうした経験から、スカーギルが正式な手続きを経て全国ストライキに訴えなくとも、政府の打倒は可能と判断したことは無理からぬことではあったが、組合員による投票という民主的手続きを忌避したことは闘争の正統性を弱め、組合内部の地域的対立を深刻化させた。

政府側から見れば、組合との対決に際して真っ先に取り組まなければならないことは操業を続ける炭鉱のみならず、貯炭場、発電所、港湾といった戦略拠点を組合側の戦闘的ピケ活動から守ることであり、当然のことながらこの任務を担うのは警察であった。問題はイギリスの憲法的伝統上、警察権は地方自治体によって分有されており、内務大臣といえども地方警察に直接指揮権を行使することは許されないことであった。実際、「ソルトレイの闘い」においては、一万人以上のピケ隊に対し地元警察が動員できた警察官は数百人に過ぎず、勝敗は戦う前から決していた。

こうした制約の下で、サッチャー政権は地域警察の長からなる協議会(ACPO)を通じ、関係地方警察に対して法執行の強化を求め、必要な場合にはそのための財政的支援を提供することを約束する。さらに、内務大臣が各警察から報告を徴する権限を持つことを根拠として、スコットランド・ヤードに全国報告センター(NRC)を設置し、地域を越えた警備方針について事実上の調整を行うこととする。もともと、各警察はいわゆる「相互支援(mutual aid)」の枠組みの下で人的資源を融通し合うことが可能とされていたが、NRCによってこの調整をより戦略的に行うことが可能となった。

こうした政府側の体制が本格的に試されたのが、一九八四年六月、ヨークシャー州南部のオーグリーヴで発生した大規模なピケ隊との対決である。オーグリーヴにはブリティッシュ・スティールのコークス工場があり、NUMはここからのコークスの積み出しを阻止すべく、約五千人のピケ隊を派遣する。これを迎え撃ったのが、全国の地方警察から派遣された混成部隊の警察官約六千名で、騎馬警官がピケ隊への突撃を敢行する激しい衝突の末、政府側はコークスのコンボイ輸送を守り抜く。

「オーグリーヴの闘い」はNUMとの対決前半戦のハイライトであり、政府はここで勝利することで戦局を有利に導くことが可能となる。重要なことは、この闘いを通じ組合側の暴力的行動を目の当りにした国民の間でNUMへの反発が広がったことで、七月に行われたギャラップ社による調査では、七九パーセントの回答者がNUMの手法に反対の姿勢を示した[14]。

オーグリーヴの闘い

闘いの日々

とは言え、「オーグリーヴの闘い」での勝利にもかかわらず、政府側が最終的にストライキを終結に導くまでにはなお半年以上の時間を要する。そればかりか、ムーアが指摘するとおり、「いかなる時点においても、労働組合内部の団結、NUMによる暴力の影響、あるいは法廷闘争の失敗、炭鉱公社による交渉ミス、はたまた、政治的な自信の喪失といったことが敗北につながる可能性が」あった[15]。

この時点でサッチャーが直面した課題は大まかに言って三つある。

第一は、組合内部の対立の激化である。NUM内部ではヨークシャー、ケント、スコットランドなどの地域で争議活動に強い支持が見られる一方、ノッティンガムなど一部の地域では根強い反対論が見られ、多くの炭鉱で操業が継続された。こうした中、ストが長期化するにつれ、仕事を続ける炭鉱夫やその家族に対して強硬派の組合員による嫌がらせや威嚇が頻発し、十一月には、ウェールズ南部で炭鉱夫を輸送するタクシーめがけて陸橋の上からコンクリートの塊が落とされ、運転手が死亡するという悲劇が起こる。

こうした事案は、当然のことながらNUMの手法に対する国民の反発を招くものとなったが、その一方で、暴力がこれ以上エスカレートすれば事態の早期収拾を求める世論が高まり、追い詰められたNUMを窮地から救い出す結果となる危険があった。

サッチャーが直面した第二の課題はNCBによる交渉姿勢である。彼女にとってNUMとの対決が単なる労使紛争以上の政治的意味合いを持っていたことはすでに述べた。サッチャーの観点からは、炭鉱ストライキは民主主義に挑戦する強硬左派との戦いの一環であり、労使間の中途半端な妥協の結果、NUMが「勝利」を宣言する形でストライキが終息することは受け入れがたいことであった。

NCBはそれ自体が国有企業で、職員の殆どが組合員であることから、もともと争議に際しては組合との何らかの取引によって物事を丸く収めたがる傾向にあった。サッチャーが辣腕経営者として知られるマクレガーを組織のトップに据えたのは、まさにこうした事情を踏まえたものであったが、その後の交渉の過程で同人の行動には予測しがたい面があることが明らかになる。さらに、公社を監督するエネルギー大臣のウォーカーとの間で真の意味での信頼関係が存在しなかったことも、彼女の不安を駆り立てる一因となった。

サッチャーにとって幸運だったのは、スカーギルがいかなる炭鉱についても経済的な理由からの閉坑を拒否し、資源が完全に枯渇するか、作業が危険な状態にならない限り、操業を続けるべしという、理不尽な交渉態度に終始したことである。このためストライキ期間中交渉は断続的に続いたものの、労使が実質的な意味で歩み寄ることはなかった。ムーアが指摘するとおり、より熟達の、スカーギルほど過激ではない指導者であれば、NCB、エネルギー省、首相官邸の立場の違いを突いて、交渉を有利に導くことができたはずであるが、いかんせん彼が目指したのは保守党政府そのものの打倒であり、小手先の勝利には関心がなかった[16]。

サッチャーにとっての第三の課題は他の組合への争議の拡大であり、この面では二つの危機があった。最初の危機は一九八四年七月に発生した港湾労働者のストライキであり、これにより港における石炭の荷役作業が止まれば、炭鉱ストへの対応に大きな影響を及ぼすことが懸念された。このため政府内部では一時軍隊を投入して、港湾作業を代行する可能性も検討されたが、ストライキへの組合員による支持が広がらなかったため、事態は間もなく収束する。

より深刻であったのは、九月下旬に発生した炭鉱の安全管理者をメンバーとする組合（NACODS）によるストライキである。NACODSは組合員数だけを見ると小規模な団体であったが、法律上安全管理者による監督なしには炭鉱の操業は認められていなかったため、この組合によるストライキが長期化すれば、操業を続ける炭鉱を休止に追い込む力を持っていた。NUMに同情的なNACODSの指導部はまさにこうした立場を利用して、NCBから譲歩を引き出すことを画策したため、交渉の先行きを案じたサッチャー自身がマクレガーに電話をして経営者側のてこ入れに乗り出す局面もあった。最終的には指導部が一般組合員から十分な支持が得られず、十月下旬にはストライキは中止されることとなるが、当時の関係者の一人はこの間を「ストライキ中で最も危険な時期」と回想している。[17]

以上のような課題が浮かんだり、消えたりする中で、ＮＵＭによるストライキはほぼ一年にわたり続いていく。重要なことは、そうした中にあってもサッチャーがストライキ対策同様の集中力をもって、内外の懸案に当たっていたことである。

内政面では、引き続きイギリス経済立て直しのための取り組みが進められる一方、六月の欧州議会選挙と下院補欠選挙、九月の内閣改造などの重要な節目があった。外交面でも、欧州共同体への拠出金の還付を巡る交渉や中国との香港返還交渉が進められるとともに、再選されたレーガン大統領との対ソ政策の調整、ソ連の次期指導者と目されたゴルバチョフの英国訪問などの大きな懸案が動いていた。さらに、治安面では、北アイルランドの分離主義者によるテロ活動が引き続き深刻な脅威を示し、十月の保守党大会に際するＩＲＡの爆弾テロでは彼女自身が九死に一生を得ている。

炭鉱ストライキへの対応においては、操業の確保を手始めに、法秩序の維持、労使交渉の監視、議会対応、世論対策に至るまで、広範な分野への目配りが必要になる一方で、本来味方であるべきエネルギー省やＮＣＢを全面的には信頼できない状況があった。したがって、ある意味では、サッチャーにとってＮＵＭとの対決は軍指導部の強力な補佐があったフォークランド戦争より過酷な闘いであった。それを勝ち抜いた、彼女の実務能力、判断力、集中力、そしてそれらを支えた信念の強さにはやはり感嘆すべきものがある。

結局のところ、長期の闘いにおける「体力」勝負に敗れたのは組合の方であり、ストライキ後半には経済的理由から職場に復帰する組合員が漸増していく。また、一九八四年七月以降はNUMに対する訴訟活動も活発化し、十月には法廷から組合資産の差し押さえ命令が下される。

さらに、その月の後半以降、NUMの活動資金をめぐるスキャンダルが相次いで発覚する。まず、十月末のサンデー・タイムズ紙はNUMの関係者が秘密裡にリビアを訪問し、カダフィ大佐に資金協力を求めた旨を報じ、その後の続報でこのルートを通じて二〇万ドルの資金が実際に組合側に流れたことが確認される。[18] おりしも、英・リビア関係は四月にロンドンのリビア大使館で起きた発砲事件で女性警官が殉職したことで最悪の状態にあり、この報道によりNUMに対する世論は一段と厳しくなる。十一月に入ると、スカーギル自身がソ連から資金協力を得るためにパリを訪問した旨の報道が行われ、組合の世評は文字通り地に墜ちることとなる。

ストライキの最終盤では、労働組合の全国組織であるTUC（Trades Union Congress）において、何とかNUMの顔を立てつつ争議を終息させるための方策を模索する動きも生まれるが、勝利を予感するサッチャーを説得するには至らず、一九八五年三月、NUMの特別代表会議がこれ以上の条件闘争を行うことなく、職場に復帰することを議決したことでストライキは組合側の全面的な敗北に終わる。

サッチャリズムの光と影

一九八六年三月、権力の絶頂にあったサッチャーは保守党中央委員会における演説で次のように述べる。

「最近サッチャリズムが終息し、姿を消しつつあるという不思議な報告が行われています。(中略)私は、そうした報告がでたらめだと申し上げなければなりません。我々はまだ始めたばかりです。(中略)皆様は、保守党政権の最初の七年間がイギリスのためにいくらかの恩恵をもたらしたとお感じでしょう。その通りです。しかし、この先七年間はもっと、もっと恩恵が生まれます。そして、その後の七年間にも、さらに大きな恩恵があるのです[19]。」

サッチャリズムが二十年以上も続くという予言は成功に酔った指導者の戯言のように聞こえるが、サッチャー政権に続くメージャー保守党政権、さらには、その後のブレア労働党政権も市場重視の政策の大枠を踏襲したことを考えると、一面において将来を言い当てたものと言えなくもない。

また、国際的に見ても、サッチャーの首相在任当時から民営化や規制緩和を始めとするサッチャリズムの取り組みは国際社会の幅広い関心を集めた。右に引用した演説の中で、彼女は、「人々はもはや英国病にかかることを気にしたりしていません。彼らはイギリスの新しい治療法を入手すべく列をなしています」と述べているが、これはまんざら空虚な誇張ではない。特に、サッチャーの退陣と相前後して冷戦構造が崩壊し、多くの計画経済が自由市場経済に移行する中で、いわゆる「サッチャリズム」は国際社会全体にとっての一つの時代精神となった感があった。

一方、二〇〇八年の信用危機を契機に「手綱から放たれた資本主義(unbridled capitalism)」に対する自省が深まると、サッチャリズムに対する評価にも様々なニュアンスが生まれてくる。イギリスの政治の流れを見ても、二〇一〇年に政権についたデヴィッド・キャメロンは尊敬すべき政治家としてディズレイリを挙げ、現首相のテリーザ・メイは自らを「ワン・ネーション保守主義」の政治家と標榜して恥じない。労働党のコービン現党首が鉄道や公共サービスの再国有化を主張していることなどを併せて考えると、政治がサッチャー政権誕生前の時点に先祖返りしたようにも見える。

実際のところサッチャリズムの成果を全体としてどう評価するかは、一筋縄ではいかない問題である。

まず、一口にサッチャリズムと言っても、その裾野は広く、分野によって成果に相当のばらつきがある。特に、政権の後半で取り組んだ医療制度、教育、地方自治といった分野では十分な成果を挙げたとは言い難い。例えば、地方財政改革の一環として実施された「人頭税」の導入などは、どこまでサッチャー個人の責任を問うべきかは別としても、はっきりとした失政として位置づけられよう。

さらにサッチャリズムにおいて成功例として挙げられる政策分野についても、その具体的効果を実証的に説明することは容易ではない。

マクロ経済的に見ると、サッチャーが首相に就任した一九七九年の時点で独、仏に遅れをとっていたイギリスの一人当たりGDPは、二〇〇八年の信用危機前の段階ではこれら両国を上回る水準に達しており、このことをもってサッチャリズムの経済的効果の証左とする主張が存在する。一方で、こうしたパフォーマンスの向上に対して、民営化や労働市場の自由化といった施策による生産性の向上がどの程度貢献しているかについては明確な結論は下されておらず、一部においてはこの間の成長は、住宅価格の高騰による資産効果や金融自由化に伴う信用の拡大が引き起こした一種の「バブル」と断ずる見方も存在する。

また、仮に民営化や規制緩和に経済効率の向上という効果が認められるとしても、それに伴う負の側面にも注意を払うべきとの意見も根強い。「ビックバン」以降の金融自由化が二〇〇八年の信用危機を生む構造的な問題を孕んでいたことはその一例であり、サッチャリズムの見直しの機運につながったことは前述のとおりである。

サッチャリズムの負の側面として、最も頻繁に指摘されるのは貧富の格差の拡大であり、この点は統計的にも確認されている。例えば、所得の不平等の一般的指標であるジニ係数を見ても、一九七九年の〇・二五から一九九一年には〇・三四へと急上昇しており、他の指標もこの傾向を裏付けている。[20]

このように見ると、経済政策としてのサッチャリズムの評価は、結局のところ効率と公正のいずれを重視すべきかという永遠の課題に帰着するとも言える。しかし、この課題についての立場がどうあれ、サッチャーによる改革努力がなければ、イギリス経済が戦後の長期的停滞を克服することは困難であったと見られる点については、ほぼ異論がないところであろう。

ムーアが指摘するとおり、「(サッチャーによる改革なしには) 証券取引所が古いルールのままで生き延びたとは想像できないし、国有化されたままのBTが独占的な地位のままで、通信革命を管理できたとは思えない。そして、国からの補助金漬けで、分割されないままのBL (自動車会社のブリティッシュ・レイランド社) が二〇一五年に達成したように、国の歴史上これまでにないほどの数の車を輸出するような状況を生み出すことはできなかったはず」である。[21] 前述のようにイギリスの政治は表面的には先祖返りの様相を呈しているものの、今後政府が所得政策や大規模な国有化に乗り出すことはまず考えられない。サッチャー以前とサッチャー以後では、イギリスは明確に変化した。

一方、前述のとおり、サッチャリズムはもともと単なる経済政策として意図されたものではなく、社会のあり方、さらには国民の精神構造そのものを変革することを目指していた。サッチャリズムがこの面でどれだけ成功したかは、政策の経済的効果を評価するよりも一層難しい。

サッチャーが推進した改革は、自助の精神を強化することで、イギリス社会に新たな活力を吹き込んだことは間違いない。公共住宅の売却政策で念願のマイホームを手に入れた人々、「起業文化」の隆盛に勇気づけられ、ビジネスで成功を収めた人々など、改革は多くの人々に恩恵をもたらした。こうした受益者たちの声はメディアなどで伝えられることは少ないが、何よりもサッチャーが勝利した三度の総選挙の結果に反映されていると言えよう。しかし、同時にサッチャリズムが作り出した社会は万人に幸福をもたらすものではなく、経済格差の増大と相俟って、その一体性に否定的な影響を与えたことは間違いない。

前述のとおり、そもそもサッチャーが国内の改革に当たって重視したのは「我々の側の人たち」の民意であり、その限りにおいて彼女は「政治は万人のためにある」という前提を取り去ってしまった。その一つの帰結は、「我々の側ではない人たち」の存在を認めることであり、このことは社会に大きな亀裂を生む危険を内包していた。

一九八四年七月、炭鉱ストライキが勢いを増す中、サッチャーは「一九二二年委員会」で行った演説の中で、NUMを指して「内なる敵（enemy within）」という表現を用いる。[22] この言葉自体は、メソジストの讃美歌にも時折見られる表現で、文字通り取るべきでないという指摘もあるが、当時の状況から彼女がどのような意味を込めていたかは明らかであろう。

炭鉱ストライキにおける勝利はサッチャー改革のハイライトである。しかし、炭鉱産業を取り巻くその後の状況は改革に伴う社会的なコストの大きさを示している。

前述のとおり、ストライキは政府と組合との間のみならず、組合内部でも深刻な対立を引き起こした。この対立は、異なる地域の間のみならず、同じコミュニティーの中にも持ち込まれ、炭鉱夫同士、極端な場合には父と子が争う例も見られた。このことは、地域社会に容易に癒えない傷跡を残している。

しかも、炭鉱ストライキが働く者と働かざる者の闘いであるというサッチャーの主張にもかかわらず、ストライキ中に操業を続けた炭鉱はその後続々と閉山に追い込まれ、二〇一五年までに坑内掘りの炭鉱は完全に姿を消す。その過程でサッチャーが英雄視した炭鉱夫の多くは、技術革新の下で変化する労働市場の要請に対応する能力を欠いたまま、構造的失業者の統計の一部となっている。

いずれにしても、サッチャリズムについて考える際、最後に突き当たるものは一人の政治家の信念と行動力によってもたらされた変化の威容である。シティからカナリーワーフに広がる新たなロンドンの息吹も、閉山したヨークシャーの炭鉱跡地の荒涼も、すべて彼女の名前を想起させざるを得ない変化の一コマである。

序章で引用した「良きにつけ、悪しきにつけ、二十一世紀のイギリスは彼女の記念碑である」

というマルカンドの一節は、サッチャリズムの墓碑銘に最もふさわしい言葉であろう。

イギリスの労働運動の歴史において、炭鉱組合は特別の位置づけを持っている。それは産業革命以来、石炭が経済発展の原動力となったことによるもので、一九二六年、英国史上初めて発生したゼネストもその発端は炭鉱夫の待遇をめぐる争いであった。

また、イギリス社会全体においても、地中深く、危険と背中合わせで仕事をする炭鉱夫に対しては幅広い敬意の念が存在しており、一種の「フォーク・ヒーロー」としての扱いを受けていたと言っても過言ではない。

さらに、炭鉱夫は往々にして父子代々の職業であり、炭鉱を取り巻くコミュニティーには独特の連帯感が存在していた。スカーギルの指導に不満を抱きつつも、多くの組合員がストライキを継続したのもこうした連帯感に負うところが大きい。

このため、世論においてNUMに対する批判が高まる中においても、炭鉱夫に対する同情は消えることはなかった。例えば、八四年十一月、貴族院での最初の演説に立ったハロルド・マクミラン元首相は、「(炭鉱夫は)世界で最良の兵隊だった。彼らは(第一次世界大戦で)カイザーの軍隊を打ち破り、ヒットラーの軍隊を負かした。彼らは決して降伏することはなかった」と述べ、彼らがおかれた窮状を慨嘆した。(23)

こうした背景もあり、およそ一年にわたって続いた炭鉱ストライキは単なる労働争議ではなく、同時代のイギリス人にとって一つの歴史的体験となっている。このため文化的にもこのドラマは数多くの歌や映画の背景となっている。

ロック・バンドのダイアー・ストレイツが一九九一年に発表した「アイアン・ハンド」は、「オーグリーヴの闘い」に触発された曲で、リーダーのマーク・ノップラーは騎馬警官がピケ隊に突撃する様子は中世の野蛮さを想起させたとしている。
二〇〇〇年に公開された映画『ビリー・エリオット』（邦題『リトル・ダンサー』）も炭鉱ストを題材とした佳作で、息子の将来のためにスト破りをする父親の苦悩が一つのテーマとなっている。この映画はのちにエルトン・ジョンの作曲でミュージカルに翻案され、その中の一曲「メリー・クリスマス、マギー・サッチャー」の中には次の一節がある。

マギー・サッチャーにメリー・クリスマス
神様の愛があなたに届くように
俺たちはみんなで息をそろえて歌うぜ
マギー・サッチャーにメリー・クリスマス
俺たちはみんなで今日はお祝いだ
だって、あんたの死ぬ日に一日近づくから

二〇一三年四月、サッチャーが死んだとき、ミュージカル版『ビリー・エリオット』はロンドンのウェストエンドで興行中であった。公演の中で主催者が彼女の死に際してこの歌を唄うことの是非について観客の意見を聞いたところ、圧倒的多数が唄うことに賛成したため、「メリー・クリスマス」はいつも通りキャストによって合唱されたという。

第六章　戦友たち

外交史の視点から見ると、サッチャーが首相として活躍した十年あまりの期間は巨人の時代であった。

英、米、独、仏の西側先進主要国について言えば、サッチャー（一九七九〜九〇年）、ロナルド・レーガン（一九八一〜八九年）、ヘルムート・コール（一九八二〜九八年）、フランソワ・ミッテラン（一九八一〜九五年）という強力な指導者が長期政権を誇った。戦後の歴史を振り返っても、主要国の内政が同時期にこれだけ長期間の安定を維持したことはまれである。サッチャーの立場から見ても、コールが首相に就任した一九八二年十月からレーガン政権が退陣した一九八九年一月までの六年あまりの期間は、外交政策の主要な部分はこの二人にミッテランを交えた三人の指導者との関係の中で運営された。

西側と対峙するソ連においても、アンドロポフ、チェルネンコという短命政権の後、ゴルバチョフが約六年間にわたり国家を指導した。ゴルバチョフが国際政治の舞台に初めて登場したのは、共産党書記長就任前年の一九八四年の英国訪問で、その際にサッチャーが口にした「一緒に仕事ができる男」という人物評は彼への国際的関心を一躍高めた。

言うまでもなく、この時代、国際社会は冷戦の崩壊という劇的な変化を経験している。こうした激動には、何千万、何億もの人々が介在しているが、舞台回しを行ったのはこれらの指導者たちであった。一握りの指導者が国際社会の方向づけにこれほどまでに決定的な役割を担ったことは、第二次大戦中のいわゆる「巨頭外交」以来なかったと言える。

これらの指導者が外交面で大きな影響力を行使できた一因は、国内において安定的な政治基盤に恵まれていたからである。いつの時代、いかなる国でも、強い政治は強い外交の前提である。そして、強い政治の下では、外交が指導者の個性によって性格づけられる傾向が強く、サッチャー政権下のイギリス外交もその例外ではない。

以上の意味するところは、サッチャー時代の国際政治においては、首脳間の人間関係が他の時代とは比べられないほど、重要な意味合いを持ったということである。サッチャー自身にとっても、これらの「戦友」との関係はしばしば外交政策の方向を左右する重要性を持った。

サッチャー外交

サッチャー外交を評価する際の出発点は、彼女が少なくとも野党党首に就任するまでは外交についてズブの素人であったことである。

そもそも、サッチャーは一九五一年に新婚旅行でポルトガルを訪れるまで外国へ行ったことがなかった。彼女の世代では、第二次世界大戦のおかげで男性のかなりの部分が外国での従軍体験を持つ一方、女性が海外に出かける機会は著しく限られた。したがって、彼女が成人するまで乏しい海外経験しか持たなかったこと自体は珍しいことではなかったが、政界に入った後も社会福祉や教育など国内的な政策分野に関与したため、外交について専門的な知見を蓄える機会に恵まれなかった。

結局一九七五年に野党党首になるまでに、彼女が公的な立場で外国を訪問したのは、イスラエル（一九六五年）、スウェーデン（一九六八年）、ソ連（一九六九年）、米国（一九六七年、六九年）の四か国、五回だけであり、見聞を広げる以上の効果があったとは思えない（ちなみに、訪問国にイスラエルが含まれるのは、彼女の選挙区であるフィンチリー地区には、ロンドン有数のユダヤ人コミュニティーが存在したことによる）。サッチャーが保守党の党首に就任後、影の外務大臣に任命されたキャリントン卿は、当時の状況を、「彼女は（英仏海峡のフランス側の港町である）カレーがどこにあるかも知らなかった」と回想しているが、これはまんざら誇張ではない[1]。

野党党首に就任後は、首相としての資質を確立する必要性が意識されたためか、米国や欧州主要国への公式訪問が積極的にアレンジされ、ロンドンを訪問する外交要人との面談を通じ人脈形成の努力も図られた。サッチャーがカリフォルニア州知事を退任後、「浪人中」であったレーガンと初めて会ったのもこの頃であり、二人は最初の出会いから意気投合し、当初予定されていた四十五分の会談時間が一時間半に延長されるほどであった。

こうしたプロセスを通じて、サッチャー自身も徐々に独自の世界観を発展させ、当時の主要外交課題に関する見解を積極的に発信し始める。その一例が一九七六年一月にロンドン市内で行ったソ連を批判する講演で、「鉄の女（Iron Lady）」というニックネームはソ連の赤軍の機関紙「レッド・スター」がその強硬な内容を批判した論説の中で初めて使われた[2]。

このようにサッチャーが首相に就任した時点では外交面でそれなりの知見は蓄積されていたのであるが、チャーチル以降の保守党のどの指導者と比較しても実際の外交の現場における経験不足は明らかであった。しかし、このことは彼女が外交分野においてこれまでの指導者とは違った独自のスタイルを確立することにもつながった。

（筆者自身を含め）外交の専門家は、本能的に外交というものを、異なる主張についてどこかで折り合いを見つけるプロセスだと考えがちである。このため多くの専門家は外交交渉においてまず「落としどころ」を考えて、そこから逆算する形で交渉を組み立てる性癖がある。

サッチャーの交渉スタイルはこのような外交専門家の「職業病」とは無縁で、外交上の妥協は、自らの主張を徹頭徹尾追求し、刀折れ、矢尽きた状況で初めて考えるという、いわば「玉砕型」と呼べるものであった。この交渉スタイルの主たる被害者は欧州理事会や英連邦首脳会議といった国際会議で同席した他の首脳たちで、自己の主張を延々と繰り返すサッチャーに辟易することはしばしばであった。

二国間の交渉では、さすがの彼女も「外交的」に振舞うことが多かったが、一旦議論が過熱すれば、盟友のレーガンですら手を焼くこともあった。例えば、一九八二年五月末、フォークランド戦争の最中に行われた電話会談の記録を読むと、レーガンがサッチャーの話に何とか割り込もうとするのであるが、一言、二言、口をはさむのがやっとで、また彼女のお説教が始まるといった具合で、彼の困惑した様子が目に浮かぶようである(3)。

こうした外交スタイルの下では、当然彼女の個人的信念が政策に反映されがちであり、その限りにおいて彼女の外交は価値外交の色彩を色濃く持つ。その一方で、内政においてそうであったように、彼女の政策選択が総じて現実に根差した実際的なものであったため、サッチャー外交は現実重視の側面も併せ持つこととなった。個人の自由を重視する立場から、ソ連をはじめとする東側諸国に対して厳しい姿勢をとったのは前者の例であり、ローデシア独立や南アフリカのアパルトヘイト問題について漸進的な解決を模索したのは後者の例と言えよう。

ちなみに、サッチャー外交における現実重視路線の一つの現れは経済外交であった。首脳自らが何の衒いもなく自国の経済権益増進の先頭に立つことは、今日では当たり前となっているが、当時としてはあまり例のないことであった。彼女の「トップセールス」の最大の成果はサウジアラビアへの武器の売込みであり、「アル・ヤママ（アラビア語で「鳩」を意味する）」と名付けられ、一九八五年に合意された武器売却パッケージは二〇年間で四百二十億ポンド（当時のレートで日本円にして約十兆円）という巨額の取引となった(4)。

一方、外交経験の不足はサッチャー外交に一定の制約ももたらした。

第一は、彼女と外交当局の間の緊張関係である。サッチャーはとかく妥協を模索しがちな職業外交官を弱腰とみなす傾向にあり、逆に外交当局は「素人」の彼女が伝統的な外交政策をかき回すことに強い警戒感を持っていた。キャリントンに始まり、ピム、ハウと続く歴代外務大臣とサッチャーの間でしっかりとした信頼関係が築けなかったこともこの傾向を一層助長する。

また、外交当局との緊張関係の重要な帰結は官邸外交の増大であった。特に、政権後半においてはチャールズ・パウエルを筆頭とする首相官邸の外交アドバイザーの影響力が外務省を凌駕し、外交一元化の維持が難しくなる。パウエルの発言力は閣僚のそれを上回ることもしばしばであり、このことは閣内の分裂の一因ともなった。

第二に、サッチャーは不十分な外交経験のため、戦間期に生まれた世代に特有の世界観をそのまま外交に持ち込む傾向が強かった。例えば、フォークランド戦争に際するサッチャーの毅然たる態度の背景には、同世代の人々が幅広く共有する宥和主義に対する強い嫌悪感がはっきりと見てとれる。また、彼女の対米関係を重視する姿勢も、多分に第二次大戦中の「特別な関係」への素直な信頼に基づいたものと言えよう。

他方、欧州との関係においては、二度にわたる世界大戦で欧州を戦火から解放したのはイギリスであるという自負は、彼女が急速に変化する大陸の現実を受け入れることを難しくしたきらいがある。二〇〇二年、サッチャーは首相退任後出版した著書『ステートクラフト』の一部をもとに、『欧州について』という小冊子を出版したが、その冒頭彼女はこう書いている。

「私が生まれてこの方、世界が直面した問題のほとんどは、（中略）欧州本土から生まれ、そしてその解決策は域外から与えられた。」(5)

こうした感覚は欧州がイギリスから得るものはイギリスが欧州から得るものより大きいという思い込みにつながり、欧州共同体への拠出金の還付問題を始めとして、サッチャーと他の欧州首脳との軋轢を深刻化する原因ともなった。一九八四年、フランスのフォンテーヌブローで開かれた欧州理事会で拠出金に関する交渉が難航した際、外務大臣たちが晩餐会の後で優雅にコーヒーを楽しむのを見て、彼女は、「なんて図々しい奴ら。戦争ではみんな助けてやったというのに」と息巻いたとされるが、同様の挿話は数多くある。(6)

サッチャーの対欧州観を歪めたもう一つの要因は、彼女の世代に特有の反独感情とドイツの「復活」に対する警戒感である。この点は特に、東西ドイツの再統一問題が浮上した際に顕在化し、サッチャーが頑なな態度をとった一因ともなっている。コールによれば、一九八九年、ストラスブールで開かれた欧州理事会で再統一問題が議論された際、彼女は、「我々はドイツを二回打ち負かした。でも、彼らは戻ってきた」と述べたとされており、コールの面前でこうした発言を行うところに彼女の対独不信の根深さがうかがえる。(7)

欧州の戦友たち

すでに示唆したように、サッチャーの外交を考える際には人間的な側面も無視できない。彼女は対人関係においてはきわめて直感的な人間であったからである。

第二章で述べたとおり、サッチャーは女性を政治の中枢に登用することに全く関心を示さなかった。その結果、彼女が国の内外で仕事を一緒にしたのは九割がた男性であり、そうした中で彼女の男性の好みも自ずと明らかになってくる。

その一つの傾向は、年上で包容力のある男性への傾倒であり、十歳年上のデニスや、七歳年上で彼女の政治の師とも言えるジョゼフもこの範疇に入る。首相就任後、主義主張に違いはあっても、七歳年上のホワイトローを副首相として重用したのも彼の存在に安心感を覚えたためであろう。

逆に、彼女が疎んじたのは風采が上がらず、口下手なタイプで、ヒースやハウがその典型である。また、彼女は自分と比べて知的に劣るとみなした男性は相手にしないのが常で、唯一とも言える例外はレーガンであり、彼との特別な友情については後述する。さらに、優柔不断で、弱気な男性も問題外で、ピムと反りが合わなかったのはこのためである。

こうした彼女の男性の好みは欧州の主要なカウンターパートであったコールとミッテランとの関係にも現れ、種々の政策的判断にも無視しがたい影響を与えた。

コールは社会民主主義者であったヘルムート・シュミット前独首相に比べると、思想的にはサッチャーと近く、本来は良好な関係を築けてもおかしくなかった。それができなかったのは、彼女のドイツに対する生来の偏見に加え、彼が彼女の好みの男性像からかけ離れていたことによるところが大きいように思える。

そもそも二人の最初の出会いは、彼女が野党党首に就任して初めての外遊先として西独を選び、当時のシュミット首相と野党時代のコールと会談した時に遡る。その際には、彼女は才気煥発なシュミットに感銘を受け、逆にコールについては、「ドイツ版のテッド・ヒース」という印象を得たというから、決して幸先の良いスタートではない[8]。

彼女にとってドイツの田舎政治家然として、退屈な話を延々と続けるコールは最も苦手なタイプであり、内心侮蔑の念を抱くこともあった。ベルリンの壁が崩壊した当時、駐西独イギリス大使を務めたクリストファー・マラビーは、後年『シュピーゲル』誌のインタビューに答え、「(二人の関係は) 本当にひどかった。それは、個人的なケミストリーの問題だった」と回想している[9]。英独関係が困難な局面を迎えた時期に首脳間の個人的関係がこのような状態にあったことは、双方にとって不幸なことであった。

もっとも、コールの側では、サッチャーとの関係を改善すべく何かと気を遣った形跡がある。

左からドロール欧州委員会委員長、クラクシ伊首相、ミッテラン仏大統領、サッチャー英首相、コール西独首相、レーガン米大統領、中曽根首相、マルルーニー加首相（1985年先進国首脳会議）

外交補佐官のパウエルの回想によれば、コールはある時彼女を自分の故郷の町に招待し、お気に入りの食堂で郷土料理の豚の胃袋の煮込みを振舞ったことがある。そして、明らかに食欲を失ったサッチャーの様子にも気が付かず、食後、近辺にある神聖ローマ皇帝の墓所を案内すると、パウエルを柱のかげに連れていって次のようにささやく。

「ヨーロッパの中心、フランスと国境を接する故郷の町で僕と会ったからには、彼女は僕が単なるドイツ人ではなく、ヨーロッパ市民であることがわかるはずだ。君は彼女を説得してくれ。」

パウエルはこの使命を胸に秘め、サッチャーと本国への帰途につくが、彼女は飛行機に乗るなり、倒れこむように席に座ると、靴を脱ぎ捨て、「お お神様。あの男は本当にドイツ的だこと」と確信を込めて言った。このためパウエルは意気消沈し、コールの依頼を果たせずに終わったという[10]。

サッチャーが首相在任中、欧州統合の主要な推進者であるフランスとの関係は常に一定の緊張状態にあった。にもかかわらず、彼女とミッテランの関係はコールとの関係と比べようのないくらい良好であった。それにはいくつかの理由がある。

まず、ミッテランは社会主義者としてサッチャーと政治哲学を異にしていたものの、第二次大戦中にレジスタンス運動に参加した経験から、宥和主義への強い反対において彼女と立場を同じにしていた。フォークランド戦争が発生した際、彼がイギリスへの強い連帯の姿勢を示したことはそのためである。安保理決議五〇二号の採択に当たってイギリスの立場を強力に支援したことや、アルゼンチンへの横流しを防ぐためにペルーへのエグゾセ・ミサイルの輸出を延期したことなど、サッチャーはミッテランの配慮に深く感謝し、回想録でもイギリスの勝利に貢献した功労者の一人として彼の名前を挙げている[11]。

しかし、二人の関係が良好であったより重要な理由は、人間的なケミストリーであったように思える。ごく有体に言えば、艶福家として知られたミッテランは、サッチャーの女性的魅力に惹かれ、彼女の歓心を買うため、世上フランス人男性の特技として知られる手練手管を駆使した。そして、彼女もミッテランのこうした関心を内心満更でもなく受け止めたというわけである。

ミッテランがサッチャーのことを、「カリギュラの眼と、マリリン・モンローの口元を持つ」と評したというのは有名な話であるが、それ以外にもミッテランとサッチャーとの間の思わせぶりなやりとりを伝える目撃談がいくつかある。

ハウの回想によれば、欧州首脳会議で共通農業政策に関する議論が深夜まで及び結論に至らなかったとき、ミッテランが先行きを悲観する発言を行った。これに対し、サッチャーは、「今日は大変良い会議でした。問題は解決できませんでしたが、いずれできるでしょう。元気を出しなさい。ムッシュー」と声をかけた。隣にいたハウが会議を紛糾させた張本人の彼女がこうした発言を行ったことに仰天していると、やがてミッテランは、「私は時々、イエスと言っているサッチャー夫人が、ノーと言っているとき以上に魅力的だと感じます」と答えたとされる。[12]

二人のケミストリーが大きな果実を産んだのが英仏海峡トンネルである。

最短部で三十五キロ弱のこの海峡をトンネルで結ぶ構想については、第二次大戦直後から様々な形で検討が行われ、一九六四年には両政府間で共同プロジェクトとしてこの構想を進める旨の原則的な合意も行われたが、財政的手当に関する懸念などから作業は遅々として進まなかった。

サッチャー政権の下でこの構想への関心が再燃したのは、両国の経済界からいくつかのイニシアティブが打ち出されたためで、そのうち一つを推進したのが前章でも紹介したイアン・マクレガーである。マクレガーは、ブリティッシュ・スティールの社長を務める傍ら、「ユーロルート」というコンソーシアムを結成し、従来のトンネルではなく高架橋とその下に併設するチューブで列車と自動車両方の運行を可能とするプロジェクトを提案し、サッチャーを含む関係要路へのロビー活動を活発に展開していた。

こうした中、フランス側においてはミッテランが「ユーロルート」構想に前向きであったのに対し、サッチャーは当初慎重な姿勢をとっていた。彼女の基本的立場は、この構想は民間主導で進めるべきというものであり、プロジェクトの規模が大きいがゆえに、何らかの形で政府保証のお鉢が回ってくることを懸念していた。また、国有鉄道であるブリティッシュ・レールがいずれ民営化の対象となることを考えると、現時点で同社が大きな財政負担を背負い込むことには慎重にならざるを得なかった。さらに、イギリス側の事務当局も経費などの面から、「ユーロルート」構想には懐疑的で海底トンネルの建設を選好していた。

サッチャーがこうした姿勢を一変させる機会となったのが、一九八四年十月と十一月の二回にわたって行われたミッテランとの首脳会談である。これらの会談を通じ、ミッテランの働きかけが奏功したためか、サッチャーは十一月末にパリで行われた晩餐会の後大使公邸に戻ると、「何か興奮できるようなことが動き出すといいわ。私は、鉄道トンネルは要らない。ユーロルートがほしい」と言い出し、周囲を驚かせる。ムーアの公式伝記ではサッチャーの変心を、ミッテランのフランス流の女性へのご機嫌取りに酔わされたためと推理しているが、その可能性は十分あろう(13)。

いずれにしても、この首脳間のやり取りを経て両国を連結するための構想の検討は加速し、一九八六年の一月にはフランスのリールで、最終的に海底トンネルの建設について合意が行われる。ただし、両首脳のお気に入りだった「ユーロルート」構想にも一定の配慮を示すためか、この合意は将来的課題として自動車道路の建設の可能性にも言及しているが、周知のとおりこの部分は今日に至るまで着手されていない。それでも海底トンネルを通じた鉄道輸送の開始は、イギリスと欧州大陸の統合の促進に大きな役割を果たしてきたことは明らかである。

リールにおける式典の翌月、ミッテランはイギリスを再度訪問し、海峡トンネルに関する条約の署名に臨んだ。その際空港から会場となったカンタベリーまで両首脳は同じ車で移動することとなったが、サッチャーの警護官の回想によれば、ミッテランはこの道中ずっと彼女の脚に見とれていたらしい(14)。

国際関係の動きを男女関係の機微で説明しようとするのは、歴史分析の手法としては邪道に近く、違和感を持つ読者もおられるかもしれない。しかし、国家間の関係も結局は人間の営為であり、筆者自身、外交の現場で政治指導者間のケミストリーがその動向に有形、無形の影響を与え得ることを実感してきた。サッチャーとミッテランの関係についてゴシップ気味に詳述したことも筆者の職業的実感のなせる業としてご容赦いただきたい。

一緒に仕事ができる男

冷戦の歴史を振り返ると、一九八〇年代は個性、異端の時代であった。

一九七〇年代はそれまでに東西の衝突を防止するために開発された様々な仕組みを、デタント（緊張緩和）という枠組みの中に封じ込める、そういった時代であった。デタントの主要成果であるヨーロッパ安全保障協力会議（CSCE）最終文書や二次にわたる戦略兵器制限交渉（SALTⅠ、Ⅱ）は、まさにこうした時代精神を象徴する事業である。このアプローチの背景には、東西両体制がお互いの正統性を完全に認めるわけにはいかないものの、現存する対立構造が予見し得る将来にわたって継続することを受け入れた上で、平和的に共存する道を模索しようという考え方がある。

一九八〇年代に起こったことは、基本的にはこうした現状（ステータス・クォー）への挑戦なのであるが、この挑戦を導いたのは大衆でも、政治運動でもなく、一握りの個性的な指導者たちであった。彼らは様々な立場から現状を否定する異端の声を上げ、その言葉は多くの専門家が気づかない間に大衆の間に深く浸透していった。そして、冷戦構造はその終焉を迎えた時、誰もが想像できなかったスピードで自壊する。

冷戦研究で知られるイェール大学のジョン・L・ガディスがこうした異端者として挙げるのは、ローマ法王ヨハネ・パウロ二世、レーガン、ポーランドのレフ・ワレサ、鄧小平、ゴルバチョフ、サッチャーといった面々であり、その中でも、国際関係の表舞台で現状変更の流れを推し進めたのはサッチャー、レーガン、ゴルバチョフの三人である[15]。

もっとも、この三人はいずれも現行の冷戦構造が持続可能ではないという点で認識を共にするのであるが、ゴルバチョフは現状を打破した後の到達点がどうあるべきか、最後まで結論を出すことができなかった。彼がソ連邦崩壊まで共産党員であり続けたのはそのためであり、彼の最大の悲劇もこの点にある。サッチャーとレーガンは冷戦が西側の勝利の下で終結するという確信において全く相違がない一方で、それに至る道のりについては異なる見方を持っていた。

いずれにしても、三人の中で最も早くから「異端者」としての国際的注目を浴びたのはサッチャーであり、一九七六年一月に行ったソ連批判の演説のおかげで「鉄の女」の異名を献上された経緯についてはすでに触れた。

この演説の中で、彼女はソ連が経済・社会面での西側への劣勢を軍事力で埋め合わせ、世界を支配する決意を固めていると断じた上で、CSCEの最終文書がデタントの「幻想」に過ぎないという自分の警告が現実のものとなったと論じる。そして、西側はこうした現実に対処するため防衛努力を強化するばかりでなく、「権利と自由に関する西側の考え方を理性的かつ活発に擁護」する必要があり、社会主義のおかげで没落を余儀なくされているイギリスにおいて、人々を長い眠りから揺り起こす役割を担うのは保守党であると説く。

この演説の後、東西関係はデタントが「幻想」であるというサッチャーの主張を裏付ける形で緊張を深めていく。

米ソ間では難航していたSALTⅡ交渉がようやく妥結し、一九七九年の六月にはカーター大統領とブレジネフ書記長との間で条約の署名が行われたものの、半年後にソ連がアフガニスタンへの軍事介入に踏み切ったため、カーターは強力な対ソ制裁措置に訴えるとともに、SALTⅡの批准作業を中断する。また、一九七七年以降、ソ連が西欧を標的として中距離核ミサイル（SS20）の配備を開始すると、NATO側もこれに対抗してパーシングⅡ型ミサイルと陸上発射型の巡航ミサイルの配備を進める方針を決定する。

さらに、一九八一年一月、レーガンが大統領に就任すると、名実ともにデタントの時代は終焉する。レーガンは一九七〇年代から共産主義を人間性に反する一時的な「逸脱」と断じていたが、大統領就任後間もない五月に行った演説で、「西側は共産主義を封じ込めたりしない。超克していくのだ」と宣言する[16]。政策面ではカーター政権末期に始まった軍備増強努力を加速する一方、欧州への中距離核兵器の対抗配備を推進する。そして、一九八三年三月には、包括的なミサイル防衛システムに立脚する戦略防衛構想（SDI）を発表する。

第一次政権の間、サッチャーの東西関係への取り組みはこうした環境の急激な変化に強いられた状況対応型のものであったと言って良い。この間の最大の課題は、イギリス国内の強い反核感情を乗り越えて、巡航ミサイルの配備を実現することであり、一九八三年の総選挙の一つの目的はこの点に関する国民の信認を得ることにあった。また、米国がソ連のアフガン侵攻に伴ってとった制裁措置のうち、シベリアのパイプライン建設への協力凍結はイギリスを含む欧州の関係企業に深刻な打撃を与える危険を内包しており、この問題の収拾にも相当の時間とエネルギーを要した。

そうした中、一九八三年の総選挙での勝利はサッチャーに対ソ関係の中長期的な将来を考える機会を与える。その一例が同年九月、首相別邸であるチェッカーズで開かれた「勉強会」である。この会では当初外務省の専門家との意見交換が想定されていたが、サッチャーは外部の有識者を交えて、既存の政策にとらわれない徹底的な議論を行うことを求める。[17]「勉強会」での議論を通じ、サッチャーは個人の自由に立脚する西側の体制が究極的には東側に勝利するという確信を新たにするのであるが、その一方で、ソ連内部においてソルジェニーツィンやサハロフといった反体制運動家が存在することに留意しつつ、既存の体制に挑戦する指導者が出現する可能性にも着目する。そして、こうした思索がゴルバチョフへの訪英招請につながっていく。

サッチャーがこの時点でソ連の新しい指導者との対話を模索したことは、一種の長期的な投資であり、短期的な成果を目指したものではなかった。しかし、東西関係を取り巻く当時の環境との兼ね合いでも、このイニシアティブは重要な意味を持っていた。と言うのも、「デタント」時代の予見可能性を失った東西関係は、目に見える以上に不安定な状態にあったからだ。

こうした不安定性はレーガンやサッチャーの攻撃的な姿勢に刺激された面はあるものの、より大きな問題はソ連の体制に内在していた。

まず、積年の課題である計画経済の不振は、一九七〇年代においては石油危機後の原油価格急騰のおかげで財政収入が増大したこともあって表面化することはなかったが、一九八〇年代に入り原油価格が反落すると体制を圧迫し始める。その一方で、一九七〇年代の後半に至り、ブレジネフの健康状態が悪化するに伴い、体制内部で限られた資源を最適配分するための意思決定システムが機能不全に陥り、無分別な軍備拡大やアフガニスタンを含む対外的な冒険主義といった致命的な判断ミスにつながっていく。そして、こうした不安定な内部事情は西側の意図と行動に対する疑心暗鬼を助長し、東西関係の運営にも危険な兆候が現れ始める。

その一例がチェッカーズでの「勉強会」の直前に起こった大韓航空機の撃墜事件である。この事件では、シベリアのソ連領空に迷い込んだ民間航空機を西側の攻撃と誤認した軍指導部が撃墜を指示し、アメリカの下院議員を含む二六九名の乗客の命が失われた。

また、当時は公表されなかったものの、潜在的には大韓航空機撃墜事件より深刻な事態を招きかねなかったのが、同年十一月に行われたＮＡＴＯの軍事演習「エーブル・アーチャー」を巡る危機である。

当時のアンドロポフ政権は西側がこの演習を隠れ蓑にソ連への核攻撃を計画しているという妄想にとらわれた結果、自らの戦略軍を高度警戒態勢におき、事態は一触即発の状況に至る。西側がこうしたソ連の誤解に気づき、衝突が回避されたのは、当時ロンドンのソ連大使館に勤務していた二重スパイ、オレグ・ゴルディエフスキーによる報告のおかげだったが、この事件は東西関係にキューバ危機以来最も切迫した危険をもたらしたとされる[18]。

「エーブル・アーチャー」事件の一つの帰結は米国政府がソ連指導部との対話の必要性について認識を新たにしたことで、一九八四年十二月にゴルバチョフがイギリスを訪問することが正式に決定すると、この訪問は近い将来に予見される米ソ間の対話の予行演習としての意味をも持つこととなる。

当時「第二書記」の地位にあったゴルバチョフがライサ夫人を伴って、チェッカーズを訪れたのはクリスマスを一週間後に控えた十二月十六日、日曜日の昼時である。[19] 会談の前半は、デニスとライサ夫人を含む全参加者が出席するワーキング・ランチで、この場では市場経済と計画経済の得失を巡り、白熱した議論が展開される。

当時は炭鉱ストライキの真最中で、ソ連のNUMへの資金援助の実態が明るみに出たばかりの時期であった。このためサッチャーの共産主義批判も一段とボルテージがあがり、「(共産主義は)暴力をもって主張を通すことと同義である」といった激しい言葉を浴びせる。このような外交儀礼を無視した攻撃に対し、ゴルバチョフも強硬に反論し、一時は視線を合わせたライサ夫人が「議論はもうおしまい」と唇を動かし、彼自身も席を立つべきか真剣に考えるような状況であった。

一方、サッチャー自身は議論が進むにつれ、準備された発言メモに目を落とすことなく、身振り、手振りでエネルギッシュに持論を展開するゴルバチョフに親近感を感じ始める。彼女は、その年の二月、アンドロポフ書記長の葬儀のためモスクワを訪問した際、後継のコンスタンチン・チェルネンコと会談しているが、その当時から七十二歳の老指導者の政権が短命に終わることを予感していた。ゴルバチョフの主張は本質的にはマルクス・レーニン主義の原則論から逸脱してはいないのであるが、彼の若々しい立居振る舞いは変化の兆しを感じさせた。

逆にゴルバチョフの立場からも、サッチャーとの会談は重要であった。彼女がレーガンに最も近しい西側の指導者であることは周知の事実であり、チェッカーズでの会談は年明けにも再開される米ソ間の対話の前哨戦としての意味合いを持っていた。さらに、ゴルバチョフ自身にとっても、西側の代表的な指導者であるサッチャーと対等にわたりあうことは、チェルネンコの後継者としての立場を強化する上で重要な意義を持っていた。

実際のところ、ソ連側はこの会談に向けて相当周到な準備を行った様子が窺え、前述のゴルディエフスキーもKGB本部から会談に臨むイギリス側の立場について報告を求められた。本人の談によると、報告の作成に行き詰まったゴルディエフスキーはイギリスの情報機関に代筆を依頼し何とか宿題を提出するが、この報告の出来があまりにも良過ぎたために、本国の疑いを招き、二重スパイとしての本性を見破られるきっかけとなったらしい[20]。

ゴルバチョフと握手するサッチャー（1985年）

いずれにしても、ワーキング・ランチが終わり、少人数会合に移る頃には感情的な議論は収まり、戦略問題に関するビジネスライクな議論に移行する。ここでの争点はレーガン政権の核政策であり、ゴルバチョフは核兵器の脅威を特集したニューヨーク・タイムズ紙を示しつつ、米側の対ソ強硬策への批判を展開する。これに対し、サッチャーはレーガンの核軍縮への思いが純粋なものであることを強調するとともに、米とイギリスの間にくさびを打ち込もうとするソ連側の目論見に強い警告を発する。

その一方で、彼女はレーガンがＳＤＩの究極的な目標を核兵器の廃絶においていることへの異論を述べつつ、ＳＤＩが研究段階から武器化の段階に移った暁に、グローバルな戦略的安定性に与え得る影響について懸念を述べる。彼女がゴルバチョフを前にレーガンとの見解の相違を敢えて明らかにした意図については定かではない。ただし、後述のとおり、彼女のＳＤＩに対する懸念は真剣なものであり、近々再開される米ソ間の戦略対話の中で、この構想に関する議論を現実的な軌道に軟着陸させることを期待しての発言であったように思える。

いずれにしても、チェッカーズでの会談は終了予定時間を大幅に上回り、双方が満足する形で終わる。サッチャーがゴルバチョフを「一緒に仕事ができる男」と述べたことは、ソ連の指導者に対する評価としては最高の賛辞であり、彼の名前はこのキャッチフレーズとともに一躍世に轟くこととなる。また、長時間の熱のこもった議論の結果、二人の間には良好なケミストリーが生まれ、この関係はその後も続いていく。

とは言え、翌一九八五年、ゴルバチョフが書記長に就任し、レーガンとの間で直接対話のプロセスが始まると、東西間の戦略的な議論におけるサッチャーの役割は徐々に周辺的なものとなっていく。そして、一九八〇年代の末期に至り、東欧の民主化運動がソ連国内に飛び火すると、ゴルバチョフ自身が指導者としての当事者能力を失っていく。サッチャーが最後にゴルバチョフの協力を真剣に求めたのは、ドイツの再統一を阻止するためであったが、その時までには彼にはこうした期待に応えるだけの力は残されていなかった。

レーガンとの政治的結婚

二〇〇七年にサッチャーとレーガンの関係に関する評伝を上梓したニコラス・ワプショットは、その本に「政治的な結婚（A Political Marriage）」という副題をつけた（邦訳は『レーガンとサッチャー：新自由主義のリーダーシップ』）。二人の間には通常の協力関係を越えた真の「魂の結婚（a true marriage of minds）」が存在したという見方である[21]。

確かに二人の関係は「特別な関係」と呼ばれる米英間の交流の歴史を振り返っても、前後に例を見ないものであることは間違いない。あえて前例を求めるとすれば、第二次大戦中のチャーチルとルーズベルトの関係が想起されるが、この関係は米国の支援なしにはイギリスの国家としての存続が危ぶまれるという危機的な状況の中で生まれたもので、チャーチルという千両役者の大芝居をもってしても、その非対称性を完全に覆い隠すことはできなかった。

レーガンと談笑するサッチャー

レーガンとサッチャーの関係にも、当然両国の国際的地位や国力の違いは投影されていたが、二人のコミュニケーションはおおむね対等な基盤に立っていた。前述のとおり、二人の電話などでのやり取りを見ると、通常攻勢に出ているのはサッチャーの方であり、レーガンの方は年上の亭主が女房の小言を鷹揚に聞き流す風情で、そうした意味でも二人の関係を結婚にたとえることは当を得ている。

サッチャーとレーガンがこのような親密な関係を築けた理由は何か。その答えを探るためには、二人の間の共通点と相違点の双方を見ていく必要がある。

まず指摘すべきは、この二人がそれぞれの国内、ひいては国際社会全体において個人の自由の回復を目指すという強い政治的使命感を共有していたことで、二人が最初の出会いから意気投合したのもこのことに負うところが大きい。

同時に、二人がともに政治的なアウトサイダーの立場からこうした使命を追求したことの意味も大きい。B級俳優からホワイトハウスの主へと、ハリウッド映画さながらの出世を果たしたレーガンと、地方の食料品店の娘から史上初めての女性首相としてダウニング街十番地に入ったサッチャーは、それまでの、そしてこれからの政治的道のりの厳しさについて強い共感を抱いていた。それは過酷な旅を共にすることで芽生える友情に似たものであったと言えよう。

その一方で、二人の性格は対極をなすと言ってもおかしくないほど異なっていた。

レーガンは天性の楽観主義者で、複雑な問題の向こう側に大きな図柄を見抜く特殊な能力を持っていた。政府部内では、細部は部下に任せる「大きな筆遣い」のリーダーシップに徹する一方で、自らは俳優時代に鍛えたコミュニケーション能力を遺憾なく発揮して、国民世論の形成に類まれな才能を示した。

一方、サッチャーは政治の実際においては徹底した現実主義者で、戦略的な思考は彼女の強みとは言えなかった。リーダーシップのスタイルも、政策決定のプロセスの隅々まで目を光らせながら自らが先頭に立つタイプで、レーガンのそれとは対照的である。また、コミュニケーションのスタイルは、理詰め、かつ戦闘的で、メッセージを伝えるという効果においてはレーガンにそうそう劣ることはなかった。ただ、このスタイルは、聴衆の間に共感ばかりでなく、反感をも生む危険をはらんでおり、レーガンのように万人を引き込むような包容力は欠いていた。

このように性格が異なる二人が親密な関係を発展させることができたのは、まさに人間関係の機微としか言いようがない。前述のとおり、サッチャーから見ると、年上で包容力のあるレーガンはまさに好みの男性のタイプであったことは疑いない。ただ、レーガンとの関係は単にこうした嗜好の次元で説明できるものではなく、より深い敬愛の念に根ざしていたはずである。そして、こうした感情はレーガンという政治家に自らが持たない類いまれな資質を見いだすことで深まっていったように思える。

一方、レーガンのサッチャーに対する態度は昔気質の米国男性によく見られた女性に対する謙譲の精神に性格づけられた面が多分にある。ただ、それが弱者をいたわる騎士道的なものに終わらなかったのは、彼女の勇気や知的正直さに強い感銘を覚えていたためであろう。レーガンがかつて活躍した西部劇でも、主人公のガンマンが勝ち気な女性に惹かれていくといった筋書きが数多く見られたが、まさにそれを地で行くような関係と言うべきか。

サッチャーのレーガンへの友情が最も温かい形で現れたのが一九八七年七月の訪米である。レーガン政権は前年に発覚した「イラン・コントラ」スキャンダル（米政府の関係者が秘密裡にイランに売却した武器の代金をニカラグアの反政府ゲリラ「コントラ」に供与していた事件）のために大揺れの状況にあり、サッチャーがワシントンを訪れたころには事件の中心人物であったオリバー・ノース海兵隊中佐の議会での聴聞が大きな注目を集めていた。

こうした背景のもと、アメリカのメディアからはサッチャーに対して事件がレーガンの国際的地位に与える影響について執拗な質問が行われたが、彼女は大統領擁護のため積極的な論陣を張る。
「あなたがたメディアはなんでそんなに悲観的な見方をするの。元気をお出しなさいよ。アメリカは、偉大な大統領、偉大な人民、偉大な未来に恵まれた強力な国ですよ。」[22]

CBSのインタビューで「イラン・コントラ事件」で心を痛めているのではと、問われたとき彼女はこう答えたが、レーガンはこのような友情の表れに深く感じ入ったとされる。

とは言え、こうした二人の仲であっても、互いの国益がぶつかり合う場面では厳しい対立もあった。その典型は一九八三年十月の米国によるグレナダ侵攻をめぐる経緯である。[23]

グレナダはカリブ海に浮かぶ小さな島国で、一九七四年にイギリスから独立した後も英連邦に留まり、エリザベス女王を元首として戴いていた。ところが、一九七九年にモーリス・ビショップが率いる共産主義クーデターが成功すると、米国政府は自らの喉元にキューバに続く新たな東側の拠点が生まれたことに懸念を深める。

そうした中で、一九八三年十月、グレナダ政府内部の権力闘争からビショップ政権が転覆すると政情不安が一気に高まり、現地に滞在する米国人の安全が危ぶまれる状況に至る。同時に米国政府内部ではこの危機に乗じて現地に介入し、共産主義政権を一気に打倒すべしという意見が強まり、レーガンの了承を得て軍事作戦の準備に着手する。

おりから、域内国をメンバーとする地域機関、東カリブ海諸国機構（OECS）から米国政府に対し軍事的な支援要請が行われ、侵攻作戦のお膳立てが整う。実はこの要請に先立ち、ジョージ・シュルツ国務長官からドミニカの首相に対して米軍の支援を求める方向でOESC内部の意見を集約することを促す内々の依頼が行われており、要請は一種の「出来レース」であったと言ってよい。

米政府にとって介入に当たっての一つの問題点はグレナダが英連邦の一員であることで、外交儀礼上はイギリス政府の事前の了解を得ることが必須であった。その一方で、米政府関係者は、サッチャーが他国の主権を侵害して、軍隊を送り込むことに原則的な異論を有していることを察知しており、彼女への通報はできる限り遅らせることが望ましいということで意見の一致があった。

その後、米政府内部で具体的にどのような手続きが取られたかについて正確な事実は明らかになっていないが、実際に行われた「通報」の経緯はサッチャーにとって極めて不本意なものとなった。

すなわち、サッチャーがレーガンによる第一回目のメッセージを受け取ったのは、十月二十四日の午後遅くで、その内容はOESCからの支援要請にどう答えるべきか彼女の意見を求めるものであった。米側の予想通り、サッチャーは介入に反対の立場で、直ちにこうした立場を説明する返書の作成を指示したものの、その日の夜遅く、返書の発出が間に合わないまま、OECSの要請に肯定的に答えることを決定した旨の二回目の大統領メッセージが届く。

米側の「通報」がサッチャーの反応を事実上排除する段取りで行われた理由について、その後米政府関係者は軍事作戦につきものの秘密保全の必要性などをあげて釈明に努めたが、様々な状況証拠を吟味すると、レーガンやシュルツといった政府首脳も了承した上での意図的な欺瞞であった可能性が高い。

　このことは、詰まるところ真の国益がからむ場合には、首脳間の友情を犠牲とすることも止むを得ないという国際政治の現実を示すものと言えるのであるが、本当にそうであるならば、なぜ第一回目のメッセージで軍事介入を決定したと一方的に通告しなかったのか疑問が残る。この点、興味深いのはグレナダ侵攻のしばらく後、イギリスの下院議員との面会の際、なぜサッチャーに通報しなかったのか、しつこく問い詰められたレーガンが、「彼女にノーと言わせたくなかったから」と答えたという伝聞である。[24]「ノーと言わせたくなかった」という思いが事実であったとすれば、サッチャーとの友情を壊したくなかったためと見ることも可能であるが、一方的な通告に彼女が反論してきた際に、レーガンには説得する自信がなかったという解釈も可能であり、筆者にはこの可能性の方が高いように思える。

　いずれにしても、グレナダ侵攻をめぐる米国政府の対応はサッチャーの激しい怒りを招く。その背景には、米国の行動がグレナダの元首である女王の立場を損なうものであることや、他国の領土の侵害に対する原則的反対の立場から、彼女が侵攻そのものに消極的であったことに加え、「通報」をめぐる米側の不手際が内政的にも当惑すべき事態を招いたという事情がある。

　すなわち、この時期、イギリス国内では、米国の巡航ミサイルの導入の是非をめぐり、配備された核兵器の使用についてイギリス政府が協議に与る立場にあるか否かが争点として議論されていたところ、グレナダ侵攻について協議可能なタイミングでの「通報」がなかったことは、この点に関する政府の立場に打撃を与えることとなった。特に、侵攻の直前の議会審議でハウ外相が米国による介入の可能性について否定的な答弁を行っていたため、米国との意思疎通の不備がことさらに強調される結果となった。

さらに、サッチャーは今回の不手際が信頼すべき友人と考えていたレーガンの了解のもとで意図的に行われたと見られることに大きな衝撃を受けた。通報問題については、イギリス政府の激しい抗議を受け、レーガン自身が彼女に釈明の電話を入れたことで一旦は沈静化するかと思われたが、その後彼女はBBCラジオのインタビューで、再び米国の行動を厳しく批判する発言を行う。サッチャーが米国政府との関係でこれほどまでに恨みがましい態度をとり続けるのは珍しいことであり、彼女が受けた感情的な傷の深さを物語っている。

結局のところ、彼女がグレナダ侵攻から学んだ教訓は、米国は自らの国益追求のために必要とあらば、同盟国の意向を無視することも厭わないということである。一九八六年に米国がリビアによるテロ活動への懲罰的な空爆作戦を行った際の対応を見ると、彼女がこの教訓から学んだことがわかる。

この作戦では、米国はリビアに向かう爆撃機をイギリスの基地から出撃させることについて、サッチャーの事前の了解を求めてきた。彼女は、懲罰的な爆撃の国際法との整合性に懐疑的で、かつ、閣内でも反対論が強かったため、了解を与えることに相当躊躇したが、最終的にはこれに同意する。たとえ了解を与えなくとも、米国がやるべきと考えることをやるのは明らかであり、反対して米側の恨みを買うよりは賛成して感謝された方がよいという判断である。結果的に、爆撃機の領空通過を拒否したフランスやスペインとは対照的に、米政府内部のサッチャー株が一段と上昇したところを見ると、英米関係の円滑な運営という観点に限って言えば、彼女の判断は正しかったと言えよう。

冷戦における勝利

西側が冷戦に勝利するに当たってサッチャーが果たした役割をどう評価するか。

サッチャー自身は（彼女にしては珍しく）この点について極めて謙虚で、回想録においても西側の最大の功労者としてレーガンをあげる一方、欧州における特筆すべき指導者としてシュミット、コール、ミッテランに言及し、自らについては、「謙虚さのためにあえて申し上げない」とだけ述べている(25)。

すでに指摘したとおり、サッチャーはゴルバチョフとの初期の接触以降、東西対話の主役をレーガンに譲り脇役に甘んじることとなった。特に、レーガン退陣後、ブッシュ新政権が欧州の主要なパートナーをイギリスからドイツに切り替え、欧州統合にも積極的な姿勢に転じたことから、彼女の影響力は一層の陰りを示すこととなる。さらに、サッチャーがドイツの再統合に最後まで敵対的な姿勢を示し続けたことは、国際社会における彼女のクレディビリティを傷つける結果となった。

しかしながら、サッチャーがレーガンに与えた有形、無形の支援は、彼が西側のリーダーとしての役割を果たす上で枢要な意味を持っており、この点を過小評価すべきではない。実際のところ、筆者から見ると、「夫唱婦随」であったか、「婦唱夫随」であったかはさておき、二人の特別な関係がなければ冷戦の勝利は覚束なかったと言っても過言ではないように思える。

今となっては忘れがちであるが、少なくとも就任から二、三年の間、レーガンは役者上がりの素人政治家で、州知事としてはともかく国政の舵取りをするための知性と能力に欠けると見る向きが多かった。経済面での看板政策である「レーガノミックス」にしても、副大統領になる前のジョージ・ブッシュ（父）からは、「ヴードゥー・エコノミックス（voodoo economics）」と一種の黒魔術にたとえられ、SDIも当初は「スター・ウォーズ」と揶揄された。

そうした中で、サッチャーが同志の保守政治家として与えた支援はレーガンにとって大きな心の支えであったはずである。特に、外交面においては、G7やNATOの首脳会議の場を含め、サッチャーが提供した助言や支援は、レーガンが対ソ強硬派の異端の政治家から西側のリーダーに成長していく上で大きな意味を持った。政策の実質面でも、レーガンの打ち出したイニシアティブのいくつかは、彼女の支持や協力がなければクレディビリティを欠くものとして終わった可能性がある。その一つの典型がSDIである。

もともとSDIは核兵器に強い嫌悪感を抱くレーガンの「道徳的聖戦」として始まった。核兵器を人道に反する武器とみなす彼は、国際社会の安全が核抑止によって支えられている現状を不満に思い、それを乗り越える方策を模索していた。SDIは包括的なミサイル防衛システムを構築することによって、「核兵器を無力で、時代遅れなものとする」ことを目指すものであり、実用化の暁にはシステムを支える技術を東側とも共有することが想定されていた。

これに対し、サッチャーは核兵器について一旦発明された（invent）ものは元に戻す（dis-invent）ことはできないという現実的な立場をとっており、レーガンがSDIの究極的目的として掲げる核兵器の廃絶や核抑止政策の放棄には真っ向から反対の立場であった。また、SDIの当面の戦略的意味合いについても、このシステムの開発に伴い、弾道弾迎撃ミサイル制限条約（いわゆる

ＡＢＭ条約）との整合性の問題が生じ、米ソ間の戦略的安定性が損なわれかねないことへの懸念があった。それ以外にも計画の中でイギリスの持つ自主的な抑止力がどう扱われるか、米国の「核離れ」が進む場合にソ連に対して通常兵器の面で圧倒的な劣勢に立つ西欧の安全保障がどのような影響を受けるかなど、彼女の立場からないがしろにはできない疑問が多々あった。

その一方で、サッチャーはレーガンがこの計画に抱く強い思い入れを十分に理解しており、また、巨額の開発計画の中でイギリス企業が享受し得る利益にも無視しがたいものがあった。そして、何よりも彼女はチェッカーズでの会談におけるゴルバチョフの反応などから、ＳＤＩの開発がソ連に大きな心理的な圧力をかける有効な手段であることを実感していた。

そこで彼女が試みたことは、ＳＤＩを西側全体として支持し得る現実的なレールに乗せることであった。ゴルバチョフとの会談の直後の一九八四年十二月末、キャンプ・デーヴィッドの首脳会談に際して発出されたプレス・コミュニケはそうした努力の一つの果実である(26)。このコミュニケでは、ＳＤＩの研究はＡＢＭ条約の下でも許容されるとする一方で、システムの配備はソ連との交渉の対象であることや、計画の目的が抑止を阻害することではなく、強化することにあることが確認され、イギリスのみならず、西欧諸国全体に一定の安心感を与える効果を持った。ＳＤＩをめぐり米欧を分断しようとするソ連の目論見をくじく観点からも、サッチャーのこうした努力は高く評価されて良い。

もっとも、サッチャーの度重なる助言にもかかわらず、レーガンの核廃絶に対する思いは簡単には収まらず、ゴルバチョフとの直接交渉が本格化する中でかえって深まっていく。そして、一九八六年十月、アイスランドの首都レイキャビクで行われた米ソ首脳会談に際し、軍縮・軍備管理の将来に関して交渉を行う過程で、レーガンは同盟国と全く協議もないままにイギリス、フランスの自主的な抑止力を含めたすべての核兵器の全廃に言及する。結局この交渉はゴルバチョフがＳＤＩに関する譲歩を拒否したため物別れに終わるが、彼がこのような過激な提案を行ったことを事後に知ったサッチャーは深い衝撃を受ける。

「政治的に自分の足元で大地が揺れるように感じた唯一の時は、（中略）彼ら（レーガンとゴルバチョフ）がすべての核兵器を放棄することに合意したかのように見えた時でした。[27]」

一九九〇年一月、サッチャーはあるインタビューでこのように述べているが、その後の回想録でも「足元の地震」と同様の表現を使っているところを見ると、衝撃の大きさが窺える。[28]

それでも彼女はレイキャビクにおけるレーガンのパフォーマンス自体について、少なくとも対外的には肯定的な評価を行うことに徹し、回想録でも「レーガン大統領が、核のない世界という夢をうわべだけ実現させる代償としてＳＤＩをあきらめることを拒否したことは、共産主義への勝利において枢要であった」と礼賛している。[29] しかし、これはいわゆる「武士の情け」の類で、その裏には相当の不信感があったことは間違いない。

いずれにしても、レイキャビクの一件の後レーガンのもとに駆けつけ、事態の収拾に当たったのはまたもやサッチャーであり、首脳会談後のプレス発表やその後のＮＡＴＯにおける政策文書を通じ、西側の連帯が再確認されたのは、彼女の貢献によるところが大きい。

レーガンの女房役としての役割以外に、サッチャーが冷戦の終結に向けて行った貢献で特筆すべきは、自由主義の象徴（イコン）として東側の民衆に希望と勇気を与えたことである。

一九八四年二月にハンガリーを訪問したのを皮切りに、彼女は可能な限り機会をとらえて東側諸国を訪問することに努めた。そして、各訪問国においては反体制派を含めた幅広い国民との接触を追求し、自由主義の福音を伝えようとした。

こうした努力の中で特に重要だったのは、一九八七年春のソ連訪問と翌八八年十一月のポーランド訪問である。

前者のソ連訪問に当たっては、ゴルバチョフが国内での訪問先について寛容な姿勢をとったおかげで、ロシア正教会やモスクワ郊外の住宅地への視察が認められたほか、反体制派の科学者であるサハロフとの昼食や、「リフューズニク」と呼ばれたユダヤ系ロシア人の反体制派グループとの朝食が設定されるなど、前例のない待遇を受けた。

訪問行事のハイライトは地元テレビ局によるインタビューで、サッチャーは質問に答える形で西側の核政策について説明を行うとともに、ソ連が世界最大の核兵器保有国であることや、短・中距離核ミサイルの配備で西側に先行していることなどを指摘する。このインタビューは編集されることなく地元テレビで放映され、ソ連の国民世論に少なからぬ影響を与えたと言う。

翌年のポーランド訪問に際しても、サッチャーはワルシャワで反体制派との会合を行うとともに、自主独立労組「連帯」の本拠地であるグダンスクを訪問する。

「連帯」は、一九八〇年に始まったポーランド民主化運動の中心的担い手で、一九八一年の戒厳令公布を契機とする政府側の激しい弾圧を耐え抜き、サッチャーが訪問する前年の一九八七年八月には国内民主化のための円卓会議を開催することについて政府側の同意を取り付けていた。

サッチャーの乗る船がグダンスクに到着した際には、立錐の余地もなく集まった労働者が手を振り、歓声をあげて彼女を迎えた。彼女は回想録でその時の経験を「信じがたいもの」と形容している。[30]「連帯」の指導者であったレフ・ワレサは、イギリス国内で労働組合と対決しているサッチャーが「連帯」をどのように受け止めるか一抹の不安を抱いていたが、会談を通じ彼女がイデオロギーの相違を超えて人間の尊厳と民主主義に敬意を抱いていることを感じたと回想している。[31]

「連帯」関係者との昼食後、サッチャーはワレサたちとともに近くの教会を訪れる。彼女とワレサが教会に入ると、埋め尽くした人々が立ち上がり、「連帯」の賛歌である「神よ、自由なポーランドを返し給え」を合唱し始める。その時、彼女は涙を抑えることができなかったと言う。[32]

ワレサと握手するサッチャー

一九八〇年代、サッチャーとともに国際政治の激動を経験した指導者のほとんどは鬼籍に入り、今やその当時のことを語れるのはゴルバチョフとワレサくらいになってしまった。

冷戦終結のため手を携えて戦ったレーガンとサッチャーがそれぞれ晩年記憶障害を患ったことは、老化現象のなせることとは言え、残酷なことであった。

レーガンは大統領退任後間もない一九九二年にアルツハイマー病と診断され、一九九四年十一月に国民への手紙の形で病状を公表する。サッチャーの記憶障害は二〇〇〇年頃から始まり、前述のとおり、二〇〇八年に娘のキャロルが著書の中で明らかにする。

二〇〇四年六月、レーガンが死去した際、サッチャーは脳卒中を何回か経験した後で、医者からは海外への旅行を止められていたものの無理を押して葬儀に参列する。そして、当時の健康状態から弔辞を読むことに自信がなかった彼女は、事前に収録したビデオ録画を放映する形で惜別の辞を披露する。

「我々は依然として薄明かりの中で動き回っています。しかし、我々はロナルド・レーガンが決して手にすることがなかったかがり火によって導かれています。我々は彼が示した模範によって導かれるのです。今日はすべての神の子のために、かくも多くのことをなしとげた人生に感謝を捧げることにしましょう(33)。」

サッチャーはレーガンへの弔辞をこのように締めくくっているが、「薄明かりの中（in twilight）」という言葉に、彼女の人生の黄昏を重ね合わせると、この一節の意味はなおさらに重い。しかし、彼女の言う「かがり火」を灯すのに、自分自身が果たした役割を振り返るとき、彼女の心は自負と誇りで満たされていたと考えたい。

第七章　欧州の桎梏

一九八六年は、サッチャーにとって十一年余り続く政権の分岐点に当たる。

一九八三年六月の総選挙に大勝した後、彼女は強い政治基盤を足場に内外の政策課題に精力的に取り組んで行く。

国内においてはサッチャリズムの実践に向けた努力が本格化し、一九八四年十一月にはブリティッシュ・テレコムの株式売却が発表される。同年三月からは炭鉱ストライキが始まり、一年にわたり続いたNUMとの戦いは彼女の完勝に終わる。

外交面では、一九八四年六月のフォンテーヌブロー欧州理事会で積年の課題であった欧州共同体への拠出金問題に決着をみるとともに、同年末には中国との香港返還交渉が妥結する。東西関係の文脈では、レーガンとの密接な連携のもと対ソ戦略の策定に主導的な役割を果たす一方で、一九八四年末のゴルバチョフの訪問招請は国際的な注目を集める。

このような経緯を経て、一九八六年に入った段階で保守党内部ではサッチャーの下で次期総選挙を闘うことについては、大方のコンセンサスが存在したと言って良い。フォークランド戦争と炭鉱ストライキという二つの闘いに勝利したことで、彼女のリーダーシップに対する国民的支持は盤石に見えた。また、第一次政権の荒療治で不振にあえいだ国内経済も回復基調に乗り始め、公共住宅の売却や国営企業の民営化などを通じ中長期的な展望には明るさも見え始める。

そして何よりも、党内にはサッチャーにとって代われるような実力と国民的なアピールを備えた政治家は見当たらなかった。実際のところ、一九八六年の半ばを過ぎると党内では次期総選挙に向けた戦略を検討するための作業が開始され、サッチャー長期政権に向けた流れは不可逆的のように見えた。

しかしながら、実際には、一九八六年早々にはサッチャーが次期政権の半ばで退陣する前兆となる出来事が二つ起きている。一つは前年末から燻りながら年明け早々に火を噴く、ウェストランド事件であり、もう一つは、二月にルクセンブルクで開かれた欧州理事会における単一欧州議定書への署名である。

これらの二つの事案は一見無関係に見えて実は重要なつながりが存在している。過去何世紀にもわたりイギリスの為政者を悩ませてきた欧州の桎梏である。そして、サッチャーのリーダーシップに係わる問題がこの難問に絡むことで、彼女の退陣に向けた流れが形作られていく。

欧州という断層

イギリスの政治には、党派を越えて政治を分断する断層帯がいくつか存在する。古くは北アイルランド問題がそうであり、戦後において最も深い断層を形成しているのが欧州問題である。欧州問題の包括的な分析を行うには本稿の紙幅は短すぎる。しかし、この問題の根底に国民レベルでの本能的とも言える欧州への不信が存在することは指摘できる。

歴史的に見ると、こうした不信感の背景にはカトリックへの警戒感がある。ヘンリー八世がイングランド国教会をローマのカトリック教会から離脱させたのは、十六世紀前半のことであるが、その後教派的な対立を背景として大陸諸国と何度も戦を交えたこともあって、この宗教的な亀裂はイギリス人の精神文化に日本人が想像する以上に深く、かつ持続的な影響を与えている。例えば、サッチャーの育ったころのグランサムでは、質実剛健を旨とするメソジストにとってカトリックの「放埒さ」は戒めの対象であって、女の子がリボンのついた可愛い服で教会に出かけると、古手の信者から「（カトリック教の総本山である）ローマへの第一歩」という小言をもらうような空気があった[1]。宗教の問題は別にしても、平均的なイギリス人の欧州に対する文化的偏見には根強いものがあり、一九八〇年代、筆者の最初のイギリス勤務の時代には、パブでの会話ではフランス人は「蛙（frog）」、ドイツ人は「野蛮人（hun）」と呼ぶのが普通であった。

イギリスが長い歴史の中で堅持してきた大陸への不介入政策は、ある意味でこうした文化的伝統の戦略的な表現であり、十九世紀のイギリス外交の標語ともなった「光栄ある孤立（splendid isolation）」もその延長線上にある。こうした政策の大きな狙いはイギリス独自の政治文化を大陸の影響から守ることにあり、欧州に強大国が出現し、この目的が脅かされる場合には、積極的な介入策が試みられる。裏を返せば、大陸において覇権国家の出現を許さないというのがイギリスの伝統的な国是であり、第一次、第二次世界大戦への参戦はまさにこうした戦略的視点に立った決断であった。

第二次世界大戦は欧州への介入がいかに深刻なコストを伴うかを改めて示す結果となったが、

東西冷戦対立の顕在化と大英帝国の解体という戦略環境の劇的な変化を受け、イギリスにとっての欧州の位置づけも大きく変化することとなる。

戦後欧州に関する戦略的議論の先鞭をつけたのはウィンストン・チャーチルであり、終戦の翌年には仏独の和解に基づく「欧州合衆国（United States of Europe）」の建設を呼びかける。チャーチルのビジョンは、戦後の国際社会が英連邦、米国、統一された欧州（西欧）、ソ連・東欧の四つのブロックから構成されることを想定し、米国、西欧のそれぞれと特別の紐帯を持つイギリスが国際社会の主導的地位を堅持していくというものであった。

このビジョンの下では、イギリスと欧州の関係は、「共にはあるが、一部ではない（with Europe but not of it）」と性格づけられ、イギリスが欧州統合の実際の枠組みに直接参画することは忌避される。[2] 例えば、一九五〇年代初め欧州の軍事協力に西独を組み入れる枠組みとして欧州防衛共同体（ＥＤＣ）が結成された際、時の外相アンソニー・イーデンが関係国のコンセンサスづくりに奔走する一方で、共同体そのものには参加はせず、むしろ外部から軍事的保障を与える形をとったこともこの基本姿勢の現れである。

しかしながら、こうしたチャーチルのビジョンも戦後の国際情勢の変化の中で徐々に妥当性を失っていく。そこには大きく言って三つの要因がある。

第一に、大英帝国の解体が進むにつれ、旧植民地の緩やかな連合体である英連邦が国際社会におけるイギリスの影響力を保証するほどの実体も、実力も持たないことが明らかになった。

第二に、先述のとおり、一九五六年のスエズ危機は米国との「特別な関係」に対する信仰に水をさし、対米関係に外交の基軸をおく従来の立場の見直しを迫った。

第三に、大陸欧州が戦後の復興需要に後押しされて旺盛な経済成長を遂げる一方で、イギリス経済は伸び悩みを示し、双方の経済成長の格差が鮮明になる。さらに一九五八年に欧州経済共同体（ＥＥＣ）が創設されると、イギリスが欧州の経済的繁栄から疎外されつつあるという懸念が深まる。

一九六〇年代に至り、保守党政権を率いるハロルド・マクミラン首相がＥＥＣへの加盟申請に舵を切るのはこうした要因を考慮した結果である。ただ、その際の地政学的な認識はまだ伝統的な戦略観の残滓を留めている。例えば、マクミランは一九六一年四月の閣議で、フランスを盟主とする欧州経済共同体は米国との協力関係（大西洋共同体）に悪しき影響を与え得るので、イギリスがＥＥＣに加盟することは、仏、ないしは独が大陸で過度に支配的な立場に立つことを妨げることに役立つと述べている(3)。

これに対し、ド・ゴール仏大統領は一九六三年一月、イギリスのＥＥＣ加盟申請に拒否権を行使した際、大陸諸国から見たイギリスの異質性を指摘すると同時に、同国がＥＥＣに加盟した暁には、欧州共同体が米国主導の大西洋共同体に呑み込まれる危険に注意を喚起したが、前述のマクミランの思惑を考えれば、こうした見方を一概に被害妄想と片付けるわけにはいかない(4)。

第三章で論じたように、イギリスの政治指導層に真の意味での欧州主義者が登場するのはエドワード・ヒース以降のことであり、彼の内閣でようやくＥＣ加盟が実現する運びとなったことは決して偶然ではない。一方において、ＥＣ加盟に対するイーノック・パウエルの「叛乱」は政治運動としての「欧州懐疑主義（Euroscepticism）」の萌芽とも言えるものであり、欧州政策をめぐる保守党内の対立はやがて大きな亀裂に発展していく。

「私のお金を返して」

サッチャー自身の対欧観はおそらくは政権に就くまではそれほど洗練されたものではなかった。彼女が戦前世代に特有の欧州に対する偏見を持っていたことは、前章で述べたとおりであり、また、彼女を地政学的に色分けすれば、対米関係を最重視する「大西洋主義者」であったことは間違いない。一方で、彼女がヒース内閣の一員としてECへの加盟を支持したのは、それがイギリスの経済的利害に合致するという当時の見方を受け入れた結果であり、対欧関係深化の政治的意味合いを熟考した形跡は見当たらない。

首相就任後も彼女の対欧観の基本的な枠組みは大きく変わることはなかったが、それでも彼女が取り組む内外の課題との兼ね合いで、対欧協力により積極的な意義を見出すようになる。サッチャリズムの下での経済自由化の流れを大陸市場まで押し広げ、その中でイギリスの国益を伸長させていく狙いや、欧州における政治協力を促進することを通じ、西側の連帯を強化する狙いなどが、その具体例である。

「(将来の欧州共同体は、)(一) 欧州と世界において、物品、資本、サービスの自由な流れを確保すべく、自由貿易と障壁の除去に努め、(二) 欧州を次世代の産業の拠点とすべく協働し、(三) 世界の課題に不承不承に反応するのではなく、その解決のため主導権をとり、(四) 欧州の分断をまたぐ政治的つながりを構築し、東西間により希望が持てる関係をつくり、(五) 世界中の民主主義を強化するため、安定と民主主義を備えた枢要な地域としての影響力を行

使する（ものであるべし）。それが私のビジョンです。[5]」（項目番号は筆者）

一九八四年三月、サッチャーは保守党の欧州議会議員を前にしたスピーチでこのように述べているが、こうした「機能主義的な」意味において彼女を「欧州主義者」と呼ぶことは可能である。一方で、彼女がミッテランやコールなどの大陸の指導者と決定的に異なるのは、欧州の統合を歴史的使命と捉える理想主義を全く欠いている点である。彼女にとって「欧州は、地理的意味以外のいかなる意味においても、全く人工的な概念」であり、統一された欧州という非現実的な理想を追求することは非生産的であるのみならず、有害ですらある。[6]

一九八四年九月、第一次世界大戦の激戦地であるヴェルダンで行われた式典で、ミッテランとコールは手をつないで仏独の和解を象徴的に示して見せた。事後的にこの光景の感想を尋ねられたサッチャーは、「大人になった男同士で手をつなぐなんて」と、素っ気なく述べたとされる。ムーアが指摘するとおり、彼女は「欧州主義の信仰」を決して共有することはなかった。[7]

サッチャーが首相就任と同時に取り組み始めた拠出金問題は、欧州統合の理念自体に挑戦する性格のものではなかった。しかし、この問題にも後年の軋轢を予兆する論点がすでに含まれている。

そもそも拠出金の問題は、その根底において欧州におけるイギリスの立ち位置の特異性に関わっている。

当時ＥＣの財政は歳入面では加盟国の付加価値税収入の定率分と対域外貿易の関税収入などに基盤を置いていた。一方、歳出面の大半、約七割を占めるのは共通農業政策（ＣＡＰ）の名目の下で供与される農業補助金であった。イギリスの経済構造は、大陸加盟国との比較において対域外貿易依存度が高い一方で、ＣＡＰによる補助の対象となるような農業部門は小さく、負担と便益の間に大きな不均衡があった。言い換えれば、構造的な「持ち出し」の状況である。

さらに、イギリスの戦後の経済成長が大陸に比べて相対的に低迷してきたため、ＥＣ加盟当時の一人当たりの国民所得は加盟九か国中七番目の低位にあり、「持ち出し」に対する不公平感に一層拍車をかける結果となった。

その一方で、大陸の加盟国から見ると、サッチャーが執拗に試みたように自らの拠出金を「私のお金（My Money）」と位置付けることは、共同体の理念とは相容れない異質な考え方であった。これらの国々から見れば、加盟国の拠出金は共通の目的を追求するために用いられる共有資産であり、国ごとの負担、便益を論じることは理念に反する。その意味では拠出金問題には欧州統合の意義に関する根源的な対立の萌芽が潜んでいたと言えよう。

いずれにしても、サッチャーが首相に就任してからの数年間は、彼女の激しい交渉姿勢のおかげでＥＣにおける首脳間の議論は拠出金問題に膨大な時間とエネルギーを注ぐこととなる。一九七九年十一月、ダブリンで行われた欧州理事会の際のワーキング・ディナーでは、サッチャーは実に四時間にわたり出席首脳を人質にとって、「持ち出し」分の返還を繰り返し主張し続けた。彼女の余りのしつこさに、シュミット独首相は居眠りを装い、ジスカールデスタン仏大統領は新聞を広げたと噂される伝説の夕食会である。

結局この問題は、一九八〇年五月にブリュッセルで行われた外相理事会で三年分の返還金について暫定的な手当てが行われた後、一九八四年のフォンテーヌブロー欧州理事会で拠出金の付加価値税収部分の約三分の二を還付する長期的解決策について合意が行われ、一応の決着を見る。この会議でもサッチャーは最後の全体会議まで粘りに粘り、議長を務めたミッテラン仏大統領の裁定で一パーセントの上積みを獲得するなど、「タフ・ネゴシエーター」ぶりを発揮する。

サッチャーの頑強な交渉姿勢は、彼女自身の「玉砕型」外交スタイルによるところが大きいが、同時にこうした姿勢が保守系の大衆紙で好意的に取り上げられ、彼女の国内的な人気を盛り上げる上で一役買うこととなった点にも注意を要する。そして、こうした風潮の反作用として、拠出金論争はＥＣに対する国民の支持を侵食する効果を持ち、ある調査によれば、ＥＣのメンバーシップを肯定的に評価する国民の割合は、一九七五年五月の時点で四七パーセントであったのが、一九八〇年四月には二二パーセントへと半減してしまう(8)。

国内政治的に見ると、当時保守党は一般的に欧州支持派の政党と見なされており、ＥＣへの国民の支持が低下すると、党内のバックベンチにおいて欧州懐疑派の動きが活発化していく。この傾向は、一九八〇年にマイケル・フットが新党首に就任後、労働党がＥＣからの脱退を党の正式な方針として採択すると一層顕著なものとなり、サッチャーもこうしたバックベンチの動向に注意を払わざるを得なくなる。

一方、大陸加盟国の間では、拠出金交渉を通じサッチャーをトラブル・メーカーと見なす傾向が定着し、これに対抗するための連帯の必要性が強く意識されるようになる。その一つの現れがミッテランとコールの間の仏独連携の深化であり、それはやがて欧州統合の原動力となっていく。

「サッチャー包囲網」

ＥＥＣ設立後の域内協力の実績を基盤に、欧州協力をいかなる方向で発展させるべきかについては、拠出金問題が決着する前から一定の議論の積み重ねがある。

例えば、一九八一年十一月にドイツとイタリアが共同で提出した欧州統合計画案（いわゆるゲンシャー・コロンボ・プラン）や、これを受けて一九八三年六月のシュトゥットガルトの欧州理事会で採択された「欧州連合に関する厳粛なる宣言」は、欧州統合に向けたその後の政治的議論の基盤を提供するものであった。

また、実質面においても一九八五年六月のミラノ欧州理事会に欧州委員会が提出した「域内市場の完成に関する白書」や、同理事会で採択された欧州統合の組織的側面に関するアド・ホック委員会報告（「ドゥージ報告」）は、一九八六年の単一欧州議定書の具体的内容を先取りするものと言える。

さらに特筆すべきは、一九八五年一月、ＥＣの事務局である欧州委員会の委員長にミッテラン政権の下で大蔵大臣を務めたジャック・ドロールが任命されたことである。ドロールはその後欧州統合に向けた精力的な活動によって、サッチャーと激しく対立することになるのであるが、彼に対するイギリス政府の当初の評価は、社会党政権下で財政規律をしっかりと守った堅実な実務家という肯定的な見方が支配的で、彼女も任命に反対することはなかった。

事後的に見れば、共同体におけるこれらの作業や人事はサッチャーのビジョンとは相容れない、「統合された欧州（a united Europe）」に向けた布石であったと言えるのであるが、彼女はさほどの抵抗もなくこの流れに巻き込まれてしまった印象がある。

その理由の一端としては、拠出金問題に没頭するあまり、彼女自身に共同体の将来に関する議論に十分な関心を払う余裕がなかったという事情があろう。また、サッチャーの基本姿勢を考えても、欧州統合の目的のうち、貿易・投資のさらなる自由化や障壁の撤廃を通じた域内市場の完成、さらには政治協力の促進などについては方向性を共有しており、欧州統合に向けた動きのすべてにブレーキをかけることは現実的ではなかった。

こうした事情は事情として、筆者が注目するのは欧州統合の推進を目指す内外の勢力が彼女の反対を封じ込めるための意識的な努力を払ったように見えることである。

「一つの首脳会議から次の首脳会議へと、彼女（サッチャー）を孤立させるための共通の戦略があった。（中略）我々はイギリスの外務省が彼女に同意していないことを知っていた。我々はそのことについてゲンシャー（西独外相）を通じて把握していたし、ゲンシャー自身はハウを通じて把握していた。[9]」

一九八〇年代の前半、コールの補佐官を務めていたホルスト・テルチクはムーアのインタビューに答えてこのように回想しているが、この証言は当時サッチャーを取り巻く一種の「包囲網」が形成されつつあったことを示唆する。

もちろん、このような証言はあっても、外務大臣以下イギリスの外交当局が彼女に対する背信行為を意図的に働いていたと速断することは公平ではあるまい。しかし、キャリントン、ピム、ハウの歴代大臣を含めた外交当局が政府部内における対欧協力推進派の牙城であったことは間違いなく、彼らの「職業的本能」も手伝って大陸加盟国との妥協を見出す方向で動く傾向があったことは否めない。

例えば、一九八三年六月の「厳粛なる宣言」について、当初サッチャーは、「統合された欧州」へのコミットメントを謳うこの文書に署名することに極めて否定的であった。しかしながら、外交当局は文書が実質的な内容を欠く、「無害」なものであることを強調する一方で、署名拒否はイギリスの孤立につながるとして彼女の説得に努める。最終的には、ピム自身が書簡を送り、署名を拒否すれば、かえってこの文書にクレディビリティを与えることになるというやや倒錯した理屈で翻意を迫った結果、根負けしたサッチャーが署名に応じるという経緯があった(10)。

内輪の事情は別として、サッチャーにとって深刻であったのは、彼女に対する「包囲網」にドイツがしっかりと組み込まれていたことである。ドイツは大陸加盟国のリーダーとして欧州の統合促進に基本的には前向きの姿勢をとっていた。しかし、統合にいたる具体的道筋については一定の懸念を有しており、特に、通貨統合を性急に進めることについては強い抵抗感があった。したがって、本来サッチャーとコールの間では、欧州協力の将来像について協調関係が築ける可能性はあったはずである。それができなかった理由には様々なものがあろうが、前章で述べたような二人の間の信頼関係の欠如が大きく作用したことは間違いない。

もっともイギリス政府においては、欧州の将来に関する議論においてドイツを味方に取り込もうとする努力が払われなかったわけではない。

一九八五年六月、ミラノで開かれた欧州理事会においては、域内協力の推進に向けた次のステップとして「ローマ条約改正交渉のための政府間会合(IGC)」の開催への合意が得られるか否かが大きな焦点となった。イギリス政府は域内協力を実際的かつ漸進的に進める観点から、IGCの招集には反対であり、ドイツにも同調を求めるための事前工作を試みることとする。

具体的には、五月にコールをイギリスに招き、チェッカーズでの首脳会談でサッチャーから直接説得を行うとともに、政治協力に関する合意文書案をドイツ側と共有する。この案の狙いは、条約形式をとらずとも、域内協力を発展させることが可能であることを具体的に示そうとするものであり、その後フランス政府にも同じ案文が伝達される。

このようなイギリス側の努力にもかかわらず、五月末に、ドイツのボーデン湖畔でコールとミッテランが会談し、ミラノに向けた独仏の協調を確認すると、議長国のイタリアを含む三か国でサッチャー「包囲網」の構築のための事前調整が進められる。その結果、イギリスは本番の理事会で二重の「裏切り」を経験することとなる。

すなわち、議長を務めたベッティーノ・クラクシ伊首相はまずIGCについて、条約改正作業には全会一致の原則が適用されるものの、政府間会合を招集すること自体は手続事項であるとして、多数決による議決を求め、独、仏が賛成する中で招集を決定してしまう。サッチャーは帰国後の閣議で、「(今回の理事会は)自分が今まで出席した中で最も拙劣な議事進行が行われた国際会議であった」と苦情をこぼすが、後の祭りであった(11)。

さらに、イギリス側を驚かせたのは、独仏両国政府がイギリスから事前に渡された政治協力に関する合意文書をほとんど内容も変えないまま、「条約案」の形で共同提出したことである。これは、イギリスによる事前工作を逆手にとってしっぺ返しを行うようなもので、外交的には反則すれすれの行為と言える。しかし、当時大陸加盟国の間ではこれまで拠出金問題でサッチャーの我儘に散々付き合わされてきたのだから、多少手荒なことは許されるという空気があった。

このような経緯はあっても、ＩＧＣにおける検討を経て一九八五年十二月のルクセンブルクでの欧州理事会で単一欧州議定書が議論される際には、イギリスの姿勢は決して後ろ向きではなかった。というのも、この議定書の主要な目的である共同市場の完成は域内関税の撤廃後も残存する非関税障壁を取り払うことで、イギリス企業に大きな便益がもたらされるという期待感があったためである。一方、イギリスにとっての懸念は税制や入国管理など、枢要な国益に係る主権の行使に制約が加えられることと、この議定書が将来の通貨統合への足がかりとして用いられることであった。

特に、サッチャーの通貨統合への警戒感には強いものがあり、懸念を共有すると見られるドイツとの間で共同歩調を確保するための努力が払われた。ルクセンブルク欧州理事会直前の一九八五年十一月、彼女は再びコールとの首脳会談を行い、その腹積もりを探った結果、「ドイツ側が（通貨統合への）いかなる言及にも反対することをあてにして良い」との印象を得た。(12)

しかしながら、ルクセンブルクでの理事会本番において、単一欧州議定書の草案に通貨統合への言及を盛り込むことを求める声が強まると、サッチャーは再びコールから梯子を外されてしまう。

理事会の二日目に二人が行った個別会談は極めて少人数で行われたため、具体的にどのようなやり取りが行われたか明らかではないが、この会談を通じ彼女は通貨統合に関する「象徴的な」言及を受け入れることを余儀なくされる。

一方、主権に対する制約については、共同体内の意思決定に制限的な多数決制度が導入されたことなどに一定の懸念はあったものの、サッチャー自身は、理事会の議事録に議定書が移民やテロ、犯罪対策などについて加盟国が所要の措置をとる経緯に影響を与えない旨の一般的声明を盛り込むことに成功したことを満足のゆく成果と評価していた[13]。

いずれにしても、以上の経緯を経て、翌年二月に単一欧州議定書に署名する段階では、サッチャーは概ねその内容に満足していたと見てよい。当時内閣府で対EC政策を担当していたデーヴィッド・ウィリアムソンは、議定書が議会での批准にかけられる頃、サッチャーと首相官邸の階段ですれ違った際、「私はこの条約の一語一句を読んだわ。私は満足しています」と声をかけられたと回想している[14]。また、国内的に見ても、統一議定書には目立った反対はなく、下院における審議においても批准への反対に回った保守党議員は十七名に留まった。

ホスキンスの忠告

時は遡り、一九八一年夏、当時首相官邸の政策ユニットを率いていたジョン・ホスキンスは夏期休暇入りするサッチャーに対して、「あなたの政治的生き残り（Your Political Survival）」というメモを渡す[15]。

ホスキンスはコンピュータ会社の経営者から政策アドバイザーに転身した変わり種で、独創的な政策立案能力と遠慮を知らない物言いで知られた。前述のとおり、この当時サッチャー政権は引き締め政策に伴う景気の悪化で、国民支持が低迷し、困難な局面に直面していた。このメモはこうした危機を乗り切るための率直な助言として書かれたものであるが、彼女の人格や政治手腕に鋭く切り込んだ厳しい内容となっている。

首相の周辺による率直な助言の前例としては、一九四〇年、戦時内閣発足後にチャーチルの妻、クレメンティーンが書いた書簡が挙げられる。[16] しかし、これは夫婦間の愛情から出たもので、筆者が知るところでは赤の他人が上司たる政府首脳にこれだけあからさまな批判をぶつけた例は思い当たらない。

ホスキンスのサッチャーへの批判には大きく言って二つの論点がある。その一つは戦略的思考の欠如である。

彼の観察によれば、戦略的思考を行うためには未知のもの、不確実なものに思いを巡らせる必要があるが、サッチャーはこうしたプロセスを好まないし、得意ともしていない。彼女が日々の日程に予定を詰め込んでいるのは、戦略的思考という鬱陶しい作業を避けるための便法であり、今後は各種の行事へのコミットメントを減らすべきと忠告する。

第二の、そしてより痛烈な批判は、彼女のリーダーシップのスタイルについてである。ホスキンスの見るところ、サッチャーはマネジメントの能力を全く欠いており、特に、人事管理については適切とされる約束事のすべてを破っている。弱い立場にある同僚政治家をいじめること、政治家を同僚や部下の役人の前で批判すること、他人を褒めたり、その功績を認めたりしないこと、物事がうまく行かないときは、すぐに他人を批判してしまうことなどがその具体例で、こうしたことが積み重なった結果、「人々はすべてが時間の無駄だと感じ始めている」と警告する。

その上で、ホスキンスは国家を正しい方向に導ける政治家はサッチャー以外にいないとしつつ、彼女が「最も優秀な敗者」として歴史に刻まれることがないよう、このペーパーの内容について静かに注意深く話し合う機会を与えてほしいと懇願する。

しかし、結局彼の願いは聞き届けられることがなかったばかりか、数週間後、サッチャーと会議で同席した際、「あなたの手紙は受け取ったわ。かつて誰も首相に対してあんなことを書いたことはなかった」と叱責される始末であった。

このようにホスキンスによる忠告は不発に終わるのであるが、彼の指摘はサッチャーという指導者の弱点を正確に突いたものと言わざるを得ない。そして、このことは対欧州政策に係わる様々な問題が究極的に彼女の退陣につながったことにも深く関わっている。

たとえば、戦略的思考の欠如という指摘については、サッチャーの欧州へのアプローチについて特に当てはまるように思われる。

前述のとおり、彼女は欧州の将来像について一定のビジョンを持っていた。しかし、市場自由化の徹底や西欧における政治的連帯の強化といったテーマは、彼女の政治信条を欧州の文脈に当てはめただけのものにすぎない。そこには、地域全体と域内の各国がおかれた地政学的な状況――ホスキンスの言うところの「未知のもの、不確実なもの」――をどのように評価し、彼女の目指すビジョンに向けた道筋をどのように組み立てていくか、といった思索の痕跡はほとんど窺えない。ドイツとの関係についても、局面、局面で戦術的なアプローチが試みられたものの、真の協調関係を築くための戦略的議論は深まらなかった。そのため、サッチャーはコールの欧州統合へのコミットメントを常に過小評価し続ける誤りを犯す。

もっとも、欧州の戦略的位置づけの曖昧さは、イギリスにおける戦後の歴代政権すべてについて、大なり、小なり当てはまる通弊であり、サッチャーだけを責めるのはやや酷かも知れない。第二次大戦直後に米国の国務長官を務めたディーン・アチソンは一九六二年、ウェスト・ポイントの士官学校で行った講演で、「イギリスは帝国を失ってから、まだ役割を見つけていない」と喝破したが、対欧州政策はまさにこうした観察の典型例と言っても良い[17]。

一方、サッチャーのリーダーシップのあり方に関わる問題は年を重ねるにつれ徐々に深刻化し、政権全体に一種の金属疲労を引き起こしていく。

この過程で、対欧州政策がとりわけ「毒性」の強い問題となった一因は、サッチャーの思いとは別に、欧州統合の進展に伴い、イギリスと大陸との実務的関係が否応もなく深化していったためである。すなわち、彼女が欧州統合への懐疑心を深めるのと反比例する形で、閣僚たちにとって欧州との協力に関する実務的な要請は増大していったわけであるが、彼女の人事管理能力の拙劣さのため、こうしたギャップを埋めるために必要な建設的な議論は次第に困難になっていく。

例えば、欧州加盟国間で単一欧州議定書に関する交渉が本格化する頃、イギリス政府内部では欧州為替相場メカニズム(ERM)への参加問題が浮上する。ERMは域内通貨に為替相場の目標圏を提供するためのシステムで、一九七九年に創設された。当初のイギリスの立場は将来の加盟を排除しないものの、現在はその時期ではないというもので、継続的な検討課題となっていた。

一九八五年にこの問題が急浮上した背景には、サッチャーが政権発足当初から取り組んできたマネタリスト政策の行き詰まりがある。

この政策は文字通り通貨の供給量を金融政策の指標として用いようとするものであるが、そもそも目標とすべき通貨の定義に論争があることに加え、供給量自体も様々な要因で予測しがたい変動を示すため、財政・金融政策当局の間で、指標としての有効性に疑念が深まっていた。その一方で、当時はドル高の是正のため、先進主要国間で為替政策の協調が模索されていた時期で、同年九月にはG5の蔵相・中央銀行総裁会議で為替相場の安定化策、いわゆる「プラザ合意」が発表される。

こうした背景の下、大蔵大臣のナイジェル・ローソンが為替相場とインフレ管理のための道具として着目したのがERMで、二月以降、政府内部で同メカニズムへの参加の是非に関する議論に着手する。[18] ローソンは欧州の通貨統合には反対の立場で、あくまで為替相場の管理のためにERMへの加入を示唆したのであるが、サッチャーは慎重な立場を崩さなかった。一方で、外務大臣のハウとイングランド銀行総裁のロビン・リー＝ペンバートンは加入に前向きな立場で、政府内部での対立の構図が段々と明確になってくる。

「プラザ合意」を追い風と見たローソンはサッチャーの説得工作を本格化し、九月末に開催された会議で、リー＝ペンバートンとの共通の認識として可及的速やかにERMに加盟することを提案する。しかし、この時点ではサッチャー周辺のブレーンの巻き返しもあって、彼女の立場はむしろ硬化しており、あらゆる理由を列挙して加盟に反対の姿勢を示したばかりか、「それでは未来永劫加盟に反対か」という問いかけに、「その通り」とまで言い切る。これは、将来適切な時期に加盟することを排除しないという既存の政策をも後退させるもので、ローソンとの溝は一層深まる。

その後、関係閣僚間での孤立を意識したサッチャーは、十一月中旬、副首相のホワイトロー、党委員長のノーマン・テビット、下院院内幹事長のジョン・ウェーカム、その他関係閣僚を含めた会議を招集する。しかし、結果としてこの試みは裏目に出る。と言うのも、出席者の中でERM加盟に反対したのは、サッチャー以外では下院院内総務のジョン・ビッフェンのみで、普段はサッチャーを支える役回りのホワイトローやウェーカムまでがローソンを支持する。それにもかかわらず、サッチャーはあくまで反対を貫き、結局ＥＲＭに関する議論は事実上凍結されてしまう。

ローソンは後年この会議について「大蔵大臣時代の最も悲しむべき出来事」と回想しているが、こうした経緯の末に彼はＥＲＭについてサッチャーと議論すること自体に意義を見出さなくなる。[19]まさにホスキンスが危惧したような、「すべてが時間の無駄だと感じられる」状況である。この結果、ローソンはサッチャーに無断でポンドをドイツ・マルクに連動させる政策に手を染め、最終的には彼女と袂を分かつこととなる。

ヘゼルタインとの対決

マイケル・ヘゼルタインは実務能力というよりは、カリスマ性で勝負するタイプの政治家で、イギリス政界では異色の存在と言える。サッチャー同様、オックスフォード大学時代から保守党の政治家を志し、卒業後はまずビジネスで名を上げた。彼が興した出版会社「ヘイマーケット」は雑誌出版を中心とした大手のメディア・グループに成長し、経営権は現在彼の息子に引き継がれている。

下院初当選は一九六六年、三十二歳の時で、その後一九七四年にヒース率いる影の内閣に産業大臣として初入閣する。ヘゼルタインが一躍国民に名を知られることになったのは、ある議案の審議で議場が混乱した際、与野党席を隔てる机の上に置いてある職杖（mace）を労働党議員に向かって「振りかざした」とされる事件である。実際は、一つの冗談として職杖を与党側に手渡そうとしたというのが事の真相らしいが、いずれにしてもこの「狼藉」のため、翌日ヘゼルタインは議場での謝罪に追い込まれる。本人の野性的な風貌も手伝って、この事件を契機についたあだ名が「ターザン」で、以来彼には何をしでかすか判らない要注意人物という風評がつきまとう。

　政策的に見ると、ヘゼルタインは「ウェッツ」と呼ばれる左派に属し、しかも党内有数の親欧州派であったため、サッチャーとは対極的立場にあった。にもかかわらず、彼女が閣僚として起用し続けたのは、ヘゼルタインの国民的人気と類いまれな政策発信力を買ってのことであった。実際、第二次政権において巡航ミサイルの導入を進める上で、国防大臣であった彼の大衆的アピールは大いに役に立った。

サッチャーとヘゼルタイン

　その一方で、自我と野心の強さでは他に引けを取らない二人の関係は常に緊張をはらんでいた。特に、野心家で、政界における男性優位主義が当たり前の時代に育ったヘゼルタインは、女性首相の風下に立つことについて次第に不満を募らせ、一九八四年には海軍フリゲート艦の調達を巡り辞任をちらつかせる場面もあった。ヘゼルタインの友人で、当時保守党の委員長を務めていたノーマン・テビットはウェストランド事件の背景について、「(彼は)辞任する口実を漁っていた」と回想しているが、この指摘には一定の説得力がある(20)。

　ウェストランド事件とは経営不振に陥った中堅企業の再建策を巡る論争であり、本来は「コップの中の嵐」に終わるような類いの話である。サッチャーは回想録においてこの事件を「巨大なエゴによって、取るに足らない問題から仕立てられた危機」と呼んでいるが、的外れな形容ではない[21]。

ウェストランドは当時イギリスで唯一の生き残りともいえる国産ヘリコプター製造会社で、インドとの大型商談が不調に終わったことなどから、一九八四年頃から資金繰りが難しくなり、倒産の危機に直面する。経営陣が破綻回避のために追求した解決策は、米国の大手ヘリコプター・メーカー、シコルスキーによる資本参加であり、所管官庁である貿易産業省もこれを支持する。

こうした動きに対して、「欧州オプション」を検討すべきとの立場から異論を唱えたのが国防大臣のヘゼルタインであり、彼の水面下の工作により、独、仏、伊三国の企業からなるコンソーシアムがシコルスキーへの対抗案を提示する。さらに、彼は欧州関係国の武器調達機関の勧告として各国が調達するヘリコプターは欧州企業が生産したものに限られるという方針を引き出し、シコルスキーの資本参加を事実上排除しようと試みる。

このように、ウェストランドを巡る論争には、米国対欧州、「市場による解決」対「国家介入」といった対立軸が浮かんでくるのであるが、すでに指摘したとおり、この事案自体に政策を大きく左右するような意味合いがあったとはとても思えない。

一方で、こうした構図の存在はサッチャーとヘゼルタインの争いのステークを、事の本質をはるかに超える大きなものへと変えてしまった可能性がある。すなわち、後者から見れば、この闘いに勝つことはサッチャーの政策の本丸に打撃を与える政治的効果を持つはずであり、逆に彼女はヘゼルタインのこうした思惑がわかるだけに、負けられない戦と受け止めたわけである。

こうした背景のもと、ウェストランドを巡る政府部内の論争は時間が経過するにつれ、サッチャー対ヘゼルタインの個人的対決の色彩を深めていく。そして、この傾向は本来の所管大臣であるレオン・ブリタン貿易産業相の力量不足によってさらに助長される。

ブリタンは、保守党右派若手のホープとして前内閣で内務大臣に抜擢されたものの、思うような成果を挙げることができず、現職に降格されたという経緯がある。彼は弁護士出身で、能吏ではあるが、ヘゼルタインとの政治的喧嘩に勝つ知恵や度胸に欠けていた。その結果、ヘゼルタインとの闘いの矢面に立ったのは、外交補佐官のパウエルや報道官のバーナード・インガムといった首相府のスタッフたちで、政治的アカウンタビリティの枠外にあるスタッフが政治論争に大きく関与したことは問題を一層複雑化する。

政権最大の危機

一九八五年年末に至り、ウェストランドの取締役会や株主総会による方針決定の時期が近づく中、サッチャーは関係閣僚会合を数度にわたり開催し、救済策の選択はウェストランド側に任せ、政府は介入を差し控える方針を確認するように努める。

しかし、大方の閣僚の支持にもかかわらず、ヘゼルタインはこの方針に納得せず、マスコミや金融機関などを動員しつつ「欧州オプション」の推進キャンペーンを続行する。このキャンペーンは、十二月中旬にウェストランドの取締役会が株主総会に対しシコルスキー案を提案することを議決した後も続き、今度は一月に予定される株主総会に照準を合わせた工作が進められる。このころになると、マスコミもこの問題をめぐる政府部内の紛糾を大きく取り上げ始め、ブリタンが議会で説明を求められる事態となる。

業を煮やしたサッチャーはクリスマス前に行われた年内最後の閣議で、いかなる閣僚もシコルスキー案、欧州コンソーシアム案の何れについてもロビーすることを差し控えるという方針を言い渡し、その午後に行われた下院での首相質疑でも、「ウェストランド社の将来は会社側が決定すること」と断言する。しかし、閣議で辱めを受けたと感じたヘゼルタインは依然として納得せず、今度は閣議の恣意的な運営など、サッチャーの政治手法への批判を強めていく。

このように両者の対立が泥仕合の様相を呈し始める中、首相官邸も「禁じ手」に訴える。一九八六年一月初め、ヘゼルタインがある金融機関あてに送った手紙に不正確な部分を認めると、法務次長に根回しを行い、ヘゼルタイン宛に訂正を求める書簡を送らせ、しかもその書簡の一部をプレスに漏洩《ろうえい》したのである。このリークの結果、大衆紙に「嘘つき」という見出しが躍ると、ヘゼルタインが強く反発したのは勿論として、漏洩に激怒した法務長官が公式の調査を求める騒ぎとなる。

ことここに至り、サッチャーもこれ以上の混乱は政権運営に重大な支障を招きかねないという危機感を深め、一月九日に開かれた閣議に際して閣僚の連帯責任の原則を再確認することで、ヘゼルタインを押さえ込もうとする。これに対しヘゼルタインも最初は恭順の意を示していたものの、サッチャーが重ねて部外からの質問への回答はすべて内閣府のチェックをクリアすべしというルールを申し渡すと反論を始める。そして、サッチャーとの激しい言い争いの末、「閣議の議論における礼節が失われた。自分は（閣議の）決定を受け入れることはできない」と言い捨てて、閣議室から退出してしまう(22)。

後年ヘゼルタインは辞任したのはその場の感情に駆られた行動で、予定したものではなかったと振り返っている[23]。実際のところ、彼が閣議を退席したときにははっきりと辞任の意思は述べておらず、その後首相官邸の外でカメラマンに出くわし、何が起こったのか聞かれることがなければ、元の鞘に収まったのではないかとの観測もある。

しかし、サッチャーの方はヘゼルタインがいずれ辞任するのではないかと予感しており、九日の閣議の前にホワイトローなどと後任人事について打ち合わせを済ませていた。いずれにしても、九日の衝突を乗り切ったとしても、首相と国防相の信頼関係が崩壊したままで政権運営を続けることは困難であり、ヘゼルタインの辞任は時間の問題であったと言えよう。

とは言え、主要閣僚である国防大臣の辞任は政権にとって大きな危機を生み出す。ヘゼルタインは、辞任後直ちに記者会見を開き、激しいサッチャー批判を行う。重要なことは、こうした批判がもはやウェストランドの救済案の得失ではなく、サッチャーによる統治のあり方そのものに向けられたことである。当然のことながら、ヘゼルタインの会見の内容は一方的なものではあったが、首相府の関係者が「欧州オプション」を排除するために行った様々な策略を暴露することで、政権のイメージを傷つけることとなった。

サッチャーにとって一層深刻であったのは、法務次長の書簡の漏洩に関する公的な調査である。この調査は、法務長官の要請に基づき、ロバート・アームストロング官房長官の下で行われることとなったが、仮に漏洩が彼女の具体的指示に基づくものであることが確認されれば、政権の命取りとなりかねない状況にあった。また、事件に関する報道が過熱する中、所管大臣であるブリタンの辞任を取り沙汰する声が上がり始め、彼の議会における拙劣なパフォーマンスはますますこうした観測を強めることとなった。

結局アームストロングの調査結果については前例に従って非公開の取り扱いとなり、一月二十三日の下院審議において、サッチャー自身が主要な結論だけを報告することとなる。

この報告において、彼女はヘゼルタイン書簡の不正確さについては、できる限り早期に公の知るところとすべきという点について政府関係者の間で共通の認識があったこと、ブリタンは貿易産業省のスタッフに対して首相官邸との協議を条件に法務次長の書簡を公開することについて許可を与えたこと、そして、首相府のスタッフは貿易産業省による書簡公開に同意したものの、公開のやり方について自分が相談されていたとすれば、違う方法を探すように指示したはずであることなどを説明する。(24)

サッチャーはこの報告を全く動じた様子もなく堂々と行ったのであるが、その内容は議会の疑念を解消するにはほど遠く、むしろこれを契機にブリタンに対する辞任圧力が一層強まっていく。ユダヤ系であったブリタンにとって不幸だったのは、保守党のバックベンチには人種的な差別意識が残っていたことで、下院審議後開かれた「一九二二年委員会」で彼の更迭を求める声が強まると、翌二十四日、彼は辞任を決意する。

一月二十七日に開かれたウェストランド問題に関する下院集中審議は、サッチャーにとって首相就任以来最大の危機であったと言っても過言でない。二十三日の審議で報告した事件の経緯について突っ込んだ質問が行われた場合に、辻褄の合った説明を行うことは容易ではなく、しかもブリタンの辞任後は、もはや彼の陰に隠れるわけには行かなくなってしまった。そのブリタンについては、詰め腹を切らされたことへの不満から、審議の過程でサッチャーの足を引っ張る発言を行いかねないとの不安もあった。

このため、審議の前には首相府のスタッフを総動員した徹底的な勉強会が行われ、サッチャーの書斎では関係者が入りきれないため、会場を閣議室に変更するような状況であった。下院に赴く直前にはハウなど少人数の関係者から成る詰めの打ち合わせが行われたが、サッチャーは、「私は今日の夕方六時にはもう首相ではないかもしれない」と弱音を吐く。(25)その場にいた誰もがこの発言を打ち消すことはせず、沈黙していたというから、いかに事態が深刻にとらえられていたかがわかる。

実際の審議でサッチャーが生き延びることができたのは、野党の追及の先鋒に立った労働党党首ニール・キノックの失態のおかげである。この場でキノックがやるべきだったのは、疑問点を一つ一つ詰めながらサッチャーの説明の齟齬を炙《あぶ》り出す、検察官のような尋問であった。しかし、実際には上滑りな責任論に終始したため、彼女から形式的な反省の弁を引き出したものの、追及は不発に終わる。さらに、保守党側からはブリタンのみならず、ヘゼルタインまでがサッチャーを応援する発言を行い、議論の潮目は完全に変わってしまう。保守党議員のアラン・クラークは、この日の日記に、サッチャーの答弁ぶりについて、「素晴らしいパフォーマンス。恥知らずで、勇敢」と記したが、恥知らずであろうがなかろうが、キノックとの役者の違いは明らかであった。(26)

後年サッチャーは回想録を書く段になって、ウェストランド事件が実際にどんな問題だったか思い出せないと愚痴をこぼしたと伝えられているが、確かに回想録の記述からは政権の土台を揺るがした事件の切実性は伝わってこない。(27)

しかし、この事件がサッチャー政権の中長期的な安定性に及ぼした影響には無視しがたいものがある。ヘゼルタインの行動がいかに常軌を逸したものであっても、サッチャーが閣内の混乱をなかなか抑えきれず、最後は補佐官の怪しげな策略によって閣僚の信用を傷つけようとしたという事件の解釈（ナラティブ）を否定しきることは難しかった。このことはリーダーシップや誠実さといった、これまで政権の強みとされてきた資質が謳い文句ほどのものではないことを白日の下にさらし、政権のイメージを深く傷つけることになった。

そして、最大の問題は、事件の根底にホスキンスが指摘したような管理能力の問題があることについて、サッチャー自身が気付いたようには見えないことである。パウエルによると、ウェストランド事件にもかかわらず、彼女には政治のやり方について後悔したり、修正しようとしたりする姿勢は見られず、むしろその態度は一層専横さを増したとされる(28)。自らの正しさへの確信はサッチャーの信念の強靭さの源泉であった。しかし、そのことは結論において正しければすべてが正当化されるという傲慢さにつながる危険を常にはらんでいた。ウェストランド事件は、この危険を一層大きなものにしたと言えよう。

サッチャーの欧州政策についての最大の皮肉は、その後の歴史が彼女の内心の疑念の正しさを証明するように見えることである。

ＥＲＭについては、一九八九年十月にローソンが大蔵大臣を辞任した後、後任のジョン・メージャーによる説得の甲斐あって、サッチャー退陣直前の一九九〇年十月、正式加盟が実現する。しかし、そのわずか二年後の一九九二年九月、ジョージ・ソロスを始めとする投機筋による大量のポンド売りによって相場の維持が困難となると、メージャー政権はＥＲＭからの脱退を余儀なくされる。いわゆる「ブラック・ウェンズデー」である。

欧州統合については、単一欧州議定書の署名後、独仏両政府と欧州委員会の強力な後押しで統合推進に向けた動きが一気に加速する。一九九二年に調印されたマーストリヒト条約は欧州共同体を欧州連合（European Union）に発展させ、共通通貨の導入と社会政策の統合の展望を開く。一方、サッチャーが積極的に推進した単一市場の形成は、イギリスに期待したほどの経済的便益はもたらさず、かえって欧州委員会に権限が集中することで、新たな規則・規制が創出されるなど、否定的側面が強く意識されるに至る。

メージャー政権は通貨統合と社会政策の分野でマーストリヒト条約の適用除外を勝ち取るが、統合が深化するにつれ、様々な政策分野でイギリスの主権的権利が侵食されていくことへの懸念が強まっていく。一九九七年に発足したブレア政権は労働党政権としては最も親欧州的な政権と言え、十年間の政権を通じEUとの関係は概ね円滑に運営されるが、欧州政策をめぐる国民世論の亀裂を解消するには至らなかった。

一九九三年に回想録を出版した時点では、サッチャーは欧州統合の将来について様々な懸念を指摘しつつも、単一欧州議定書に署名したことを「正しかった」と正当化した[29]。しかし、ほぼ十年後、小冊子『欧州について』を出版する頃には彼女の対欧州観は一層厳しさを増し、同議定書について「失望という以外の評価を行うことはできない」と断じている[30]。

実際のところ、サッチャーはこの小冊子においてイギリスのEUにおけるメンバーシップの得失を分析したうえで、域内に留まることと、域外に出ることの利害に大きな違いはないと結論づけるとともに、「EUの他の加盟国は、イギリスが彼らを必要とする以上に、イギリスを必要として」いると見る[31]。その上で、次期保守党政権に対してはEUの加盟条件を全面的に見直すための交渉を開始するよう提言すると共に、この交渉に際しては必要とあればEUから一方的に脱退することも辞さない覚悟で臨むことを促す(32)。

それから十五年を経て、テリーザ・メイ首相が率いる保守党政権がいわゆる「ブレグジット」という決断を下すまでにはなお紆余曲折がある。したがって、サッチャーが将来を言い当てたと単純には言い切れない。

確かなことは、EUからの脱退といった困難な交渉を成功裡に進めるためには、まさに彼女のような強力な指導者を必要としていることである。彼女の外交政策には様々な瑕疵もあったが、国益を追求する姿勢の厳しさにおいて彼女を上回る指導者は見当たらない。

サッチャーなきイギリスはこの交渉をどのように進めるのであろうか。

第八章　落日

政権はどのように倒れるのか。

この問いかけへの答えには二つのアプローチがある。一つは歴史的な、そしてもう一つは法医学的な解釈である。

歴史的解釈は政権を動かす大きな流れの変化を見極めてその終焉を説明しようとする。これに対し、法医学的解釈は殺人被害者の死因を特定するように政権を退陣に追い込んだ直接の原因を探ろうとする。

サッチャー政権が三期目の半ばの一九九〇年十一月、唐突とも思える形で崩壊した原因についても、この二つのアプローチによる説明が試みられている。

歴史的解釈によれば、政権が終焉を迎えた理由は次のような要因に求められる。

第一は、「人頭税」の導入など政策の失敗による国民の支持の低下、第二は、対欧州政策をめぐる保守党内の亀裂の深刻化、第三は、インフレーションの再燃を含む経済情勢の悪化、第四は、主要閣僚の辞任に象徴されるサッチャーのリーダーシップの機能不全、第五は、彼女を党首として次期総選挙に臨むことに対するバックベンチャーの不安の増大、などである。

こうした要因を並べあげると、サッチャーの退陣は歴史の必然であったとも思えてくるのであるが、法医学的解釈から見ると事情はより複雑である。

彼女の直接の「死因」は党首選の第一回投票でマイケル・ヘゼルタインを破ったものの、党則上再選に必要な票数を確保することができなかったことにある。しかし、その際、当選のために不足していた票数はわずか四票であり、言い換えれば、ヘゼルタインに投票した議員の二人でもサッチャーに投票していれば、彼女の続投が決まっていた。

しかも、サッチャーが辞任を発表した後で行われた二回目の投票で、新党首に選ばれたジョン・メージャーが獲得した投票数（一八五票）は、サッチャーが第一回投票で獲得した得票数（二〇四票）より、十九票も少ない。そうであれば、彼女が第一回投票後に党首選から撤退せずに第二回投票を戦っていれば、勝てるチャンスがあったのではないかという疑問が生まれるのも当然である。


「マーガレットの下野につながった一九九〇年秋の出来事には、避けがたいことは何一つなかった。それが起ったのは偶発的な出来事や過ち、野心、陰謀、傷ついたプライド、根拠のない楽観主義、間違った判断、といった要因が驚くような形で重なり合ったためである。」(1)

党首選の際、保守党委員長を務めていたケネス・ベーカーは選挙を取り巻く状況についてこのように回想している。実際のところ、当時の政権関係者の間では、ベーカーのようにサッチャーの退陣を「天命」ではなく「人災」と捉える向きが多い。当然のことながら、サッチャー自身は「人災」論者であり、回想録においては閣僚たちの「裏切り」によって第二回投票への出馬を断念した経緯について怨嗟の念を込めて振り返っている。

歴史的、法医学的、いずれのアプローチを取るにせよ、三回の総選挙を勝ち抜き、下院で野党に対して百議席を上回る多数の支持を享受する首相が、自らの意に反し任期半ばで退陣することは尋常ではない。その理由を探ることはサッチャーの政治家としての人生のみならず、政治の苛烈な本質を知るための手掛かりを提供する。

人頭税

政策的に見て、「レーツ（rates）」と呼ばれる地方財産税を廃止し、いわゆる「人頭税（poll tax）」を導入したことが、政権にとって大きな打撃となったことは異論がない。この点は政権支持率の観点からも明らかであり、ＭＯＲＩ社の調査は、この税が導入された一九九〇年三月に十一年余りのサッチャー政権を通じて最低の支持率を記録している[2]。

その一方で、この失政が彼女の教条的な暴走や長期政権による慢心の結果と見ることは必ずしも正確ではない。と言うのも、「レーツ」の廃止はサッチャー政権の下で最も時間をかけて議論、検討された政策の一つであるからである。実際、この問題は彼女がヒースの下で「影の環境大臣」を務めていた頃から取り組んでいた課題であり、その難しさは十二分に理解していたはずである。一九七四年の総選挙に向けたマニフェストでは「レーツ」の撤廃が公約として打ち出されたものの、担当大臣の彼女は極めて慎重で、ヒースからの強い圧力で渋々同意したという経緯があった。

「レーツ」は一種の固定資産税であり、伝統的に地方政府の主要な財源として機能してきた。しかし、制度が発達した当時、地方政府の主たる役割が道路、水道、下水といった固定資産と強い関連を持つ施設の整備にあった頃はまだしも、第二次世界大戦後、これらの政府の責任が医療、教育といった社会サービスの提供に拡大してくると、地方財政が一部の資産保有者のみが納付する税金に依存することは不合理、かつ不公平なものと見られるようになる。

財政規律の観点から見ても、地方参政権が普遍化した現在、サービスの受益者の多くが財源を負担しない制度の下でしっかりした規律を維持することが難しくなるのは当然である。サッチャーが改革に着手した時点で、イングランドにおける有権者、三千五百万人のうち、千七百万人には「レーツ」の納税義務はなく、義務のある千八百万人の中でも、三百万人は税の一部減額措置を受けており、さらに三百万人は納税を完全に免除されていた[3]。

サービスの受益者の多くが税負担を免れている状況は、地方政府に対して民主的なアカウンタビリティを求める圧力を低減させるため、地方財政は当然のことながら慢性的な歳出超過の状況に陥る。その結果、中央政府から地方への補助金は拡大の一途をたどり、一九七九年の時点では地方政府の歳出総額の約六割を占めるようになる[4]。

さらに、アカウンタビリティの観点から問題であったのは、「レーツ」は個人納税分と事業法人納税分の両者からなる点であった。この点もかつて地方政府の選挙において事業法人による投票（business vote）が認められていた時代には一定の合理性があったものの、この制度が廃止された今日、事業法人は課税代表権を奪われた状況におかれる。この結果、特に左派勢力が支配する地方政府においては、選挙権を持たない事業法人に対する「レーツ」課税を強化する傾向が顕著となり、イングランドにおいては「レーツ」収入における法人納税分は約六割に達していた。[5]

このような「レーツ」を取り巻く状況は、サッチャーの政治信念に照らしても大きな問題であった。彼女にとって税制度は議会制民主主義の根幹であり、税負担と便益の均衡に大きなゆがみが生じた制度の現状は受け入れがたいものであった。また、不動産の所有者に不公平なペナルティを課すことは資産保有を最大化するというサッチャリズムの理念にも背馳する。さらに、この制度の下で最も担税感が強い階層は、彼女が「我々の側の人たち」と呼んだ下層中流階級であり、現状を放置することには政治的にも強い抵抗感があった。

しかしながら、「レーツ」改革は地方自治制度全般に係る極めて複雑な問題であるに留まらず、新たな「敗者」を生み出さない代替制度を創設することには大きな技術的、政治的困難が伴った。サッチャーが制度の現状に不満を抱きつつも、なかなか改革に踏み出せなかったのはこのためで、彼女の政権の下で具体的検討が本格化するのは、第二次政権半ばに近い一九八四年秋以降のことである。

すべての住民が一定額の税金を負担する「人頭税」――サッチャーはこの言葉を使うことを忌避し、「共同体課金（community charge）」という呼び方に固執した――のアイデアが初めて浮上したのは、一九八五年三月、官民の有識者からなる検討グループが行った報告においてで、その実質的な推進者は環境省の副大臣を務めていたウィリアム・ワルドグレーブであった。

このアイデアにはローソンを始め、閣内の一部に反対があったものの、その後立法化に向けた作業が急速に進んでいく。サッチャーがそれまでの慎重な態度を一変させ、「人頭税」の導入を強力に推進させていった背景には二つの大きな理由があった。

第一は、スコットランドの保守党からの強い圧力である。「レーツ」の算定基準となる固定資産の賃貸価額は定期的に再評価が行われることになっていたが、イングランドとウェールズにおいては、歴代政権の政治的判断によって一九七三年以降この作業は凍結されてきた。一方、スコットランドにおいては、五年毎の再評価が法的な義務となっており、一九八五年二月に関連の作業が完了していた。その結果、賃貸価額は全体で一七〇パーセントという大幅な伸びを示し、これに伴う「レーツ」の負担増の影響を最も受けるのが、保守党支持層と事業法人であることが明らかとなった。[6] このためスコットランドの保守党議員団はパニックに陥り、党首のサッチャーに対して「レーツ」の改革作業を急ぐよう猛烈な働きかけを開始する。

「人頭税」の導入が急がれた第二の理由は、急進左派が支配する一部の地方政府の動向である。サッチャー政権の登場により、保守党が国政レベルでの政治的グリップを強化する中、左派勢力は国政の土俵の外での抵抗を強化する。労働組合と並んでその主要拠点となったのが地方政府で、特に、ロンドン、リバプール、バーミンガムなどの大都市では軒並み急進左派が市政を独占し、財政規律を無視しながら、自らの政治的アジェンダを実現するための政策を推進しつつあった。

このため中央政府は地方政府への統制を強化するため、「レーツ」税率の上限設定（いわゆる「レーツ・キャッピング」）や急進左派の牙城であった大ロンドン市庁の廃止などの対抗策をとるが、一部の地方政府は「違法な」予算編成を行う構えを見せるなど、全面対決を辞さない姿勢を示していた。

「人頭税」の検討が本格化するのは、炭鉱ストライキに勝利した一九八五年三月以降であり、サッチャーにとっては、急進的な地方政府はNUMに続く戦うべき「内なる敵」であった。したがって、新制度の導入により民主的なアカウンタビリティを強化し、これら地方政府による権力の濫用を許さない制度を構築することは国政上の急務となっていた。

以上のような切迫感のもとでも、新たな制度の設計は決して拙速に行われたわけではない。具体的には、「人頭税」の仕組みのみならず、低所得者層への税の軽減措置や制度導入の衝撃を和らげるための経過期間の設定など、新税の導入に際する政治的リスクを最小化するための種々の工夫がこらされた。サッチャーとしては多くの人々に新たな税負担を求める改革だけに、ある程度の国民的反発は予測していたものの、中長期的には税負担の衡平やアカウンタビリティの強化など、改革の方向性に理解が得られると期待していた。

その期待が大きく裏切られた最大の理由は、新税の課税額が当初の見積もりを大幅に上回ったことによる。そもそも一九八五年三月に有識者の検討グループが報告を行った際には、一人当たりの平均的な課税額は五〇ポンド（当時の為替レートで約一万四千円）とされていたのが、イングランドとウェールズに制度を導入する直前の一九九〇年一月には、三四〇ポンド（同約八万円）と約七倍に跳ね上がっていた。[8]

このような見積もりの変化は大きな制度変更につきものと言えるが、計算外だったのは地方政府側の動きであった。急進左派が牛耳る地方政府は、税負担増大に対する住民の不満は自分たちではなく、新税を導入する中央政府に向けられることを見越して、駆け込み的に歳出を大幅に増加させ、これが課税額を相当程度押し上げる結果となった。サッチャーが回想録において新税の導入に先立ち、地方政府による歳出を制限するためのより広範で、強力な立法措置を手当てすべきであったと反省の弁を述べているのはこのためである。(9)

いずれにしても、保守党は一九八七年の総選挙で「レーツ廃止」と「共同体課金の導入」を公約したのち、一九八九年四月からスコットランドにおいて、一九九〇年四月にはイングランドとウェールズにおいて新制度の導入に踏み切る。これに対する国民の反発は当初の政府の予測を超えた過激なものとなり、スコットランドにおいては第一章で見たようにスコットランド保守党が壊滅的な打撃を被る一方、イングランドにおいては一九九〇年三月、ロンドンのトラファルガー広場で開かれた抗議集会で暴徒化した一部の参加者が警察と衝突し、多数の負傷者が出る事態となる。

「人頭税」の導入をめぐる混乱が政権の威信を傷つけ、支持率の大幅な低下につながったことは前述のとおりであるが、サッチャーにとってとりわけ深刻な痛手だったのは、彼女の伝統的な支持層における不満の増大であった。

「私を傷つけたのは、〔人頭税によって〕最も影響を受けている人々は、まさに私に対して社会主義的な国家による搾取からの庇護を求めてきた人々であったからである。彼らは、共同体課金の優遇措置の対象より少し上の〔生活〕水準にあるものの、決して裕福とは言えず、持ち家を買うために節約を重ねてきたような人々であった。(10)」

サッチャーが回想録で同情の念を示した人々は階級的には下層中流階級に属し、先述のとおり、この層の支持を確かにしたことが総選挙で三連勝した大きな要因であった。そのためこれらの人々の支持が揺らぐことは、次期総選挙に向けた展望に大きな不安をもたらし、バックベンチャーの動揺を招く結果となった。

したがって、「人頭税」の失敗は、歴史的な解釈の上ではサッチャー退陣の大きな要因の一つとして数えられるのであるが、法医学的に見て直接の「死因」であったかというと議論の余地がある。

と言うのは、サッチャーの党首としての地位は党首選においてクレディブルな対立候補が出現しない限り安泰であり、当時党内唯一の対抗馬と見られたマイケル・ヘゼルタインは、「人頭税」導入後政権支持率が低迷する中でも党首選に出馬する決意を固めかねていたからである。そして、この状況を一変させたのが、ジェフリー・ハウの辞任である。

ハウ辞任のドラマ

ハウはサッチャーの一つ年下の一九二六年生まれで、オックスフォードとケンブリッジの違いはあるものの、大学の保守党協会から法曹界を経て政界入り、という経歴は彼女と似通っている。一方、性格的には温順、朴訥で、攻撃的なサッチャーとは正反対と言ってもよい。労働党議員で大蔵大臣も努めたデニス・ヒーリーは議会でのハウとの論戦を「死んだ羊に弄られているかのよう」と形容したが、彼の人となりを良く言い当てている。

第六章で触れたとおり、サッチャーから見るとハウは決して好みの男性のタイプとは言えず、長年の付き合いにも拘らず、二人の間には常に一定の緊張感があった。また、二人の関係が上手くいかなかったのは、ハウの夫人、エルスペス（Elspeth）の存在によるところが大きいという見方もある。彼女はロンドン大学経済学部出身の才媛で、ハウの政治的野心を駆り立てていたのは彼女だという風説もあって、サッチャーとは全く反りが合わなかった。

このようなケミストリーの違いにもかかわらず、サッチャーがハウを重用したのは一九七五年に党首に就任した当時、彼が党内右派において政治的重みと実務能力を併せ持った数少ない人材の一人であったからである。実際、ヒース派の生き残りを多数抱えた第一次政権においてサッチャーが目指す経済・財政改革を支えたのは大蔵大臣のハウであり、この過程を経て彼は政権にとって欠くべからざる存在となっていく。

こうした政権内の立ち位置はハウが外務大臣に異動したあとも、基本的には継続していくのであるが、外交政策をめぐる首相府と外務省との対立を反映するかのように、二人の関係には徐々に亀裂が生じていく。そしてこの亀裂はハウが欧州統合に同情的な姿勢を強めるに従って深刻化し、第二次政権後半以降は修復不可能な状況に陥ってしまう。

両者の決裂が決定的なものとなるのは、一九八九年六月、マドリッドにおける欧州理事会直前に起きたＥＲＭ参加をめぐる対立である。

欧州の経済・通貨統合をめぐる当時の状況は、マドリッド理事会に提出される予定のドロール報告に基づき、統合の第一段階となる経済政策協調の強化と資本移動の自由化に向けた作業が進められる見通しとなっており、統合反対派のイギリスとしては、第一段階はまだしも、第二、第三段階にむけた合意形成をどのようにして阻止するかが課題となっていた。この問題に関して、ハウとローソン蔵相は通貨統合に向けた前進を抑えるためには、イギリス政府が時期（具体的には一九九二年末まで）を明示しつつ、ＥＲＭへの参加にコミットすることが不可欠という認識で一致し、サッチャーの説得に乗り出す。

双方の対決はサッチャーがマドリッドに出発する当日の朝、ハウとローソンがチェッカーズに押し掛ける形で行われた。彼女は、回想録においてこの日の経緯を「マドリッドの前の奇襲攻撃（The Ambush Before Madrid）」という見出しのもとで振り返っているが、この表現を見ても会合の後味の悪さがうかがえる。(11)

実際のところ、会合においてハウとローソンは前述の共通認識を強く主張した上で、サッチャーがマドリッドで特定の期限までのＥＲＭ参加を表明しなければ、辞任も辞さないという決意を伝える。外務大臣と大蔵大臣が同時に辞任することは、通常の内閣であれば命取りであり、彼らの恫喝は一種の倒閣宣言と言っても良い。サッチャーも後年両者の辞任による衝撃に耐えることができたかは定かではないと振り返っているが、実際の会談ではさすがの胆力を発揮し、二人の要求を撥ねつける。(12)

結果論としては、チェッカーズでの議論を経て、サッチャーがマドリッド理事会においてＥＲＭ参加のために必要な条件を明示する形で、将来の参加に柔軟な姿勢を打ち出したこともあり、ハウとローソンの辞任は回避される。しかし、以上の経緯によってサッチャーと両大臣の関係は一層悪化し、特に、彼女が「奇襲攻撃」の首謀者とみなすハウとの関係は最悪の状況に陥る。

その直接的な帰結が、マドリッド理事会の翌月に行われた内閣改造におけるハウの外相更迭である。

サッチャーによると、この改造の主要な目的は人事の停滞に対するバックベンチの不満を解消するために若手を登用することと、党首としての後継者を育成することにあった。この時点で、彼女は自らの引退時期として次期総選挙で勝利した後の任期半ばを念頭においており、その時点で後継者となり得る候補者にしかるべき経験を積ませることを意図していた(13)。その際、彼女はハウ、テビット、ローソンといった同世代の政治家は後継者としては好ましくないと判断しており、ハウに代わってジョン・メージャーを外務大臣に充てる人事は、建前上はこうした大局的判断に立ったものとされている。

しかし、チェッカーズでの対決後サッチャーのハウに対する評価は従来にも増して厳しいものとなっており、この人事は事実上の解任であったと見た方が真実に近い。回想録における以下の記述もこの点を裏付けている。

「何かがジェフリーに起こった。彼の仕事に対する桁外れの能力は不変だったが、目的と分析に対する明晰さには曇りが生じていた。私は、もはや彼が党首の候補であるとは考えていなかった。それどころか、マドリッド理事会直前の彼の行動に接した後では、(中略)彼を外務大臣に留めることはできなくなった(14)。」

もっとも、当時の政治状況から見ると、ハウを完全に閣内から排除することは党内融和に深刻な影響を与えることが懸念されたため、結局サッチャーは彼に副総理の肩書を与えた上で、下院院内総務という名誉職に横滑りさせることとなる。彼女にとって計算外だったのは、大蔵大臣に留任させたローソンが首相経済顧問のアラン・ウォルターズとの確執から、改造後わずか数か月で辞任したことで、政権の屋台骨であった二人のベテラン政治家が相次いで中枢を離れたことは、彼女の指導力に深刻なダメージを与える。

サッチャーとハウの関係はその後も悪化の一途をたどり、「お互いが一緒にいること自体が耐えがたい」状況に至る[15]。ハウの側でも、外相から更迭されたばかりでなく、一度ならず閣議の席で面罵されたこともあって、彼女に対する不満は募る一方で、さすがに温厚な彼も忍耐の限界に近づいていく。

ハウの辞任の直接の引き金となったのは、一九九〇年十月、ローマにおける欧州理事会の結果について、サッチャーが議会に対して行った報告とされている。

ジェフリー・ハウ

当時イギリスは経済・通貨統合の問題に加えて、冷戦の崩壊を受けた政治統合の推進やガット・ウルグアイ・ラウンドを通じた貿易投資自由化への取り組みをめぐり、欧州内部で孤立を深めつつあり、十月二十七日から二十八日にかけてローマで行われた欧州理事会でもこうした状況が際立つ結果となった。

そのため、帰国後の下院報告に臨むサッチャーの姿勢はいつも以上に反欧州的色彩を強め、報告後の質疑では、通貨統合と欧州の連邦化の動きに対して、「否、否、否。(No, no, no.)」と、極めて断定的な形で否定的見解を示す[16]。ハウにとっては、このやり取りが英語の慣用句にある「最後のわら一本（last straw）」となり、閣僚辞任を決意する。

辞表の中で、ハウはサッチャーの言動のためにイギリスが欧州統合に関する議論において影響力を維持することが困難となっているとした上で、欧州問題で保守党内の共通の基盤を維持することが次期総選挙の成功と国の将来にとって枢要となる中で、もはやこの問題に関する彼女のアプローチを共有することはできないと指摘し、欧州政策に関する立場の相違が辞任の理由であることを明確にしている。[17]

一方、サッチャーはハウの辞表に対する返書において、欧州に関する意見の相違はハウが示唆するほどには大きくないと指摘しており、回想録でも辞任の理由はいまだに明らかではないとしている。彼女の見るところ、ハウとの対立は政策的な相違のみならず、個人的な嫌悪に根ざすもので、実際のところ彼が閣外に出たことに安堵の気持ちさえ覚えたとされる。[18]

第一次政権以来の盟友であるハウの離反は当然のことながら、サッチャーにとって少なからぬ政治的な打撃となった。しかし、この動きが真の意味で彼女の退陣に向けた激動の引き金となるのは、辞表提出から二週間後の十一月十三日、彼が辞任理由を説明するために下院で行った演説である。[19]

ハウの辞任演説はイギリスの議会史に残る歴史的瞬間の一つと言ってよい。それは一九四〇年のいわゆる「ノルウェー討議」に際してネヴィル・チェンバレンの退陣を求めたレオ・アメリーの演説と比較されることが多いが、テレビ映像の力もあって世論全体に与えたインパクトにおいて後者をはるかに上回る。[20]実際に当時の映像を見ると、立ち見の議員が出る緊迫した雰囲気の中で、ハウのすぐ隣に座ったローソンが演説の内容に厳粛な面持ちでうなずく様子や、最初は微笑を浮かべていたサッチャーの表情が徐々に凍り付いていく様子など、映像の一コマ、一コマがドラマとなっている。

演説の内容は欧州をめぐる政策の相違のみならず、サッチャーのリーダーシップのスタイルにも焦点を当てたもので、欧州が大きな変革を遂げつつある中、彼女の独善的で、頑な姿勢がイギリスの孤立につながることに鋭い警告を発する。また、彼の批判は政府の同僚に対するサッチャーの姿勢にも及び、彼女を選手のバットを折って、試合に送り出すクリケット・チームのキャプテンにたとえた痛烈な皮肉は満場の笑いを誘う。

当然のことながら、この演説に対するサッチャーの感情的反発には厳しいものがあり、回想録では「この時点からジェフリー・ハウは、大蔵大臣としての堅実さや外務大臣としての熟達した外交手腕ではなく、怒りと裏切りに満ちたこの最後の行動によって記憶されることとなる」と強い怨嗟の言葉を投げかけている[21]。

一方、法医学的観点から見てこの演説がサッチャーに与えた最も深刻な打撃はマイケル・ヘゼルタインに対して党首選への出馬を決心させたことにある。

ヘゼルタインは、人頭税の導入以降、政権が支持率の低下に直面するのを横目に見ながら、サッチャーを退陣に追い込む機会をうかがってきたが、彼女の党内基盤の強固さのために、なかなか党首選への出馬に踏み切れない状況が続いてきた。十一月初旬のハウの辞任によって政局の流動化を予感した彼は、地元の後援会長あてに出馬の可能性を打診する公開書簡を出すが、意に反して会長からは否定的な返事が寄せられ、サッチャーとの対決に向けたモメンタムは失われたかに見えた。

そうした中で、ハウが辞任演説の締めくくりで、自らの政策的信念とサッチャーのリーダーシップ、それぞれへの忠誠心の葛藤に言及した上で、「同僚議員においても、(こうした)葛藤に対するそれぞれの対応を考えるべき時が来た」と述べたことは、事実上ヘゼルタインに出馬を促したものと受け止められた(22)。

翌十一月十四日、ヘゼルタインは党首選への出馬を正式に表明し、サッチャー政権の終章のページが開かれることとなる。

落日

保守党における党首の選出は、歴史的には選挙を行うことなく、党指導部の非公式な話し合いの中で、新たな党首が「出現する」形で行われるのが慣例であった。党首選挙のルールが整備されたのは一九六五年にダグラス゠ヒュームの辞任を受けて後継者争いが行われた時で、ヒースは選挙で選ばれた初めての保守党党首となった。

一九六五年の選挙規則には二つのポイントがある。第一は、新たな議会が開始されたあと、一定期間内に現行党首に挑戦する候補者が現れない限り、党首選が行われない点である。サッチャーは党首就任以来、一九八九年に無名の親欧州派議員のアントニー・メイヤーの挑戦を受けるまでは一度も党首選を経験しておらず、メイヤーとの対決も三百票近い差をつけて圧勝している。したがって、彼女がヘゼルタインというクレディブルな候補の挑戦を受けるのは首相に就任してから初めてのことであり、彼を出馬に踏み切らせたハウの辞任演説の重要性はここにある。

規則の二番目のポイントは、選挙の勝者は投票の過半数を獲得するだけでは不十分で、次点候補との間で投票有資格者数の一五パーセント以上の差をつけて勝つ必要があり、この差に満たない場合には、単純過半数を争う二回目の投票に臨むこととされた点である。後述のとおり、この「一五パーセント以上の差」という要件がのちのち彼女の命運を左右することとなる。

一九七五年の党首選に際して、ヒース陣営の慢心やバックベンチとの意思疎通の欠如が番狂わせの重要な要因となったことは第三章で詳述した。一九九〇年の党首選では現職の党首である彼女の立場は当時と逆転しており、ヒースと同様の問題を抱えることとなったのはある程度止むを得ないことであった。バックベンチとの関係についても、公務に忙殺される首相には下院の喫煙室やバーでバックベンチャーと雑談する時間的余裕があるはずもなく、意思疎通に万全を期すのは不可能とも言ってよい。

しかし、一見してサッチャーの立場がヒースと決定的に違うのは、後者が過去四回の総選挙で一勝三敗の成績しか収めることができず、党首選の時点でも野党党首の地位に甘んじていたのに比べ、彼女は党を総選挙三連勝に導き、下院で圧倒的な多数を誇る強力な与党指導者であった点である。こうした強固な党内基盤を考えれば、本来はこの選挙は負けるはずのない戦いであった。

それにもかかわらず、サッチャーが第一回投票でわずか四票に泣いたのは、いくつもの戦術的なミスが重なったためである。

中でも、致命的な判断ミスは選挙対策チームの実質的なヘッドにピーター・モリソンを充てたことである。モリソンは一九七五年の党首選に際し、サッチャーに出馬を促した最初の同僚議員の一人であり、彼女への忠誠心は折り紙付きであった。また、当時は国会担当の首相政務補佐官のポジションにあったことから、役職的にも選挙対策の中心に据えることは理に適っていた。

一方で、彼はアルコール依存症が疑われるほどの飲酒癖があり、昼食を過ぎた頃には使い物にならないという風評があった。陽気で、人懐っこい性格も手伝って、バックベンチにはそれなりの人脈を有していたが、一九七五年の党首選で選挙参謀を務めたエアリー・ニーヴのような戦術的な判断力や緻密さには欠けており、彼の票読みは過度に楽観的なものとなりがちであった。ちなみに、モリソンは党首選からわずか五年後、五十一歳で若死にしたが、死後、同性の未成年に対する性的虐待に関わった疑いが浮上している。

選対チームの人選に続く第二の判断ミスは、党首選の期日の設定である。

へゼルタインが十一月十四日に党首選への出馬を表明した段階で、サッチャーはモリソンと相談のうえ、選挙に臨む基本姿勢について、圧倒的な実績を誇る現職の党首として彼女自身は「ドブ板」的な選挙活動は行わず、首相としての公務を粛々と遂行する方針を決める。さらに、党首選に伴う政治空白を最小化する観点から、選挙を規則上想定される期日から前倒しして、公示からわずか六日後の二十日に実施することを決定する。

これらの方針は選対チームがしっかりした仕事をすることを前提にすれば、一概に誤った判断であったとは言えない。当時はサダム・フセインのクウェート侵攻後、国際社会が同国の独立回復のため武力行使も辞さない構えを示していた時期で、こうした「戦時」において指導者が党内の内輪もめに時間を浪費しない姿勢を見せることは一つの見識であったとも言える。しかしながら、いかんせん「選対チームがしっかりと仕事をする」という基本前提が相当に怪しい状況であったことは前述のとおりである。

さらに致命的であったのは、選挙期日を前倒しした結果、当日サッチャーは公務のためロンドンを不在にせざるを得ない羽目に陥ったことである。党首選が行われる二十日には、パリにおいて全欧安全保障協力会議（ＣＳＣＥ）の首脳会議が開催されることとなっており、主要国首脳の一員として彼女の出席が予定されていた。

この会議は冷戦終結後の欧州の将来に関するパリ憲章を採択するために招集されたもので、象徴的な意義はあったものの、国益に係る実質的な折衝が想定されているわけではなかった。サッチャーが党首選挙を理由として会議を欠席することがイギリスの国際的地位に与える影響は軽微であり、実際、彼女の周辺では出席を断念するよう促す声もあったが、結局「公務を粛々と遂行する」という基本方針の下で、予定通り出席することが決定される。

このような決定の背後にあったのは選挙情勢に関する見通しの甘さであり、この点に関するモリソンの責任は重い。サッチャーがパリに出張する前日の夜、チェッカーズにおいて陣営の打ち合わせが行われた際、モリソンはその時点での票読みとして、サッチャー二百二十票、ヘゼルタイン百十票、棄権四十票という見通しを報告している。この数字は実際の投票結果と比べると、サッチャー票を十数票過大に、ヘゼルタイン票を四十票以上過小に評価しており、投票直前の見通しとしては甚だ信頼性を欠くものと言わざるを得ない。実際のところ、この打ち合わせの場で最も現実的であったのはサッチャー自身で、モリソンに対してはヒースが誤った票読みに基づいて勝利を過信していた前例を引きつつ、自分たちの数字を過信しないように警告している(23)。

十八日、パリ入りしたサッチャーはＣＳＣＥ会議の傍ら、ブッシュ、コール、ミッテランといったＧ７の同僚、さらには、オランダ、トルコ、ブルガリアの首脳との二国間会談に臨み、まさに「ビジネス・アズ・ユージュアル」の首脳外交を展開する。そして、二十日の会議終了後、宿舎であったイギリス大使公邸に戻り、党首選挙の結果を待つ。

午後六時過ぎ、サッチャーの後を追ってパリ入りしていたモリソンあてに下院の院内幹事室から電話が入り、投票結果がもたらされる。結果は、サッチャー二百四票、ヘゼルタイン百五十二票、棄権十六票で、過半数を優に上回る投票を得たものの、「一五パーセント」ルールの基準にわずか四票満たなかったため、勝敗は第二回投票に持ち越されることとなる。

サッチャーは直ちに会議に同行していた外相のダグラス・ハードの支持を確認すると、大使公邸の外に出て、待ち受けるプレスに対して第二回投票に出馬する意思を表明する。ただ、この時の彼女のまわりくどい言い回し――「私の名前を第二回投票に向けて提示する意図を確認します」――は、いささか力強さを欠く印象があり、投票結果に対するショックを感じさせる[24]。

彼女はその後、CSCEの公式行事に臨むが、当日夜のバレエ鑑賞には没頭することはできず、ミッテラン主催の晩餐会も重荷に感じたと回想している[25]。心騒ぎが止まない中、翌日には予定を短縮して帰国の途に就くが、彼女の不安は的中する。

二十日の夕刻に第一回投票が行われ、その日が終わるまでの五、六時間は、サッチャーの政治生命を左右する重要性を持っていた。第二回目の投票実施が決まった後のこの時間帯は、選対チームの体制を立て直し、閣僚を含む支持基盤の動揺を抑えるために極めて重要な意味を持っており、彼女自身が物理的なプレゼンスを示して、周囲ににらみを利かすことが不可欠であった。サッチャーの不在が悔やまれる理由は、第一回投票で勝利を決する数票を取りこぼしたことのみならず、「サッチャーおろし」の動きの拡大を許す空白を作ったことにある。

実際、この動きの発端とされるのは、当日の夜、院内幹事団の一員であるトリスタン・ガレル

＝ジョーンズが自宅で主催した夕食会で、この会合には五人の閣僚と多数のバックベンチャーが参加する[26]。夕食会の参加者は、基本的にはサッチャーと志を同じくする議員たちであったが、第一回投票の結果、彼らの関心は彼女の再選を確保することから、政策的に相容れないヘゼルタインの当選を阻止することに移り、そのためには第二回投票で誰を支持するのが最善かという自問が始まる。そして、その結果、参加者の立場はサッチャーではヘゼルタインを止めることはできず、メージャーやハードといった新しい指導者を立てる必要があるという認識に収斂していく。

翌二十一日昼、サッチャーがパリから戻り、関係者と情勢分析を行った頃には、「サッチャーおろし」のモメンタムはバックベンチや各省の副大臣クラスのみならず、閣僚の一部にまで伝播しており、党の長老であるホワイトローが人を介して彼女に辞任を促す状況に至っていた。また、選対チームの立て直しのため、責任者をモリソンから院内幹事長経験者でエネルギー大臣のジョン・ウェーカムに交替させることも合意されるが、ウェーカムが補佐役としてアプローチした二人の議員がいずれも協力を拒否したため、選対チーム自体が有名無実化してしまう。

こうした中、サッチャーは、同日午後の議会審議の後、院内で閣僚一人一人と面談し、支持を働きかける。当時彼女の補佐官を務め、回想録の実質的な執筆者であるロビン・ハリスは、この面談はかえって順番を待つ閣僚同士が口裏合わせを行う機会を与えたことから、大きな戦術的な誤りであったと指摘している[27]。しかし、この時点までに党内の議論の流れは相当程度煮詰まっており、別のやり方をとったとしても結論が変わったとは思えない。

「ほとんど最後の一人に至るまで、彼らは同じ口上を使った。すなわち、彼らは、もちろん私を支持するつもりであるが、残念ながら私が勝てると思えないと言うのだ。[28]」
「私は、心中吐き気を催す思いだった。（中略）私を悲しませたのは、常に友であり、同志と考えてきた人々に見捨てられたことと、私への裏切りを率直な助言や私の身の上への気遣いに見せかけた、彼らの逃げ口上であった。[29]」

サッチャーは、回想録の中で閣僚に対する軽蔑の念を隠そうともしなかったが、内閣の支持を失った首相が政権運営を続けることができないことは自明であり、この面談を通じて彼女は辞任を決意する。

同日夜、首相官邸に戻ったサッチャーはデニスと短い言葉を交わした後、執務室で翌日の議会審議で行う演説の準備を始める。審議は労働党が提出した内閣不信任決議に関するもので、彼女が辞任を決意した今、政治的には意味のないものになってしまっていた。官邸のスタッフにとって、演説の推敲に集中するサッチャーの姿は何百回、あるいは何千回も見慣れた風景であったはずであるが、彼女の時々涙をぬぐう仕草が時代の終わりを告げていた。

使命の終わり

サッチャーの退陣に至る経緯を法医学的に振り返ると、ケネス・ベーカーが指摘したように、「避けがたいことは何一つなかった」という見方には説得力がある。選対チームの人選や選挙期日の設定といった戦術的なミスがなければ、第一回投票で「一五パーセント」ルールをクリアすることは十分に可能であったはずであり、また、仮に第二回投票が必要となった場合でも、彼女がロンドンにいれば閣僚を含めて陣営を引き締めるやり方はあったと思われるからである。

しかし、サッチャーが仮に一九九〇年秋の政変を生き延びたとしても、彼女が思い描く通りに次期総選挙で勝利した後のしかるべき時期に後進に道を譲るというシナリオが実現した保証はない。むしろ、冒頭述べたような歴史的解釈から見ると、彼女の退陣は時間の問題であったとも言える。

それでは、歴史的解釈において政権の崩壊に貢献したとされる要因はどのように生まれてきたのか。

いかなる偉大な指導者も自らの成功の虜囚となる危険を抱えており、サッチャーもその例外ではなかった。補佐官のハリスは彼女の退陣の要因を分析したうえで、次のように指摘する。

「しかし、根本的な問題はより深い部分に存在していた。彼女は、主として統治(governing)の問題ではなく、政府(government)の問題について、政治ではなく、政策について考えるようになってしまったのだ。」(30)

サッチャーは信念の政治家として、もともと自分の正しさに強い自信を持つタイプの指導者であった。第一次、第二次政権の成功は、こうした自信を確信に変え、政治につきものの不合理さと不条理さを容易に受け入れようとしない偏狭さにつながっていった。政治指導者には、時として、政策的には正しくても、政治的には機能しない選択肢を捨て、政策的には不十分でも、政治的に実現可能な選択肢を選ぶ懐の深さが求められる。人頭税の失敗や対欧州政策をめぐる軋轢は、こうした資質における彼女の限界を物語っているように思える。

また、「政治は結果」という言葉は一つの常套句となっているが、実際には政治は結果ばかりでなく、プロセスでもある。政治的営みに誰を関与させ、誰を排除するかは、時として結果以上の意味を持つことがある。ハリスが指摘する政治と政策との混同は、意思決定のスタイルとして政治家同士の議論を避け、一部のスタッフによって物事を進めようとする傾向を助長する。このことが、閣僚を疎外し、自らの政治基盤を弱める結果となったのは前述のとおりである。

以上の観察に対して、当然提起されるべき反論は、もともとサッチャーという指導者は政治的には賢明とは言えないが、政策的に正しい選択肢を追求することで、イギリス社会の閉塞を打破することができたのではないか、言い換えれば、政治家としての「懐の深さ」や、馴れ合いに堕していた既存の政治的プロセスを切り捨てたことが、彼女の成功の秘訣ではなかったか、という点である。

結局のところ、サッチャーの指導者としての没落の原因を探っていくと、時代の変化という問題に突き当たらざるを得ない。

一九七〇年代後半、サッチャーが政治の最前線に立った時に求められたのは、イギリスの経済・社会的停滞を打破し、東側との価値の闘いに勝利するためのリーダーシップであった。彼女は持ち前の強い政治的信念でこの要請に見事に応えて見せたのであるが、一九九〇年代を迎え、時代の要請は全く違った様相を呈し始める。その要請は得てして「黒か白か」という二者択一的アプローチには馴染まないものであり、彼女の取り組みは前進ではなく分断を生むようになる。月並みな表現を用いれば、一九九〇年秋の時点で、サッチャーの指導者としての使命は終わりを迎えつつあった。デニスのように日々の政治的駆け引きからは一歩退き、物事の大局を見ていた者はこのことを早くから直感していたが、サッチャー自身はどうであったか。回想録には、党首選の間モリソンの楽観的な見通しにもかかわらず、不安を禁じ得なかった当時の心境が綴られており、ある程度の予感はあったのかもしれない。仮にそうであったとしても、彼女を数々の政治的勝利に導いた闘争心とプライドは、戦いの前に矛を収めることを許すはずもなく、そういう意味で一九九〇年十一月の党首選は彼女らしい最後であったと言えるかもしれない。

辞任表明の当日、下院で行われた不信任動議に関する討議は、戦いを終えてもなお彼女の闘争心とプライドに一切の陰りがないことを示すものであった。

労働党党首ニール・キノックによる提案理由説明は退陣を表明した政敵への「惻隠の情」を欠いた党派的なものであり、それに刺激されたためか、サッチャーの反論はいつも以上の迫力とエネルギーに満ちていた。それは、彼女の首相在任中を通じて、最も印象的なパフォーマンスの一つであり、つい前の日に彼女を指導者の座から放逐した与党席をも団結させる力を持っていた。

サッチャーが前の晩涙ながらに準備したスピーチは、過去十一年間の実績を強調したもので、彼女にとってはそのすべてが「歴史の法廷における証言」であった[31]。その一文、一文を、何らの悔恨の様子もなく、高らかに読み上げる彼女の姿は日没の直前にひときわ明るい光を放つ太陽を思わせた。

終章　余光

二〇一六年六月二十三日、イギリスでは欧州連合（EU）の加盟国として留まるか否かを問う国民投票が行われた。周知のとおり、投票の結果は大方の予想に反し、離脱派の勝利に終わり、EUからの脱退に向けたプロセス、いわゆる「ブレグジット」が進められることとなる。

本稿執筆の時点では脱退の条件に関するイギリス政府とEUの間の交渉が進行中であり、このプロセスの帰趨はいまだに明らかになっていない。しかし、今回の投票で示された国民の選択がイギリスの政治史に重要な節目を刻むことについては疑問の余地はなく、こうした選択をもたらした要因についてすでに様々な分析が行われている。その視野はEU拡大に伴う移民の急増といった政策的課題から保守党内部の権力闘争に至るまで広範に及び、識者の見方が収斂するまでにはなお時間がかかるように思われる。

「ブレグジット」に係る国民投票が行われたのは、本書執筆の準備を始めた時期と重なっており、筆者はそのことに一種運命的なものを感じていた。それには、二つの理由がある。

第一は、サッチャーが首相在任期間を通じて呻吟し続けた欧州との関係のあり方について、イギリスの有権者が国民投票を通じ一つの回答――これが最終的な回答であるか否かは、今後の推移を注視する必要はあるが――を提示したからである。彼女が泉下で今回の投票結果をどう受け止めているか、興味は尽きない。

第二の理由は、「ブレグジット」に関するイギリス国民の判断の背景に政治の現状に対する閉塞感という大きな問題が横たわっているように思われたからであり、この観察が正しければ、サッチャーの政治的遺産（レガシー）の評価にも関わってくる。したがって、最終章に当たる本章では、まずサッチャー以降のイギリスの政治状況を俯瞰し、彼女がもたらした変革の帰趨を吟味することとしたい。そのことによって、今日のイギリスの政治における彼女の立ち位置が明らかとなろう。

その一方で、サッチャーのレガシーを評価する試みは、現在の政治への意味合い（relevance）のみを検証することで完結するわけではない。チャールズ・ムーアがサッチャーをすべての指導者にとっての「原型」と呼んだように、彼女が示した政治的リーダーシップは、時代を越えた普遍的な教訓を含んでいるからである。

サッチャーの政治指導者としての資質については、前章までの議論の中で、様々な角度から検討してきた。本章ではこうした議論のすべてを繰り返すことはしないが、彼女が変革の指導者として成功した理由に関する筆者の考察を記して、筆をおくことにしたい。

サッチャリズムから「ニュー・レーバー」へ

序章で指摘したとおり、戦後政治の流れにおいてサッチャーが果たした最も重要な役割は、国民の福祉向上のために国家の介入を当然視するケインズ主義的なコンセンサスを破壊したことにあった。そして、サッチャー政治の成功は、保守、労働二大政党の間に今度は新自由主義的な経済政策に立脚する新たな政治コンセンサスを生み出す。サッチャーの退陣後、メージャー政権を経て、保守党から政権を奪還したトニー・ブレアが打ち出した「ニュー・レーバー」という概念は、こうした新たなコンセンサスを労働党の側から定義したものと言える。

当然のことながら、社会主義政党を標榜する労働党がこのコンセンサスに向けて動いた距離は、保守党に比べてはるかに大きい。しかし、ブレア政権の下で同党が政権に復帰できたのはまさにこの変身のおかげであり、サッチャーの最大の政治遺産は労働党を再び政権を任せられる(electable)政党にしたことと言われる所以である。彼女自身も、ブレア政権が誕生した一九九七年の総選挙のあと、外国人から国内の政局について質問を受けると、「困ったことに、私たちは敵方を改宗させてしまったのです」と答えるのが常であったという(1)。

トニー・ブレア

ブレアが労働党党首就任後、「ニュー・レーバー」路線を定着させるために払った努力の中で、最も象徴的であったのは一九一八年に採択された党綱領第四条(Clause IV)の修正である。

この条項は当該綱領の中核的規定であり、労働者に対する衡平な分配を確保するため、生産、流通、交換手段を公有化し、各産業、サービスを人民の管理の下に置くことを謳っていた。ブレアは一九九四年の党大会で党が目指すべき目的と価値を再定義することを提起し、翌年春の特別党大会で改訂された条項について合意を取り付ける。新条項は労働党を「民主的な社会主義政党」と位置づけてはいるものの、生産手段の公有化や産業・サービスの国有化といった旧条項の本質的部分は完全に骨抜きとなる。

ブレア指導下の「ニュー・レーバー」は多くの面でサッチャリズムと主張を異にしているが、ブレアが国家と個人の関係、市場の役割といった政治の本質的な部分において労働党を中道的な立ち位置に導いたことを、サッチャーの存在抜きに説明することは困難である。

一九九九年十月、ピーター・マンデルソン貿易産業大臣はアメリカのビジネスマンを前にした講演で、「我々は人々がえげつないくらい金持ちになることを全く気にしない」と述べたが、この発言は「ニュー・レーバー」の時代精神を表す言葉としてしばしば引用される。ブレア自身も二〇〇五年の党大会で、「(グローバル化の是非について議論するというのであれば)秋が夏の後に来るべきかどうかについても議論をした方が良いかもしれない」と言い放ったが、市場主義への信仰において、ブレアはサッチャー以上にサッチャー的であったとも言える。

「決して見誤るべきではない。サッチャーがブレアの産みの親なのだ。彼の閉鎖的で、大統領的な政治のスタイルや経済に関する彼の洞察の中心的部分は、すべてサッチャーそのものなのだ。」(2)

二〇〇二年春、サッチャーが健康上の理由で講演活動を中止することを発表し、政治の第一線から退くことが明らかになったとき、当時の代表的政治ジャーナリストであったピーター・オボーンはオブザーバー紙に寄せた寄稿の中でこう論じたが、この見方は多くの識者によって支持されている。

サッチャー政治の革新性

前述の引用文の中で、ピーター・オボーンはサッチャーとブレアの政治スタイルの相似性に言及しているが、サッチャー政治の革新性は政策的な次元に留まらず、政治手法そのものにも及んでいる。実際のところ、「サッチャリズム」の下で打ち出された施策がその後の政権によってすべて継承されたわけではないことを考えると、前者より後者の方がイギリス政治により持続的な影響を与えていると見ることが可能かもしれない。

サッチャーがもたらした政治手法の変革とは、一言でいうと、政治を政治機構に依存する組織的なものから、指導者個人の考え方や人格と結び付いた属人的なものへと転換させたことにある。こうした属人的な政治においては、指導者本人の考え方をこれまで以上に直接的な形で政府の施策に貫徹させると共に、指導者と有権者との間でより濃密なコミュニケーションを打ち立てることが図られる。以下にいくつかの具体的側面について論じてみたい。

(対メディア戦略)

一九七〇年代半ばから一九八〇年代にかけて、サッチャーが政治の第一線で活躍した時期は、政治とメディアの関係が目覚ましく変貌した時期でもあった。特に顕著な変化が見られたのは、政党による選挙キャンペーンや政府による日々の世論形成のあり方で、サッチャーと彼女のスタッフがこれらの面で行った取り組みには先進的なものが多い。

一九七九年の総選挙に際し、保守党が広告代理店「サッチ・アンド・サッチ」に委託して展開した広報キャンペーンは、洗練された現代的タッチでその後の政党によるイメージ戦略のモデルとなった。失業手当をもらうため列をなす労働者の写真の上に、「Labour isn't working」（「労働者に職がない」と「労働党は機能していない」のかけことば）というスローガンを大書したポスターは、ウィットを利かせながら、選挙の争点にずばりと切り込むインパクトを持っている。

サッチャーの広報担当補佐官のバーナード・インガムが「番記者」を対象として始めた「ロビー・ブリーフィング」も、政策広報のスタイルを一変させた。首相官邸が直接行うブリーフィングは、閣僚にとっては不都合なことも多く、サッチャーとの軋轢の種になることもしばしばであったが、インガムが首相自身へのパイプを使ってメディアを操作する手法は世論形成において極めて効果的であった。この手法はその後各国の政治の現場で幅広く活用されており、インガムは、政府の施策の対外説明係に過ぎなかったスポークスマンの伝統的な役割を越えて、政権全体の政治戦略に沿って能動的な世論形成に取り組んだ点で、いわゆる「スピンドクター（spin doctor）」の元祖と言えよう。

さらに、サッチャー政権が、従来の政権のように主流（メインストリーム）メディアだけではなく、タブロイドを含む大衆メディアを重視したことも目新しい。これは彼女が党首に就任した当時の広報アドバイザー、ゴードン・リースの助言に基づくもので、特に、メディア王のルパート・マードックが所有する「サン」紙は彼女の有力な応援団となる。

（大統領型政治の導入）

一方、政府部内における政策決定のあり方については、前章までに述べたとおり、サッチャーは政権の年を重ねるうちに首相官邸のスタッフに重要政策の立案を委ねる傾向を強めていった。外交政策面でパウエルが果たした役割の重要性についてはすでに触れたが、それ以外の政策分野でも官邸の政策ユニットが主導権をとる場面が多く見られた。

このような「大統領型」の政策決定プロセスが定着していった背景に、サッチャー個人の強力なリーダーシップがあったことは言うまでもないが、同時に「サッチャリズム」という全体的理念のもとで複数官庁にまたがる施策を一貫性のある形で進めていく必要性に迫られた結果でもあった。

サッチャーに寄り添うインガム

もっとも、こうした流れの中でも閣僚の役割が直ちに低減したわけではなく、ハウ、ローソン、ヘゼルタインといった重要閣僚との関係が政策動向に与えた影響には無視しがたいものがある。しかし、少人数の関係者による議論を選好するサッチャーの性格もあって、全体的には政策決定のプロセスは閉鎖的・排他的なものとなり、特に合議体としての閣議は形骸化していく。

（特定支持層の標的化）

サッチャーが「我々の側の人たち」や「内なる敵」といった表現を使って、有権者の中の特定のグループに奉仕する（あるいは、特定のグループを排除する）姿勢を示して憚らなかったことは、政治は万人のためにあるという従来の常識を覆すものであった。今日の政治では有権者の特定層（フォーカス・グループ）を標的として政治戦略を練ることが常識となっているが、その源流はサッチャーにあると言っても良い。

なお、サッチャーが有権者の中の特定層を念頭においた政策を展開したことに関連して浮上するのは、こうした政治手法は一種のポピュリズムではないかという疑問である。

一般的にポピュリズムとは、社会の特権階層を自己中心的で、非民主的な存在と位置づけ、これらの階層に対抗するため一般の人々を動員しようとする試みを指すことが多いが、厳密な定義は存在しない。例えば、アメリカの政治ジャーナリストのジョン・ジュディスが最近の著書で指摘するとおり、左翼的なポピュリズムが右に述べたような階級対立的な特色を示すのに対して、右翼的なポピュリズムは、特権階層のみならず、移民など、社会的により不利な立場に立つ弱者をも敵対視するといった相違もある(3)。

ポピュリズムの定義がどうであれ、特定のグループの利益を強調し、他のグループが持つ既得権益に挑戦する姿勢で政治的支持を獲得するサッチャーの政治手法が時として「ポピュリスト的」な色彩を帯びたことは否定しがたい。しかし、典型的なポピュリストが政治の主流から一線を画し、実現可能性を度外視した政策を標榜することで、一種の「抗議政治」を展開するのに対し、サッチャーは常に政治の主流において自らの政策を実現することに完全にコミットしていた。この点をもって、筆者は、サッチャーはポピュリスト的な側面は持ちつつ、ポピュリストではなかったと考えている。

いずれにしても、メディアとの関係における「スピン・コントロール」や「大統領型」の政治スタイルなど、サッチャー時代に始まった政治手法の変化は、その後ブレア政権に至って一つの「常態（norms）」となった感がある。その意味でブレアを政策のみならず、政治手法の面でもサッチャーの後継者としたオボーンの指摘は正しい。

ブレア政権の殆どの期間、対プレス関係を牛耳ったアラステア・キャンベルは単なる「スピンドクター」としての役割を果たすに留まらず、政権戦略の策定自体に大きな影響力を行使した。当時彼を取材していたプレス関係者は、最後はキャンベルが喋っているのか、ブレア自身が喋っているのか区別がつかなくなったという印象を述べているが、この時点ではキャンベルはブレアの「分身（alter ego）」と言っても良い存在となっていた。

また、特定支持層の標的化の面でも、ブレアはサッチャーの手法から多くを学んでいる。一九九〇年代の政治分析においてはサッチャーの選挙における成功を支えたイングランド南部の中流層を指す言葉として、「エセックス・マン（Essex Men）」という表現がよく用いられた。一方、ブレアが、一九九六年十月の党大会で今後労働党が支持を訴えるべきターゲットとして打ち出したのは、「モンデオ・マン（Mondeo Men）」という概念である。

モンデオはフォードの中級セダンで、ブレアがこの言葉でイメージしたのは、モンデオに乗るような上層労働者階級で、かつては労働党の支持者であったが、サッチャリズムのおかげでビジネスに成功し、マイホームの夢も実現したため、保守党支持に宗旨替えした人々であった。このように、ブレアの「モンデオ・マン」は、サッチャーの「我々の側の人たち」に比べるとはるかに洗練された概念であるが、特定階層の支持を念頭に政治戦略を組み立てるという発想自体は彼女に負うところが大きいのである。

「総中道化」「総中流化」する政治

以上のようにサッチャリズムと「ニュー・レーバー」の間には強い連関が認められるものの、ブレアの進めた施策のすべてをサッチャリズムの亜流と貶《おとし》めるのは彼に対して公平ではあるまい。彼の功績は個人の自由を重視するサッチャリズムの大枠を継承しつつも、社会政策の分野ではリベラルなスタンスを強調することで、広範な国民の支持を獲得したことにある。かくして、ブレア政権が発足してから二〇〇八年の金融危機を迎えるまでには、市場経済主義と社会的なリベラリズムを二つの柱とする政治的コンセンサスが定着していく。

この政治的な流れを後押ししたのは、グローバル化の進展の中で金融セクターを中心にイギリス経済が高いパフォーマンスを示したことで、新たな政治的コンセンサスの支持者の多くはこうした成長の恩恵の享受者であった。その意味で、このコンセンサスはエリートのそれであったと言っても良い。

一方、前述のとおり、イギリス国内の経済格差はサッチャー時代から拡大の傾向にあったが、労働党政権に移行した後でも政府はこの傾向に歯止めをかけることができず、いわゆる「取り残された人々（left-behinds）」の存在が顕在化していく。そして、金融危機を契機に国内景気が不況に転じると、こうした人々の政治に対する不満が噴出するのであるが、問題はこの頃までに主要政党がこうした不満を受け止める機能を低下させてしまったことである。その結果、ＥＵ離脱運動を主導した新興政党、英国独立党（ＵＫＩＰ）は欧州統合に対する国民の不安ばかりでなく、より大きな政治不信を吸収することで勢力を拡張していく。

ここでは、このような政治の機能不全が生じた背景を、（一）政治選択の曖昧化、（二）政党の体質の均質化と政党離れ、（三）国民の政治的関心の低下と投票行動の不安定化、という、三つの角度から論じてみたい。

（政治選択の曖昧化）

イギリスにおいて政治の機能不全がもたらされた理由としてまず挙げられるのは、新たな政治コンセンサスが定着していく過程で、二大政党の政治的主張が収斂し、国民の目から見てわかりやすい政治選択を提示できなくなったことである。

労働党がブレアの下で中道寄りに路線を転換していったことはすでに述べたが、保守党もまた、サッチャー退陣後、サッチャリズムが体現する厳しい個人主義に対する国民の批判を意識して、より中道的な立場を志向していく。メージャー政権時代に「人間の顔をしたサッチャリズム」というキャッチフレーズが云々されたのはこのためであり、メージャー以降の党首も徐々にサッチャーとの政治的距離を拡げていく。

この結果、イギリス政治には、もともと中道政党であった自由民主党を含め主要政党が「総中道化」する現象が定着していく。例えば、イギリスにおけるある研究によれば各党の総選挙における綱領を「左寄り」か、「右寄り」かの基準で定量評価し、その推移を分析したところ、政策の収斂傾向は一九八〇年代以降に始まり、二〇〇〇年頃には各党の主張はほぼ似通ったものとなったと結論付けられている(4)。

主要政党間の政策が収斂したことは、政治のあり方に次のような帰結をもたらしている。

第一に、政党間で政策の相違が縮小するに伴い、政治選択が段々とその内容ではなく、パーソナリティーやプレゼンテーションの巧拙に依存する傾向を深めていく。この傾向が最も顕著に現れたのはブレア政権であり、ブレア自身の天賦の発信能力と首相府を中心とするアグレッシブなメディア戦略は、政治評論家のマルカンドが「プレゼンティズム（presentism）」と呼ぶ新たな政治のスタイルを生む(5)。

第二に、政策の内容が収斂するにつれ、各党はそれを実施するための実務能力（competence）を競うようになる。その結果生まれたのが、一種の「専門家信仰」であり、政治家が政策実施のプロセスから距離を置いた方が公正で、効率的な政策運営に資するという考え方である。前述のとおり、この傾向は、サッチャー政権において首相補佐官の役割が強化されたことにその萌芽が見られるが、ブレア政権では首相官邸の「大統領府」化が一層進行し、官邸内の一室に集まった関係者が内輪話をしながら国事を動かす、「ソファー政治」だと揶揄されるようになる。

さらに、ブレア政権では、政策運営を首相補佐官以上に政治的アカウンタビリティの枠外に位置する専門家に委ねる試みも始まった。その最も象徴的な事例は、ブレア政権の発足直後、ゴードン・ブラウン蔵相（のちの首相）が金利水準の決定権限を中央銀行の金融政策委員会に委譲したことであるが、同様の決定は他の政策分野にも波及していく。

〈政党の体質の均質化と政党離れ〉

政策の収斂傾向と同様に見逃せないのは、政党の体質の均質化である。

戦後保守党においては、党運営の主導権は上流階級からサッチャーに代表されるような中流階級出身者に移行していくが、二十世紀の後半に至り、労働党も労働階級の政党から中流階級の政党へと変貌を遂げる。例えば、一九五〇年代から八〇年代にかけて労働党所属の下院議員の約一割は労働組合出身者であったが、二〇一五年までにこの割合は一パーセントにまで低下している。同様に閣僚の経歴を見ても、かつては労働階級の職業の経験者が半数を占めていたのに比し、一九九七年の第一次ブレア内閣のメンバーでこうした経歴を持つのは商船の船員出身のジョン・プレスコット環境・運輸・地域相ただ一人であった[6]。

また、教育水準を見ても、一九五一年には労働党の下院議員の中で大卒者は四一パーセントに限られていたのに対し、二〇一〇年までにはその割合は約八〇パーセントに達し、保守党議員の学歴と殆ど差はなくなっている[7]。

以上のような主要政党の体質の均質化によって、各党と特定階級とのつながりも段々と希薄なものとなった。一九八七年のある調査では、有権者の約四七パーセントが労働党は労働階級の利益を代表する政党と見なしていたが、二〇〇一年にはこの数字は一〇パーセントまで低下している。二〇一五年の別の調査では、労働党を中流階級の政党と考える人の割合（四八パーセント）は、労働階級の政党と考える人の割合（三八パーセント）を上回っている。一方で、同じ調査で保守党が中流階級の政党とする人は全体の八八パーセントに上っており、要するにイギリスの主要政党は「総中道化」のみならず、「総中流化」の傾向をも深めつつあったのである[8]。

（国民の政治的関心の低下と投票行動の不安定化）

こうした「総中道化」、「総中流化」の流れにおいて、国民の政治への関心は徐々に低下していく。各党の政策が収斂し、政治選択のあり方が不明瞭になると、有権者は自らの政治的意思を表明する意欲を減退させる。彼らと政党をつないでいた階級的な紐帯が弱まったこともこの傾向に拍車をかける。さらに、政策運営が政治家の手を離れ、「専門家」に委ねられるようになると、当然のことながら「選挙によって選ばれた政府（elected government）」の存在意義は不明確なものとなる。「専門家」が展開する政策的議論が往々にして専門用語（jargons）であふれた技術的なものとなりがちなことは、国民の政治への関心を一層低下させる。

こうした国民の政治的関心の低下はいくつかの指標でも裏付けられている。例えば、総選挙における投票率は、一九七〇年代から八〇年代にかけてほぼ八〇パーセントに近かったものが、二〇〇〇年代には平均で六三パーセント程度に低迷しており、そうした意味でEU離脱の国民投票における七二パーセントを超える投票率は、近年ではまれに見る関心の高さを示したものと言える。また、政党の党員数にも著しい低下が見られ、一九六四年には保守、労働両党の党員数の合計は三百万人を超えていたが、二〇一三年にはその十分の一まで落ち込んでいる[9]。

近年の選挙動向に関連して、投票率の低下と並んで指摘されるもう一つの特徴は、有権者の投票行動の不安定性（volatility）である。一九六〇年代においては、選挙によって投票先を変えた有権者の割合は一〇パーセント程度に留まっていたが、二〇一五年の総選挙ではこの数字はほぼ四〇パーセントに達した。二〇一六年の国民投票を含め、近年世論調査による投票予測が精度を欠くこともこうした傾向を反映している[10]。

政治変革におけるリーダーシップ

以上のように、サッチャー以降のイギリスの政治が様々な経緯を経て機能不全に陥る中で、今日の政治における彼女の位置づけが微妙なものとなっていることは無理もない。近年保守党の指導部はサッチャー政治から次第に距離をおきつつあり、テリーザ・メイ首相の口から彼女の名前を聞くことは殆どないのが現状である。労働党においても、「ニュー・レーバー」という用語はすでに死語となっており、コービン現党首が主要産業の国有化など、「先祖返り」とも思える施策を打ち出していることについてはすでに触れた。

その一方で、右に述べたような政治状況にもかかわらず、政治指導者としてのサッチャーの評価は不変とも言える。二〇一六年にイギリスのリーズ大学が有識者を対象に行った調査では、サッチャーは第二次大戦後の首相の中で、戦後最初の労働党政権を率いたクレメント・アトリーに続き二番目の評価を得ている(11)。

この調査結果については、日本において比較的無名とも言えるアトリーが最高の評価を得ていることは意外に思えるかも知れないが、これは彼の政権の下で進められた国民健康保険制度（NHS）を中心とする社会保障制度の構築が歴史的な大事業と見なされているからである。逆に言えば、アトリーの評価はこの一点に依存するものであり、外交を含む政治手腕全般に対する評価では、サッチャーに軍配があがるのではないか（ちなみに、チャーチルについては、「戦後の」首相という縛りのために第二次内閣（一九五一～一九五五年）のみが評価の対象となったため、全体の七位という低位に甘んじている）。

さらに、国民レベルにおいても、サッチャーの業績は一貫して高い支持を享受しており、二〇〇七年にBBCテレビの政治番組が視聴者を対象に行った調査では、彼女の支持率は四九パーセントで、アトリーの三二パーセントに大きく水をあけて首位を獲得している[12]。

もっともこうした「人気投票」の難しさは、政治指導者が直面する課題が時代環境によって異なっていることで、こうしたことを度外視して順位をつけようとすれば恣意的な評価となりがちである。逆に言えば、こうした順位は、各指導者が時代の要請に応える資質をどれほど備えていたかを示すものとも言える。

すなわち、チャーチルについて言えば、国家の生存を脅かす事態に対応するための「危機の指導者」としての資質であり、アトリーについて言えば、国民が一丸となって戦後復興に取り組むための社会的統一を達成した「融和の指導者」としての資質である。そして、サッチャーに対して求められたのは、時代の閉塞状況を打破するための「変革の指導者」としての資質であった。

序章でも述べたとおり、筆者は今日の政治が再び閉塞状況を迎えつつある中、政治変革のためのリーダーシップのあり方を吟味することには重要な意義があると考えている。この関連で興味深いのは、イギリスの政治学者であるティム・ベールが最近の著書で示した分析である。

この研究は、第二次大戦後から今日までの保守党の歴史的発展を人材、組織、政策の各観点から検証し、政治的変革がどのような要因によってもたらされたか分析することを目的としている。ここで取り上げられた政治変革の要因には、党首によるリーダーシップ、選挙における敗北の反動、党内派閥の影響力、外部の利害団体によるロビイングなどが含まれるが、ベールは政策変更を推し進める原動力としては、党首の役割が最も重要であると結論づけている。そして、彼が歴代党首の中で最も顕著な政策変更を成し遂げた指導者として挙げているのが、サッチャーである[13]。

この分析は保守党に視野を絞ったものであるが、政治の変革における指導者の重要性は、時代や政党を超えて妥当するものと思われる。この点は、特に、現在の政治が政治指導者による属人的な性格を強めつつあることを考えるとなおさらである。

それでは、「変革の指導者」としてのサッチャーの資質をどのように評価すべきか。

人間的に見たとき、サッチャーは複雑で、時として相矛盾する側面を持っていた。

例えば、彼女は長年の議会での経験のおかげで政治的な老獪さを備えていたが、政治以外の部分では驚くほど世間知らずの面があった。

一九七五年六月、野党党首時代のサッチャーは外国旅行中に補欠選挙で勝利したというニュースに接する。早速取材のカメラを前にチャーチルよろしくVサインを出したのは良かったが、手のひらではなく、手の甲をカメラに向けながら指を突き出し、広報担当者を慌てさせたという笑い話がある。担当者は彼女の仕草が下品なジェスチャーであることを縷々説明したが、最後まで何が問題かピンとこなかったらしい(14)。

第七章で触れたホスキンスの忠告にも表れているとおり、サッチャーは対人関係において多くの欠点を抱えていた。議論において過度に攻撃的になったり、人前で面罵したりしたことで、閣僚との関係がこじれ、退陣の遠因ともなったことも前述のとおりである。

その一方で、サッチャー周辺の関係者からは、彼女が他者、特に、弱者や不幸な境遇にある人に対して、最高権力者とは思えないほどの細やかな心遣いを示したことについて多くの証言が寄せられている。

一九八五年春、炭鉱ストライキが終わった後、サッチャーはNUMの指令に反して働き続けた炭鉱夫の夫人にねぎらいの手紙を書く。そして、秘書に対して署名した手紙を首相官邸の公式のものではなく、白地の封筒に入れて投函するよう指示する。裏切り者として敵対的雰囲気の中で暮らす家族のもとに、「ダウニング街十番地」と印刷された封筒が届くのは迷惑であろうという配慮である。一国の首相がそのような気遣いを示すことはなかなかできるものではない[15]。

また、サッチャーは大変な慎重居士で、例えば、党大会など主要演説の作成作業はスタッフにとって大変な苦行であった。重要な政治的判断に際しては、九割方肚を固めても、最終的な結論は一晩寝てから下すのが常で、首相辞任の意向も首相府の責任者に伝えたのは、前章でも触れた閣僚との面談を行った翌朝であった。その反面、必要な場合には、即断即決を辞さない胆力も備えており、フォークランド戦争においては模範的な指導力を発揮した。

一方、前章までに様々な角度から述べてきたとおり、いくつかの資質においてサッチャーは常に一貫し、曖昧さを示すことはなかった。そうした資質とは、政治的確信の深さ、一貫性、職務へのコミットメント、エネルギーなどであり、彼女が変革の指導者として成功した理由はこうした資質に求められる。

そして、筆者が結論的に最も強調したいのは、彼女の圧倒的な真摯さである。それは、彼女が炭鉱夫の夫人に示したような人間的な真摯さや職務への忠実さだけをさすものではない。筆者が何よりも感銘を受けるのは、政治家としての知的真摯さである。

広報補佐官のインガムはサッチャーの政治家としての資質として、思想的確信、道徳的勇気、一貫性、仕事をやり抜く鉄の意志に加えて、「愛されることを望まなかったこと」を挙げている。この最後の点は、筆者が言う知的真摯さを異なる角度で表現したものである[16]。

政治選択には常にトレードオフが内在する。良いことばかりの施策は政治選択として提示する必要はないし、悪いことばかりの施策はそもそも選択肢として成り立たない。しかも、ある人（グループ）にとって良い選択肢が他の人（グループ）にとって好ましくないものであることもしばしばである。通常の政治においては、こうしたトレードオフを糊塗して、支持の最大化を目指すことが賢明とされているが、真の変革を達成するためには「愛されない」覚悟を持って自らの信念を訴えていくことが必要となる。

「序にかえて」で述べた「政治信念を実現可能性を備えた政治選択に昇華させる能力」は、サッチャーのこうした真摯さを国民が受け止めることを通じて発揮された。彼女に対する好意と敵意の両方が先鋭化するのも、彼女の体現するものが常に掛け値のないものであることが理解された結果であった。

そして、その知的な真摯さの根底にあるのは、国家と個人の関係という、政治における最も根本的な問題への取り組みである。彼女は政治家としての人生を通じてこの問題から視線をそらすことがなかった。

繰り返し指摘するとおり、サッチャー政治の本質は、従来の政治における国家と個人の間の境界線を引き直そうとする試みである。彼女が首相としての最後の下院討議で、「過去十年間にわたり、我々はかつてない規模で権力を人々の手に返しました」と強調したことも、この点に関する彼女の自負を物語っている(17)。

また、国家と個人の関係は、外交においても内政同様の重みを持っていた。

「我々はイギリスにおいて国家の境界を押し戻すことに成功してきました。ブリュッセルから新たな支配力を行使する欧州の超国家組織によって、この境界が欧州の次元で再度押しつけられることを座視したりしません[18]。」

一九八八年九月、ベルギーのブリュージュで行った政策演説において、サッチャーはこのように述べた。彼女にとって、欧州統合への反対も、東側諸国における反体制運動への支援も、「国家の境界」への挑戦という同じ問題意識に立っている。

もちろん、サッチャリズムという実験にもかかわらず、この難問への明確な回答が得られたわけではない。二〇〇〇年前後、新自由主義が一世を風靡したころ、知的会話の中で「政府の退場」といった言葉が躍ったこともあったが、その後の我々の経験はことがそう容易ではないことを示している。

サッチャリズムの実践においても、民営化などを通じた経済的自由の拡大は、経済・社会の活性化に明らかに貢献したが、格差の拡大や市場の自由の濫用などについて、政府の新たな関与の必要性を生み出した。政府の役割に市場的な解決を試みる取り組みも、分野によっては一定の成果を生んだものの、医療、教育といった公共性の高い分野では様々な障害に直面し、市場的解決のためのシステムを整備するため却って中央の官僚組織が肥大化するといった矛盾も生んだ。

それでも、サッチャーが福音主義的な熱意を持って個人の自由の可能性を追求したおかげで、政府と個人の役割とその限界に関する我々の理解は格段に深まった。こうした理解と、サッチャリズムという実験の過程で編み出された数々の政策手法は、我々の政治的選択肢を大きく拡げた。このことが、おそらくはサッチャーの最大の政治的遺産であろう。

今日のイギリスの政治状況に目を向けると、「ブレグジット」を巡る混迷は、国家と個人の関係について再び真剣な検討が求められていることを示唆する。その際、サッチャーの時代との大きな違いは、伝統的な国家に加えて、欧州連合という超国家的な権威が個人の営みに重大な影響を与えていることであり、これら三者の緊張関係をどう解きほぐしていくか、政治指導者に課せられた課題は重い。

同時に、イギリス以外の先進民主主義国においても、グローバル化や情報通信革命、さらには高齢化や夥しい移民の流入といった人口動態の変化など、国家と個人の関係の見直しを迫る事象が次々と生じている。その一方で、イギリスで見られる政治の機能不全と同様な兆候――政治選択の曖昧化、有権者の政党離れや政治的関心の低下、投票行動の不安定化など――は、程度の差はあっても、これらの国でも顕在化しつつあり、イギリスの状況を対岸の火事と片付けるわけにはいかなくなっている。

今日の社会において、指導者が国民との間で政治の変革を成し遂げるために必要な共感（rapport）を構築することは容易な作業ではない。しかし、そうした状況にもかかわらず、いや、そうした状況だからこそ、指導者はサッチャー同様の知的真摯さをもって国家と個人の関係に新しい光を投げかけなければならない。時には、「愛されない」覚悟をもって。

ウェストミンスターの議事堂の中央ロビーから下院の議場に向かう途中に「メンバーズ・ロビー」というスペースがある。そこには、過去の政治指導者の彫像が数多く展示されているのであるが、二つの入り口の両側にはひときわ大きなブロンズ像が置かれている。

チャーチル・アーチと呼ばれる議場側の入り口の両脇に立つのは二次にわたる世界大戦の指導者、デヴィッド・ロイド゠ジョージとウィンストン・チャーチルである。そして、中央ロビー側の入り口の両側に屹立するのが、アトリーとサッチャーであり、この二人は、結論は対極にあるものの、国家と個人の関係について一時代を画するビジョンを描いた。

「メンバーズ・ロビー」はその名のとおり、下院議員がディヴィジョンと呼ばれる投票を行う前に集まる場所であり、議員が政治的判断に思いを巡らせるその場所を、この四人の指導者が見下ろしていることはきわめて象徴的である。彼らのまなざしは、政治の究極的な目的が、国家の生存を確保し、国家と個人の関係を律することにあることを常に想起させているからである。

サッチャーがグランサムで培った素朴な宗教的確信はやがて強い政治信念となり、その真摯なエネルギーはイギリス社会に大きな変革をもたらした。その余光はいまだに我々の政治を照らしている。

議事堂にあるブロンズ像の前に立つサッチャー

あとがき

本書は筆者が二〇一五年末から二〇一八年半ばまで日本大使としてイスラエル駐在中に執筆したものである。職務の傍ら行った作業でもあり、資料の読み込みから執筆まで約二年を要した。

筆者は本を出す際には、自分の職務に直接関係のない題材を選ぶことにしている。そうでなければ、書きたいことが書けなくなるからである。しかし、サッチャーについては、今日の国際関係に依然として有形、無形の影響を及ぼしていることもあり、本書で示した見解が日本政府の立場を反映したものではなく、筆者個人のものであることを念のためお断りしておきたい。

また、本書の執筆に際しては、君塚直隆関東学院大学教授から貴重な示唆を頂いた。深く感謝したい。

サッチャーとユダヤ社会との関係については、本文でも若干触れた。彼女の選挙区に多くのユダヤ系住民が住んでいたこと、キース・ジョゼフやレオン・ブリタンなど、彼女と深い関わりを有する人々の中に、ユダヤ系の政治家が含まれていたことなどである。

一方、彼女のユダヤ社会への関わりにおいて最も重要と思われるのは、冷戦終結の前後、それまでソ連国内で抑圧されていた多数のユダヤ系ロシア人がイスラエルに移住したことであり、その数は約百万人に上る。当時のイスラエルの人口が五百万人に満たないことを考えると、この動きがいかに大きな社会的影響を生み出したか、想像に難くない。実際こうした移住者の中には、医師、エンジニア、音楽家など、高度の知見や技能を持った人が多数含まれており、「ハイテク国家」イスラエルの基盤はこの時期に築かれたと言って良い。

歴史上の人物の評伝を書く作業は、結局のところその人物が人々の営みにどのような影響を与えたかを確かめることにほかならない。チャーチルの場合、世代の差もあり、こうした影響は文献などを通じて間接的に推し量ることとなるが、サッチャーについては、イスラエルのような遠隔の地でも直接目の当たりにすることができる。そのことによって、この本を書くことは一層充実した作業となった。

『華麗なるギャツビー』の作者として知られるスコット・フィッツジェラルドは、「英雄がいれば教えてくれ。悲劇を書いてあげるから。(Show me a hero and I'll write you a tragedy.)」と言った。サッチャーの生涯も彼の手にかかれば、悲劇となったかもしれない。

しかし、イスラエルに新天地を求めたユダヤ系ロシア人たちの場合のように、彼女のリーダーシップと献身は数多くの人々に恩恵を与えた。そして、何よりも彼女が成し遂げたことは政治の将来への一つの道標となっている。彼女の生涯は、一人の女性の悲劇として終わらせるにはあまりにも貴重である。本書を通じて、少しでもそのことを伝えることができれば幸いである。

二〇一八年五月、イスラエル、テルアビブにて

冨田浩司

註

序にかえて

（1）冨田浩司、『危機の指導者 チャーチル』、新潮社、二〇一一年。
（2）Marquand, David, *Britain since 1918* (London: Weidenfield & Nicolson, 2008), p. 315.
（3）Crafts, Nicholas, "*The Economic Legacy of Mrs Thatcher*", in Center for Economic Policy Research Policy Portal (https://voxeu.org/article/economic-legacy-mrs-thatcher).
（4）独立行政法人労働政策研究・研修機構ホームページ (http://www.jil.go.jp/kokunai/statistics/databook/2017/07/p220_7-2.pdf)
（5）Office for National Statics, "*Labour Disputes in the UK: 2016*" (https://www.ons.gov.uk/employmentandlabourmarket/peopleinwork/workplacedisputesandworkingconditions/articles/labourdisputes/latest)
（6）Moore, Charles, *Margaret Thatcher, Volume One* (New York: Knopf, 2013), p. xvii.

第一章　カエサルのもの、神のもの

（1）二〇〇九年五月二十三日付テレグラフ紙 (https://www.telegraph.co.uk/news/religion/5373525/Tony-Blair-believed-God-wanted-him-to-go-to-war-to-fight-evil-claims-his-mentor.html)
（2）Filby, Eliza, *God & Mrs Thatcher* (London: Biteback Publishing, 2015), p. xvii.
（3）Thatcher, Margaret, *The Path to Power* (New York: HarperCollins, 1995), p. 5.
（4）*Ibid.*
（5）サッチャー・アーカイブ (http://margaretthatcher.org/document/105830)
（6）同右 (http://margaretthatcher.org/document/104078)
（7）同右 (http://margaretthatcher.org/document/109898,109899,109900,109925)
（8）Weiss, Antonio E., *The Religious Mind of Mrs Thatcher* (2011) サッチャー・アーカイブ所蔵論文 (http://margaretthatcher.org/document/112748)

(9)Thatcher, *The Path to Power*, p. 6.
(10)*Ibid*., p. 19 and p. 22.
(11)Moore, *Margaret Thatcher, Volume One*, p. 158.
(12)サッチャー・アーカイブ (http://margaretthatcher.org/document/101632)
(13)同右 (http://margaretthatcher.org/document/103522)
(14)Filby, *God & Mrs Thatcher*, p. 113.
(15)サッチャー・アーカイブ (http://margaretthatcher.org/document/104475)
(16)同右 (http://margaretthatcher.org/document/106689)
(17)Thatcher, Margaret, *The Downing Street Years* (New York: HarperCollins, 1993), p. 626.
(18)Thatcher, *The Path to Power*, pp. 554-555.
(19)Filby, *God & Mrs Thatcher*, p. 159.
(20)Moore, *Margaret Thatcher, Volume One*, p. 757.
(21)Filby, *God & Mrs Thatcher*, p. 288.
(22)Moore, Charles, *Margaret Thatcher, Volume Two* (New York: Knopf, 2016), p. 446.
(23)Filby, *God & Mrs Thatcher*, p. 238.
(24)サッチャー・アーカイブ (http://margaretthatcher.org/document/107246)
(25)二〇一三年四月九日付ヘラルド紙 (http://www.heraldscotland.com/news/13099442.First_Minister__Her_policies_made_Scots_believe_that_devolution_was_essential/)
(26)Filby, *God & Mrs Thatcher*, p. 348.
(27)Norman, Andrew, *The Story of George Loveless and the Tolpuddle Martyrs* (Tiverton: Halsgrove, 2008), p. 8.

第二章　女であること

(1)Johnson, Paul, *"Failure of the Feminists"*, in *The Spectator*, March, 2011.
(2)サッチャー・アーカイブ (http://margaretthatcher.org/document/100936)
(3)Moore, *Margaret Thatcher, Volume One*, p. 38.

(4) Thatcher, *The Path to Power*, p. 37.
(5) Moore, *Margaret Thatcher, Volume One*, p. 43.
(6) *Ibid.*, p. 45.
(7) *Ibid.*, p. 41.
(8) Palmer, Dean, *The Queen and Mrs Thatcher* (Brimscombe Port: The History Press, 2016), p. 50.
(9) Moore, *Margaret Thatcher, Volume One*, pp. 60–65.
(10) *Ibid.*, p. 47.
(11) *Ibid.*, p. 48.
(12) *Ibid.*, p. 81.
(13) Thatcher, Carol, *Below the Parapet* (London: HarperCollins, 1996), p. 51.
(14) Moore, *Margaret Thatcher, Volume One*, p. 110.
(15) Thatcher, *The Path to Power*, p. 67.
(16) Thatcher, *Below the Parapet*, p. 70.
(17) Moore, *Margaret Thatcher, Volume One*, p. 175.
(18) Thatcher, *The Downing Street Years*, p. 22.
(19) Thatcher, *Below the Parapet*, p. 290.
(20) *Ibid.*, p. 235.
(21) *Ibid.*, p. 290.
(22) *Ibid.*, p. 254.
(23) Thatcher, *Below the Parapet*, p. 69.
(24) *Ibid.*, p. 86.
(25) Harris, Robin, *Not for Turning* (London: Corgi, 2014), p. 430.
(26) Palmer, *The Queen and Mrs Thatcher*, pp. 171–172.
(27) Moore, *Margaret Thatcher, Volume Two*, p. 577.
(28) Palmer, *The Queen and Mrs Thatcher*, p. 189.

(29) *Ibid.*, p. 21.
(30) Moore, *Margaret Thatcher, Volume Two*, p. 555.
(31) *Ibid.*, p. 583.

第三章　偶然の指導者

(1) Moore, *Margaret Thatcher, Volume One*, p. 275.
(2) *Ibid.*
(3) *Ibid.*
(4) *Ibid.*, p. 293.
(5) Heffer, Simon, *Like the Roman* (London: Faber & Faber, 2014), p. 93.
(6) Thatcher, *The Path to Power*, p. 221.
(7) *Ibid.*, p. 195.
(8) Marquand, *Britain since 1918*, p. 234.
(9) Moore, *Margaret Thatcher, Volume One*, p. 243.
(10) Thatcher, *The Path to Power*, p. 182.
(11) サッチャー・アーカイブ（http://margaretthatcher.org/document/110607）
(12) Thatcher, *The Path to Power*, p. 251.
(13) *Ibid.*, p. 261.
(14) *Ibid.*, p. 251.
(15) *Ibid.*, p. 266.
(16) Moore, *Margaret Thatcher, Volume One*, p. 280.
(17) Thatcher, *The Path to Power*, pp. 274-275.
(18) *Ibid.*, p. 280.
(19) *Ibid.*, p. 196.
(20) Moore, *Margaret Thatcher, Volume One*, p. 673.

(21) *Ibid*., pp. 750–751.

第四章　戦う女王

(1) サッチャー・アーカイブ（http://www.margaretthatcher.org/document/104431）
(2) Moore, *Margaret Thatcher, Volume One*, p. 631.
(3) Ipsos MORI 社ホームページ（https://www.slideshare.net/IpsosMORI/margaret-thatcher-poll-rating-trends）
(4) Marquand, *Britain since 1918*, p. 288.
(5) Moore, *Margaret Thatcher, Volume One*, p. 666.
(6) Thatcher, *The Downing Street Years*, p. 183.
(7) Moore, *Margaret Thatcher, Volume One*, p. 672.
(8) Middlebrook, Martin, *the Falklands War* (South Yorkshire: Pen & Sword Books, 2012), p. 68.
(9) Moore, *Margaret Thatcher, Volume One*, p. 667.
(10) Thatcher, *The Downing Street Years*, p. 179.
(11) *Ibid*., p. 188.
(12) Moore, *Margaret Thatcher, Volume One*, p. 742.
(13) *Ibid*.
(14) Thatcher, *The Downing Street Years*, p. 173.
(15) Ipsos MORI 社ホームページ（https://www.ipsos.com/ipsos-mori/en-uk/falklands-war-panel-survey）
(16)「ベルグラーノ」沈没の経緯については、下記フリードマンによる公式戦史（第二十一章、および第四十九章）に詳しい。
Freedman, Lawrence, *The Official History of the Falklands Campaign, Volume Two* (Abingdon: Routledge, 2005).
(17) Thatcher, *The Downing Street Years*, p. 215.
(18) Freedman, *The Official History of the Falklands Campaign, Volume Two*. p. 746.
(19) Thatcher, *The Path to Power*, p. 90.
(20) 国連ホームページ（http://unscr.com/en/resolutions/502）
(21) 同右（http://dag.un.org/handle/11176/66608?show=full）

(22) Thatcher, *The Downing Street Years*, p. 182.
(23) Moore, *Margaret Thatcher, Volume One*, p. 709.
(24) *Ibid.*, p. 686.
(25) サッチャー・アーカイブ（http://margaretthatcher.org/document/114274）
(26) 以下の記述で言及する種々の調停案の原文は、前掲フリードマンの公式戦史の付属資料として確認できる。
(27) Moore, *Margaret Thatcher, Volume One*, p. 721.
(28) *Ibid.*, p. 750.
(29) *Ibid.*, p. 723.
(30) *Ibid.*, pp. 729-730.
(31) *Ibid.*, p. 730.
(32) Thatcher, *The Downing Street Years*, p. 235.

第五章　内なる敵

(1) Letwin, Shirley Robin, *The Anatomy of Thatcherism*（New Brunswick: Transaction Publishers, 1993）, p. 33.
(2) Moore, *Margaret Thatcher, Volume Two*, p. 186.
(3) Ipsos MORI社の統計を利用して、筆者が作成。（https://www.ipsos.com/ipsos-mori/en-uk/how-britain-voted-october-1974）
(4) Harris, *Not for Turning*, p. 244.
(5) Thatcher, *The Downing Street Years*, p. 676.
(6) Moore, *Margaret Thatcher, Volume Two*, p. 38.
(7) *Ibid.*, p. 193.
(8) *Ibid.*
(9) *Ibid.*, p. 198.
(10) *Ibid.*
(11) *Ibid.*, p. 220.
(12) *Ibid.*, p. 143.

(13)Thatcher, *The Downing Street Years*, p. 339.
(14)Moore, *Margaret Thatcher, Volume Two*, p. 158.
(15)*Ibid.*, p. 150.
(16)*Ibid.*, p. 156.
(17)*Ibid.*, p. 167.
(18)*Ibid.*, p. 172.
(19)サッチャー・アーカイブ（http://margaretthatcher.org/document/106348）
(20)英国財政研究所の推計。（https://www.ifs.org.uk/docs/ER_JC_2013.pdf）
(21)Moore, *Margaret Thatcher, Volume Two*, p. 220.
(22)*Ibid.*, pp. 162–163.
(23)*Ibid.*, p. 176.

第六章　戦友たち

(1)Moore, *Margaret Thatcher, Volume One*, p. 365.
(2)サッチャー・アーカイブ（http://margaretthatcher.org/document/102939）
(3)同右（http://margaretthatcher.org/document/205626）
(4)Moore, *Margaret Thatcher, Volume Two*, pp. 283–289.
(5)Thatcher, Margaret, *On Europe*（London: William Collins, 2012）, p. 3.
(6)Moore, *Margaret Thatcher, Volume Two*, p. 379.
(7)二〇〇五年十一月三日付ガーディアン紙（https://www.theguardian.com/world/2005/nov/03/germany.past）
(8)Moore, *Margaret Thatcher, Volume One*, p. 312.
(9)二〇〇九年九月十四日付シュピーゲル誌（http://www.spiegel.de/international/germany/thatcher-versus-kohl-they-didn-t-naturally-enjoy-each-other-s-company-a-648901.html）
(10)二〇〇八年四月十四日付テレグラフ紙（http://www.telegraph.co.uk/news/newstopics/themargaretthatcheryears/1585111/Tales-from-Margaret-Thatchers-foreign-travels.html）

（11）Thatcher, *The Downing Street Years*, p. 182.

（12）二〇一三年四月九日付ガーディアン紙（https://www.theguardian.com/politics/blog/2013/apr/09/margaret-thatcher-the-best-15-anecdotes）

（13）Moore, *Margaret Thatcher, Volume Two*, p. 385.

（14）*Ibid.*, p. 387.

（15）Gaddis, John Lewis, *The Cold War*（London: Penguin, 2007）, pp. 196-197.

（16）レーガン・ライブラリー（https://www.reaganlibrary.gov/sites/default/files/archives/speeches/1981/51781a.htm）

（17）Moore, *Margaret Thatcher, Volume Two*, pp. 108-112.

（18）*Ibid.*, pp. 115-117.

（19）*Ibid.*, pp. 235-240.

（20）*Ibid.*, p. 234.

（21）ニコラス・ワプショット、久保恵美子訳『レーガンとサッチャー：新自由主義のリーダーシップ』新潮社、二〇一四年、十九ページ。

（22）サッチャー・アーカイブ（http://margaretthatcher.org/document/106915）

（23）Moore, *Margaret Thatcher, Volume Two*, pp. 117-135.

（24）*Ibid.*, p. 121.

（25）Thatcher, *The Downing Street Years*, p. 813.

（26）サッチャー・アーカイブ（http://margaretthatcher.org/document/109392）

（27）同右（http://margaretthatcher.org/document/109324）

（28）Thatcher, *The Downing Street Years*, p. 471.

（29）*Ibid.*

（30）*Ibid.*, p. 780.

（31）Dale, Ian ed., *Memories of Margaret Thatcher*（London: Biteback Publishing, 2013）, p. 422.

（32）Thatcher, *The Downing Street Years*, p. 781.

（33）サッチャー・アーカイブ（http://margaretthatcher.org/document/110360）

第七章　欧州の桎梏

(1)Moore, *Margaret Thatcher, Volume One*, p. 8.
(2)Thatcher, *On Europe*, p. 52.
(3)*Ibid.*, pp. 53-54.
(4)*Ibid.*, p. 55.
(5)サッチャー・アーカイブ（http://margaretthatcher.org/document/105635）
(6)Thatcher, *On Europe*, p. 12.
(7)Moore, *Margaret Thatcher, Volume Two*, pp. 388-389.
(8)Grob-Fitzgibbon, Benjamin, *Continental Drift* (Cambridge: Cambridge University Press, 2016), pp. 417-418.
(9)Moore, *Margaret Thatcher, Volume Two*, p. 401
(10)*Ibid.*, p. 389.
(11)*Ibid.*, p. 401.
(12)Thatcher, *The Downing Street Years*, p. 554.
(13)*Ibid.*, p. 555.
(14)Moore, *Margaret Thatcher, Volume Two*, p. 407.
(15)Moore, *Margaret Thatcher, Volume One*, pp. 641-642.
(16)冨田、『危機の指導者　チャーチル』、一〇二―一〇三ページ。
(17)Grob-Fitzgibbon, *Continental Drift*, p. 297.
(18)Moore, *Margaret Thatcher, Volume Two*, pp. 410-421.
(19)*Ibid.*, p. 420.
(20)*Ibid.*, p. 453.
(21)Thatcher, *The Downing Street Years*, p. 433.
(22)Moore, *Margaret Thatcher, Volume Two*, p. 471.
(23)*Ibid.*, p. 472.

(24)サッチャー・アーカイブ（http://margaretthatcher.org/document/149570）
(25)Moore, *Margaret Thatcher, Volume Two*, p. 485.
(26)Clark, Alan, *Diaries* (London: Phoenix, 1993), p. 135.
(27)Moore, *Margaret Thatcher, Volume Two*, p. 449.
(28)*Ibid.*, pp. 495–496.
(29)Thatcher, *The Downing Street Years*, p. 557.
(30)Thatcher, *On Europe*, p. 67.
(31)*Ibid.*, p. 90.
(32)*Ibid.*, p. 94.

第八章　落日

(1)Jefferys, Kevin, *Finest and Darkest Hours* (London: Atlantic, 2002), p. 235.
(2)Ipsos MORI 社ホームページ（https://www.slideshare.net/IpsosMORI/margaret-thatcher-poll-rating-trends）
(3)Thatcher, *The Downing Street Years*, p. 645.
(4)Moore, *Margaret Thatcher, Volume Two*, p. 344.
(5)Thatcher, *The Downing Street Years*, pp. 645–646.
(6)Moore, *Margaret Thatcher, Volume Two*, p. 356.
(7)*Ibid.*, p. 359.
(8)Thatcher, *The Downing Street Years*, p. 658.
(9)*Ibid.*, p. 654.
(10)*Ibid.*, p. 658.
(11)*Ibid.*, p. 709.
(12)*Ibid.*, p. 712.
(13)*Ibid.*, pp. 754–755.
(14)*Ibid.*, p. 756.

(15) *Ibid*., p. 834.
(16) サッチャー・アーカイブ（http://margaretthatcher.org/document/108234）
(17) 同右（http://margaretthatcher.org/document/108236）
(18) Thatcher, *The Downing Street Years*, p. 834.
(19) Howe, Geoffrey, *Conflict of Loyalty* (London: Macmillan, 1995), pp. 697-703.
(20) 冨田、『危機の指導者　チャーチル』、二三三―二三四ページ。
(21) Thatcher, *The Downing Street Years*, p. 840.
(22) Howe, *Conflict of Loyalty*, p. 703.
(23) Thatcher, *The Downing Street Years*, p. 841.
(24) サッチャー・アーカイブ（http://margaretthatcher.org/document/108251）
(25) Thatcher, *The Downing Street Years*, p. 845.
(26) Harris, *Not for Turning*, p. 332.
(27) *Ibid*., p. 336.
(28) Thatcher, *The Downing Street Years*, p. 851.
(29) *Ibid*., p. 855.
(30) Harris, *Not for Turning*, p. 318.
(31) Thatcher, *The Downing Street Years*, p. 859.

終章　余光

(1) Harris, *Not for Turning*, p. 404.
(2) 二〇〇二年三月二十四日付オブザーバー紙。
(3) Judis, John B., *The Populist Explosion* (New York: Columbia Global Reports, 2016), pp. 14-15.
(4) Evans, Geoffrey and Menon, Anand, *Brexit and British Politics* (Cambridge: Polity Press, 2017), p. 26.
(5) Marquand, *Britain since 1918*, p. 395.
(6) Evans and Menon, *Brexit and British Politics*, p. 28.

（7）*Ibid.*
（8）*Ibid.*, p. 29.
（9）*Ibid.*, p. 33.
（10）*Ibid.*, p. 34.
（11）二〇一六年十月十二日付インディペンデント紙（https://www.independent.co.uk/news/uk/politics/david-cameron-worst-prime-minister-ranking-third-since-ww2-a7358171.html）
（12）BBCホームページ（http://news.bbc.co.uk/2/hi/programmes/the_daily_politics/6242715.stm）
（13）Bale, Tim, *The Conservatives since 1945*（Oxford: Oxford University Press, 2016）, pp. 313-314.
（14）Moore, *Margaret Thatcher, Volume One*, p. 308.
（15）Moore, *Margaret Thatcher, Volume Two*, p. 182.
（16）Filby, *God & Mrs Thatcher*, p. 146.
（17）サッチャー・アーカイブ（http://margaretthatcher.org/document/108256）
（18）同右（http://margaretthatcher.org/document/107332）

新潮選書

図版提供
11 頁：Margaret Thatcher Foundation／27 頁：GRANGER.COM/AFLO／53 頁：ZUMAPRESS/AFLO／57・65・105 頁：Press Association/AFLO／73・141・195・197・209・231・273 頁：AP/AFLO／83 頁：Allan Warren／87 頁：Open Media Ltd.／97 頁：Jon Blau/Camera Press/AFLO／121 頁：ジェイ・マップ／155 頁：Manchester Daily Express/SSPL/AFLO／163 頁：Mary Evans Picture Library/AFLO／165 頁：Shutterstock/AFLO／185 頁：AFLO／253 頁：Albert Sydney／269 頁：World Economic Forum／288 頁：Reuters/AFLO
他はパブリック・ドメインのものを使用した。

マーガレット・サッチャー——政治《せいじ》を変《か》えた「鉄《てつ》の女《おんな》」

著　者…………………冨田浩司《とみたこうじ》

発　行…………………2018 年 9 月 25 日
2　刷…………………2024 年 3 月 25 日

発行者…………………佐藤隆信
発行所…………………株式会社新潮社
〒162-8711 東京都新宿区矢来町 71
電話　編集部 03-3266-5611
　　　読者係 03-3266-5111
https://www.shinchosha.co.jp
印刷所…………………株式会社三秀舎
製本所…………………株式会社大進堂

乱丁・落丁本は、ご面倒ですが小社読者係宛お送り下さい。送料小社負担にてお取替えいたします。
価格はカバーに表示してあります。

ISBN978-4-10-603832-7 C0331

危機の指導者　チャーチル　冨田浩司

「国家の危機」に命運を託せる政治家の条件とは何か？　チャーチルの波乱万丈の生涯を鮮やかな筆致で追いながら、リーダーシップの本質に迫る傑作評伝。

《新潮選書》

悪党たちの大英帝国　君塚直隆

辺境の島国を世界帝国へ押し上げたのは、七人の悪党たちだった。ヘンリ八世、クロムウェル、パーマストン、チャーチル……その驚くべき手練手管を描く。

《新潮選書》

立憲君主制の現在　日本人は「象徴天皇」を維持できるか　君塚直隆

各国の立憲君主制の歴史から、君主制が民主主義の欠点を補完するメカニズムを解き明かし、日本の天皇制が「国民統合の象徴」として機能する条件を問う。

《新潮選書》

歴史認識とは何か　日露戦争からアジア太平洋戦争まで　戦後史の解放Ⅰ　細谷雄一

なぜ今も昔も日本の「正義」は世界で通用しないのか——世界史と日本史を融合させた視点から、日本と国際社会の「ずれ」の根源に迫る歴史シリーズ第一弾。

《新潮選書》

自主独立とは何か　前編　敗戦から日本国憲法制定まで　戦後史の解放Ⅱ　細谷雄一

なぜＧＨＱが憲法草案を書いたのか。「国のかたち」を守ろうとしたのは誰か。世界史と日本史を融合させた視点から、戦後史を書き換えるシリーズ第二弾。

《新潮選書》

自主独立とは何か　後編　冷戦開始から講和条約まで　戦後史の解放Ⅱ　細谷雄一

単独講和と日米安保——左右対立が深まる中、戦後日本の針路はいかに決められたのか。国内政治と国際情勢の両面から、日本の自主独立の意味を問い直す。
《新潮選書》